Andreas Abt / Andreas Schumschal

# Respekt tut gut!

Ganzheitliches Lernen in der Schule – Modelle, Methoden und Praxis

mit 69 Abbildungen und 2 Tabellen

Vandenhoeck & Ruprecht

Bibliografische Information der Deutschen Nationalbibliothek:
Die Deutsche Nationalbibliothek verzeichnet diese Publikation in der
Deutschen Nationalbibliografie; detaillierte bibliografische Daten sind
im Internet über https://dnb.de abrufbar.

Zeichnungen: © Lena Puth und Lea Romer
Fotos: © Andreas Schumschal, Fotos von Schülerinnen und Schülern mit freundlicher Genehmigung der Erziehungsberechtigten
Umschlagabbildung: © Bernd Everding – Abbildung zeigt den »Tower of Power«. Mit freundlicher Genehmigung
der METALOG GmbH & Co. KG. Zu finden auf www.metalog.de

Satz: SchwabScantechnik, Göttingen
Druck und Bindung: ⊕ Hubert & Co. BuchPartner, Göttingen
Printed in the EU

**Vandenhoeck & Ruprecht Verlage | www.vandenhoeck-ruprecht-verlage.com**

ISBN 978-3-525-69013-0

# Inhalt

# Vorwort

Bildung hat in den vergangenen 20 Jahren im deutschsprachigen Raum zweifellos an Bedeutung gewonnen. Seit Veröffentlichung der Befunde der ersten PISA-Studie im Jahr 2001 ist es normal geworden, dass in Tageszeitungen schulische Themen auf Seite 1 platziert sind. Diese Aufwertung der Bildung wird in der Wissenschaft flankiert von einer ebenfalls zunehmenden Bedeutung empirischer Verfahren: Qualitätsmanagement, Evaluation, Evidenzbasierung, Rechenschaftslegung – dies sind Ansprüche und Wege neuer Steuerung, die an Schulbehörde, an Schulleitungen und an Lehrerinnen und Lehrer gerichtet werden. Derartige Maßnahmen fokussieren in erste Linie fachliche und kognitive Leistungen von Schüler und Schülern. Nicht selten hat man den Eindruck, Kernthemen der Pädagogik verschwinden unter dem Radar aktueller Diskurse: Beziehungen zwischen und unter Lehrkräften und Schüler und Schülern? Soziale Kompetenz? Ganzheitlichkeit? Wertschätzung und Respekt?

Mit dem vorliegenden Band beleuchten die Autoren Andreas Abt und Andreas Schumschal genau diese vernachlässigten Themen und spannen in mehrfacher Hinsicht einen breiten, facettenreichen und bis zu konkreten Handlungen durchbuchstabierten Band auf. Die Konzeption des Bandes ist in mehrfacher Hinsicht bemerkenswert. Erstens überzeugt das Pendeln zwischen theoretischen Bezügen und gesellschaftlichen Kontexten auf der einen und praktischen Hinweisen auf der anderen Seite. Zweitens dringt mit und zwischen den Zeilen eine jahrelange Erfahrung hervor, die deutlich macht: Die Autoren wissen, wovon sie sprechen, sämtliche Vorschläge, Modelle, Aufgaben oder Hinweise haben sie entwickelt, bearbeitet, erlebt, zuweilen bewältigt und – reflektiert. Drittens: Gerade die Reflexion, die kritische Betrachtung ihrer Handlungen und Erfahrungen aus der Distanz, hinterfragt, relativiert oder eingeordnet, macht diesen Band so lesenswert. Hier geht es nicht um schnelle Tipps, sondern um erfahrungsgesättigte, theoretisch gerahmte und kritisch reflektierte Handlungsvorschläge für Akteurinnen und Akteure der Pädagogik, die an der Weiterentwicklung ihrer Professionalität interessiert sind.

Die beiden Autoren vertreten ihr Anliegen in diesem Band kenntnisreich, mutig und getragen von großem Engagement und von Begeisterung gerade für die schwierigen Themen unserer Zeit. Respekt!

Prof. Dr. Thorsten Bohl
Tübingen, im Juni 2020

# Vorweg

### Zur Entstehung dieses Buches

**Ganzheitliche Lern- und Entwicklungsprozesse in der Schule initiieren**

Soziales Lernen und Kooperationsfähigkeit sind zentrale Kompetenzen für das menschliche Leben und besonders bedeutsam für die Bewältigung der Anforderungen einer sich verändernden Lebenswelt. In dieser Welt ist die Schule gefordert, dem sozialen Lernen und der Kooperationsfähigkeit junger Menschen zunehmend mehr Bedeutung beizumessen.

Dabei sind aus unserer Sicht erlebnis- und handlungsorientierte Lernformen von zentraler Bedeutung und ein Instrument, dessen Einsatz an pädagogische Fachkräfte besondere Anforderungen stellt: Wie können erfahrungsorientierte Lern- und Entwicklungsprozesse gelingend und pädagogisch professionell gestaltet und begleitet werden?

Mit unserer Arbeit an und mit Schulen konnten wir in den vergangenen zwei Jahrzenten viele Erfahrungen und Eindrücke sammeln. Zudem sind wir beide begeisterte Anwender handlungsorientierter Übungen in den von uns begleiteten Lern- und Entwicklungsprozessen junger Menschen. Ebenso lang sind wir in der Lehrerbildung[1] und -qualifizierung an Schulseminaren, Pädagogischen Hochschulen und an der Universität Tübingen tätig. Ein weiterer Schwerpunkt unserer Arbeit ist die Gestaltung und Durchführung von Fortbildungen und Supervisionen, pädagogischen Tagen und Gesamtlehrkräftekonferenzen. Wir konnten Erfahrungen im Austausch und in der Kooperation mit Schulbehörden, wie dem Kultusministerium, den Regierungspräsidien und dem Zentrum für Schulqualität und Lehrerbildung in Baden-Württemberg sammeln.

Im Jahr 2012 wurde vom Landratsamt Ostalbkreis und dem Canisius-Haus in Schwäbisch Gmünd die Broschüre »Respekt tut gut!« veröffentlicht. Auf deren Grundlage entstand die Idee einer erweiterten und umfassenderen Neuauflage und -konzeption als Buchprojekt.

Dieses Ihnen nun vorliegende Buch befasst sich mit dem sinnvollen und wirksamen Einsatz handlungs- und erlebnisorientierter Methoden und Übungen, indem wir deren praktische Anwendung umfassend darstellen. Über die klassischen Lektüren zu Übungen der Erlebnispädagogik betten wir diese in ein Gesamtkonzept mit pädagogischen Grundhaltungen und Theoriekonzepten, begleitenden Maßnahmen und Methoden ein.

Durch unsere langjährige Erfahrung sind wir überzeugt, dass es nur so gelingt, die in den Übungen gemachten Erfahrungen und Erkenntnisse nachhaltig in den (Schul-)Alltag und in das Handeln der jungen Menschen zu transferieren. Unser Anliegen ist es, dass diese Übungen wie selbstverständlich zum Schulalltag gehören und in allen Klassenstufen, bei der Prävention und bei aktuellen Interventionen Anwendung finden. Mit Hilfe eines Gesamtkonzeptes oder Curriculums lassen sich die Ressourcen für ein soziales Miteinander aktivieren und soziales Verhalten Schritt für Schritt einüben.

Einführend werden die aktuell stattfindenden gesellschaftlichen Entwicklungen einerseits sowie die Faktoren für gelingendes Lernen andererseits thematisiert und daraus Konsequenzen für die Schule beleuchtet.

Im Buch finden Sie, neben diversen Abbildungen, Zeichnungen von *Fred,* einem Schüler, der beispielhaft für viele Schüler mit den Herausforderungen des Schul- und Lebensalltags konfrontiert ist und diese nach anfänglichen Schwierigkeiten mit Unterstützung zunehmend meistert. Neben den Zeichnungen zu Fred, den Sie an einer blauen Kappe erkennen können, haben wir immer wieder auch Modelle und Konzepte durch Zeichnungen illustriert.

Ohne die Mitarbeit, Impulse, Ideen und kritischen Fragen vieler Freunde und Kollegen wäre dieses Buch nicht in der vorliegenden Form entstanden. Besonders möchten wir uns bei Lena Puth und Lea Romer bedanken, die mit ihren Zeichnungen dem Buch eine eigene Note verliehen haben. Auch Jürgen Werner vom Canisius Haus und seinen Mitarbeitern Stefan Zahoransky und Katrin Challier, die zu Beginn des Buchprozesses wichtige Impulse gegeben haben, danken wir sowie Dieter Hahn, der neben hilfreichen Anregungen, die Korrektur des Manuskripts übernommen hat und dem Verlag Vandenhoek und Ruprecht, der uns zum Ende des Prozesses unterstützte. Und schließlich möchten wir noch das Landratsamt Ostalbkreis dankend erwähnen.

## Wozu dieses Buch dienen soll?

Unsere Welt befindet sich im Wandel. Das ist sie im Prinzip zwar irgendwie immer, doch heute, so scheint es, hat der Wandel eine neue bislang unbekannte Dynamik und Geschwindigkeit angenommen. Auch Schulen können sich diesem Wandel nicht entziehen. Dabei tun sich »große« Systeme häufig schwerer damit, Gewohntes aufzugeben und Abläufe, Inhalte und Ziele an Veränderungen anzupassen. So scheinen viele Maßnahmen trotz guter Ansätze und viel Engagement häufig nur eine oberflächliche Kosmetik zu sein, ohne die Grundausrichtung infrage zu stellen. Dabei kommen viele der in Schulen tätigen Menschen zunehmend an und auch über ihre psychischen, emotionalen und physischen Grenzen. Unzufriedenheit, Kritik und Krankheitssymptome sind in der Folge nicht selten. Dies belegen auch die aktuellen Trends und Themen unseres Beratungs- und Supervisionsalltags an Schulen und der Arbeit mit den dort tätigen Menschen. Wir erleben eine Zunahme an Anfragen, die im Zusammenhang mit den Themen »respektvoller Umgang« und »soziale Kompetenz« stehen. Dabei scheint es heute keine »Inseln der Seligen« mehr zu geben, will heißen auch Grundschulen und Gymnasien müssen sich aus gegebenen Anlässen gewollt oder ungewollt mit diesen Themen auseinandersetzen.

Weil es so scheint, dass soziale Kompetenzen heutzutage nicht mehr durch das Elternhaus und die soziale Umwelt ausreichend vermittelt werden, und die Zeit von Befehl und Gehorsam endgültig vorüber ist, braucht es andere Möglichkeiten, die für das schulische Lernen wichtigen Grundkompetenzen und Rahmenbedingungen zu schaffen. Zudem zeigen uns die Untersuchungen zum menschlichen Lernen ebenso wie die Anforderungen unseres aktuellen Lebens, dass wir viel stärker als bislang ganzheitliche Lernprozesse gestalten müssen, um zunehmend all unsere menschlichen Potenziale zur Bewältigung der aktuellen Herausforderungen einer sich verändernden Welt zu nutzen.

Dies wird auch im Zusammenhang in der aktuellen Diskussion zum Erwerb der Kompetenzen für die Arbeitswelt von morgen, den 21st century skills bestätigt (Vgl. Schabel Deborah 2017).

Da es frustrierend sein kann, auf große Systemveränderungen zu hoffen, sehen wir eine schnelle und praktikable Möglichkeit im Einsatz von handlungsorientierten Übungen und Aufgaben. Diese sind zwar heutzutage in vielen Bildungseinrichtungen nicht mehr unüblich. Dennoch stellen wir in unserer Arbeit immer wieder fest, dass das wahre Potenzial dieser Methoden kaum oder gar nicht bekannt ist, geschweige denn Anwendung findet. Noch immer werden viele Übungen lediglich als willkommene Abwechslung und netter Zeitvertreib angesehen. Demgegenüber sehen wir in einem gut geplanten und in den Alltagskontext stimmig eingebundenen Einsatz dieser Übungen zahlreiche Möglichkeiten, schulisches Lernen ganzheitlicher zu gestalten und das für das Lernen so wichtige kooperative Miteinander zu fördern. Darüber hinaus zeigen sich Perspektiven zur Entwicklung kommunikativer Kompetenzen ebenso wie zur Persönlichkeitsentwicklung insgesamt.

Dazu benötigt man jedoch ein entsprechendes Vorgehen und Kompetenzen auf Seiten der Leitung, gerade auch mit ungeplanten Situationen kompetent und professionell umzugehen. Dabei wird durch eine dem (Schul-)Alltag vergleichbare Übungsinszenierung sowie durch Auswertungs- und Transfermethoden der Nutzen für erfolgreiches schulisches und soziales Lernen enorm erhöht. Darüber hinaus sehen wir noch weitestgehend ungenutzte Potenziale in der Gestaltung eines schulischen Gesamtkonzepts, in dem diese Übungen und flankierenden Methoden wichtige Elemente darstellen. Ebenso wie im aufeinander abgestimmten gemeinsamen Handeln verschiedener, der für die Schule verantwortlichen Personen und Gruppen.

---

1 In diesem Buch wird aus Gründen der besseren Lesbarkeit das Maskulinum verwendet. Wir möchten darauf hinweisen, dass die Verwendung der männlichen Form geschlechtsunabhängig verstanden werden soll und keinesfalls eine Geschlechterdiskriminierung zum Ausdruck bringt.

# 1 Einleitung und Hinführung

*»Die größte Hoffnung einer Nation liegt in der rechten Erziehung ihrer Jugend.«*
Erasmus von Rotterdam[1]

»Lust auf Schule« zu haben, können sich heute wohl leider nur noch wenige Menschen vorstellen. Dabei wäre es doch eine verlockende Vorstellung, wenn mehr Kinder und Jugendliche sich morgens darauf freuen würden, den Tag mit Menschen verbringen zu dürfen, die ihnen das Gefühl vermitteln, dass sie willkommen sind und sie sich darauf freuen, dass sie mit anderen zusammen lernen und Neues erfahren dürfen. Ein Gefühl, das viele vielleicht noch aus ihren ersten Schultagen und auch Schuljahren kennen, das aber bei den meisten im Verlauf ihrer Schulzeit bedauerlicherweise verloren ging.

Auch wenn es sicherlich zahlreiche positive Beispiele gibt, glauben wir, dass für nicht wenige Schüler und wohl auch Lehrkräfte der allmorgendliche Gang in die Schule vor allem von Unlust und Widerstand gekennzeichnet ist. Für einige Erwachsene wie Kinder und Jugendliche ist die Situation in manchen Klassen und an ihren Schulen sogar unerträglich. So gut es geht, versuchen sie, die Zeit abzusitzen.

Auf der Grundlage der Erkenntnisse der Neurobiologie benötigt erfolgreiches Lernen unabdingbar Lust bzw. intrinsische Motivation und Freude (Spitzer 2002). Schule als der Ort des Lernens sollte daher idealerweise vor allem damit verbunden sein. Warum aber haben so viele Kinder und Jugendliche im Kontext von Schule scheinbar keine Lust mehr zu lernen? Welche Gründe gibt es, dass Schule heute primär von

vielen als Pflichtveranstaltung wahrgenommen wird? Frank Farrelly und Jeff Bransma (1986) beschreiben drei Gründe, warum Menschen sich nicht verändern und nichts lernen wollen und wir werden erste Überlegungen vorstellen, die aus unserer Sicht gelingendes Lernen in Schulen fördern.

1. Bequemlichkeit
In unserer Gesellschaft wird die Vorstellung propagiert und z. B. durch die Werbung vermittelt, dass es erstrebenswert ist, das Leben bequem und komfortabel zu gestalten. Und tatsächlich ist unsere Welt inzwischen von klein an voller Maschinen, die uns das Leben vereinfachen und es angenehm gestalten sollen.

*Unserem Eindruck nach sind wir heute von den in dem Animationsfilm »Wall-E – Der letzte räumt die Erde auf« aus dem Jahre 2008 dargestellten Menschen, die übergewichtig auf Luftkissen sitzend unterwegs sind und sich ausschließlich über Bildschirme miteinander unterhalten, gar nicht mehr so weit entfernt.*

Neben den angenehmen Seiten ist es für Gesundheit und Wohlbefinden nach dem Neurobiologen Gerald Hüther (2007) jedoch unabdingbar, sich als Mensch immer wieder Herausforderungen zu stellen und diese auch zu bewältigen. Hierzu bedarf es Initiative und Disziplin. Zudem bedeutet dies auch immer wieder einen gewissen Aufwand oder eine gewisse Mühe, die häufig erst später und nicht »just in time« belohnt werden. Für nicht wenige scheinen die mit Lernen verbundenen Mühen bedauerlicherweise aktuell unattraktiv und zumindest im Kontext Schule nicht erstrebenswert. Hier sehen wir die Notwendigkeit einer Haltungsänderung bei allen Beteiligten, die die Initiative der in der Schule tätigen Erwachsenen benötigt.

2. Mutlosigkeit
Der gekonnte Umgang mit Gefühlen und emotionalen Zuständen wird in unseren modernen Industrienationen vielfach immer noch als nicht notwendig erachtet. Gefühle werden aktuell meistens ignoriert, verdrängt oder gemieden. Jedoch belegen u. a. die Untersuchungen von Antonio Damasio (2011) die Bedeutung von

*Fred in Gefahr*

Nicht unser Problem!

HILFE!

Gefühlen für erfolgreiches Lernen ebenso wie für eine zufriedenstellende Lebensgestaltung. Um Herausforderungen zu bewältigen und für die persönliche Entwicklung zu nutzen, braucht es daher den konstruktiven Umgang mit Gefühlen, im Besonderen mit dem Gefühl der Angst. Es braucht immer auch Mut, um das Leben und die damit verbundenen Anforderungen erfolgreich zu bewältigen. Junge Menschen brauchen Hilfe und Unterstützung, um sich mit ihren Gefühlen auseinanderzusetzen und sie als hilfreiche Steuerungsinstrumente ihres Lebens nutzen zu können. Auch hier sehen wir die Notwendigkeit, dass die Erwachsenen, die im Kontext Schule tätig sind, als Initiatoren eines anderen Umgangs mit unserer menschlichen Gefühlswelt fungieren.

### 3. Fixierung

Gewohnte Muster bieten ein Gefühl von Sicherheit. Wir sind »Musterwesen«, denn Muster helfen uns bei der schnellen Orientierung im Leben und aus neurobiologischer Sicht sparen sie Energie im Gegensatz zu bewussten Entscheidungen. Für Eberhard Maslow (2008) zählt der Wunsch nach Sicherheit zu den Grundbedürfnissen des Menschen. Dies mag ein Grund dafür sein, dass wir häufig an gewohnten Mustern festhalten, selbst dann noch, wenn diese mit negativen oder letztlich unangenehmen Konsequenzen verbunden sind. Für gelingende Lern- und Entwicklungsprozesse in einer sich schnell verändernden Welt ist es aber unumgänglich, immer wieder gewohnte Muster zu hinterfragen und – wo notwendig – neue zu etablieren. Schulen sehen wir in der Verantwortung, junge Menschen dabei zu unterstützen, gewohnte Muster immer wieder wertschätzend zu hinterfragen, dabei unterschiedliche Perspektiven

*Das Hamsterrad der drei Gründe nach Frank Farrelly, warum Menschen sich nicht verändern wollen*

einnehmen zu können und letztlich mehr Flexibilität im Denken, Fühlen und Handeln zu entwickeln.

Sowohl die Resilienzforschung als auch die Neurobiologie benennen das Aushalten von Spannungszuständen als Schlüsselkompetenz für menschliche Entwicklung und betonen die Bedeutung der »inneren Erregung« als wichtigen Lernzustand. Menschliches Lernen hängt mit Initiative und Disziplin, mit Mut und Veränderung zusammen, und diese stellen notwendige Faktoren dar, um durch die erfolgreiche Bewältigung letztlich Zufriedenheit, Wohlbefinden und Sinnerfahrung zu erleben. Viel stärker muss dies aktuell wieder den an Lernprozessen beteiligten Menschen bewusst werden.

Neben den genannten Faktoren sind aus unserer Sicht viele Klassen, Kollegien und auch Schulen insgesamt keine wirklich funktionierende Gruppe. Vielmehr stellen sie eine von anderen in ihrer Zusammensetzung bestimmte Ansammlung von Individuen und Cliquen dar, in denen es immer wieder zu vor allem unterschwelligen Konflikten kommt. Sofern diese wahrgenommen werden, fehlen zumeist Ressourcen und/oder Kompetenzen für einen gelingenden Umgang damit. So geschieht vielfach nichts, bzw. es findet keine wirkliche Veränderung statt. Wir nehmen wahr, dass letztlich viele bereits resigniert haben und hoffen, dass der Tag, die Wochen und die Jahre irgendwie vorübergehen. In diesem Umfeld und dieser Haltung kann wirkliches Lernen nach neurobiologischem Verständnis nicht gelingen.

Wir haben die Erfahrung gemacht, dass durch den Einsatz handlungsorientierter Methoden ein wichtiger Beitrag zur Entwicklung einer kooperativen Gruppenkultur geleistet werden kann. Hierzu haben wir zahlreiche positive Erfahrungen gemacht und es gibt erfreulicher Weise nicht wenige positive Beispiele, wie Schule und Lernen anders gelingen kann.

*So gibt es z. B. Schulen, die unterschiedliche außerunterrichtliche Aktivitäten, wie z. B. Bewegungs- und kooperative Angeboten, Meditation und kreativ-sinnliche Erfahrungen, in ihr Schulleben integriert haben. Andere entwickeln sich auf der Grundlage eines gemeinsamen Leitbildes zielorientiert weiter und nutzen hierfür auch entsprechende Weiter- und Ausbildungsangebote, die angemessen und sinnhaft in die Schulkultur integriert werden. Wiederum andere legen besonderen Wert auf die Gestaltung der Lernumgebung und den Rahmenbedingungen. Entsprechend sind Klassenzimmer und Schulgelände ansprechend gestaltet. Weil sich schulisches Leben auf Gemeinschaften gründet, legen einige*

*Fred braucht Hilfe – Hilfe wird organisiert*

*Schulen Wert auf die Entwicklung eines umfassenden Wir-Gefühls, das beinhaltet, dass auch in Konflikten und Auseinandersetzungen konstruktiv und achtsam miteinander umgegangen wird und gemeinsam Lösungen gesucht werden. Darüber hinaus bilden sich aktuell bereits zahlreiche Lehrkräfte in unterschiedlichen Methoden und Verfahren weiter, die unter anderem auch eine wertschätzende Selbstauseinandersetzung beinhalten. Leider wird dieses Potenzial der Menschen unseres Erachtens noch viel zu wenig für die zielgerichtete Projektentwicklung zur Etablierung sozialer Kompetenz an Schulen genutzt. Was wissen die Lehrer über die Kompetenzen ihrer Kollegen und wie könnten diese zum Wohl der Schule genutzt werden? Zur Professionalisierung und zum Perspektivwechsel bieten einige Schulen ihren Lehrkräften und/oder der Schulleitung auch regelmäßige Supervision als Entwicklungsbegleitung an.*

Handlungsorientierte Übungen sind ein methodisches Handwerkszeug, das spontan oder geplant Menschen dabei unterstützt, andere Denk-, Gefühls-, und Verhaltensweisen auszuprobieren und einzuüben. Im Idealfall sind sie ein Element eines gesamtschulischen Entwicklungsprozesses, das von unterschiedlichen Akteuren und Institutionen mitgetragen und unterstützt wird. Veränderungen können und müssen vielleicht von Einzelnen angestoßen werden, doch letztlich braucht es viele, die dazu beitragen, dass sich wirklich etwas verändern kann.

So wie man einen Grashalm nicht aus dem Boden ziehen, sondern »nur« den Samen legen und für wachstumsfördernde Rahmenbedingungen sorgen kann, braucht es vor allem Geduld, Gelassenheit und Vertrauen, damit die Anstöße und Initiativen in Schulen auch ihre Wirkung entfalten können. Zudem ist es wichtig, mit Ängsten, Frustrationen und auch Krisen konstruktiv umzugehen und sie als Bestandteil von Entwicklungs- und Veränderungsprozessen anzuerkennen. Vielleicht mehr denn je, müssen wir heute eine gute Fehlerkultur entwickeln und unterschiedliche Perspektiven und Sichtweisen integrieren. Die Zeit des schnellen Wandels lässt Gewohntes und Altes immer weniger gelten. Neue Wege lassen sich nur finden, wenn wir andere Richtungen und neue Umgangsweisen ausprobieren. Gelingen kann dies nur in einer Atmosphäre von Offenheit und Vertrauen.

Mit dem Buch möchten wir den in Schulen tätigen Menschen eine Anleitung für den Einsatz handlungsorientierter Übungen anbieten. Dabei finden sie neben der Beschreibung unterschiedlicher Übungen auch Methoden der Auswertung (s. Kap. 3.2.2 und Downloadmaterial).

*Anmerkung: Bei allen Themen, zu denen es Übungen/ Materialien als Anhang oder zum kostenlosen Download gibt, finden Sie diese Symbole: (Anhang); (Download).*

*Kinder/Erwachsene gehen gerne zur Schule*

*Fred orientiert sich neu mit einem Kompass*

Darüber hinaus stellen wir Modelle und Konzepte vor, die ihnen helfen sollen, Gruppenprozesse und -dynamiken besser zu verstehen (s. Kap. 3.3), ebenso wie sie dabei zu unterstützen, ihre Gesprächsführung, als eines ihrer wichtigsten pädagogischen Instrumente, zu professionalisieren (s. Kap. 3.2). Wir sind davon überzeugt, dass es für einen gelingenden Einsatz dieser Übungen notwendig ist, ein entsprechendes Menschenbild und eine innere Haltung zu entwickeln, die von Respekt und Achtung vor dem Wesenskern in allem Lebendigem getragen ist (s. Kap. 3.1). Zwar empfinden viele Lehrkräfte und sozialpädagogischen Fachkräfte die Auseinandersetzung mit diesen Themen wenig verlockend, so sehen wir in diesen, zugegeben nicht einfachen Aspekten ein noch ungenutztes Potenzial, das dazu beiträgt, den eigentlichen pädagogischen Wert handlungsorientierter Übungen um ein Vielfaches zu erhöhen. Und nebenbei sind wir davon überzeugt, dass diese auch im schul- wie sozialpädagogischen Alltag von Nutzen sind. Sehen Sie darin ein Angebot und entscheiden Sie selbst, wie weit Sie sich mit den einzelnen Themen auseinandersetzen möchten.

Sowohl beim Einsatz, dem Aufbau und der Gesamtgestaltung gibt es aus unserer Sicht kein Patentrezept, so schön dies vielleicht zunächst für den einen oder die andere auch erscheinen mag. Vielmehr glauben wir, dass sich Schulen in ihrer Unterschiedlichkeit mit möglichst allen Beteiligten auf »ihren« Weg machen müssen. Hilfreich sind Orientierungspunkte und Leitlinien, wie wir sie in diesem Buch vorstellen, und/oder auch der Austausch mit anderen Schulen oder Institutionen. Vor allem braucht es Offenheit und auch Mut, diesen Weg über Erfahrungen und Experimentieren nach und nach zu finden. Dieses Buch soll Sie einladen, auf Ihre Art den Schulalltag und das Unterrichten zu verändern, um gemeinsam mit Schülern, Lehrkräften, Schulsozialarbeitern und auch Eltern eine lernfreundliche Zukunft zu verwirklichen. Dabei darf und muss es vielleicht auch Umwege und vielleicht auch anfängliche Irrwege geben, die als Lern- und Erfahrungsräume genutzt werden. Wichtig ist aber, immer wieder weiterzugehen und den Mut dabei nicht zu verlieren, trotz möglicher Rückschläge.

Ausgehend von den aus unserer Sicht zentralen Aspekten einer sich verändernden Lebenswelt und den grundlegenden Vorstellungen gelingenden Lernens leiten sich Schwerpunkte und Themen ab, die eine erfolgreiche Umsetzung und Nutzung handlungsorientierter Übungen im Schulalltag bzw. die Etablierung eines Projekts zur Entwicklung sozialer Kompetenz nachhaltig unterstützen. Dieses Buch soll nicht als sture Handlungsanweisung verstanden werden. Neben der schrittweisen Entwicklung des »eigenen Wegs« empfehlen wir Ihnen, sich mit entsprechenden Institutionen und Beratungsstellen in Verbindung zu setzen und sich begleiten zu lassen. Wir Menschen haben nun mal »blinde Flecken« und werden mit der Zeit zudem immer etwas betriebsblind. Daher ist es hilfreich und aus unserer Sicht wichtig, immer wieder durch den Blick von außen neue Perspektiven zu gewinnen und von Erfahrungen anderer zu profitieren. Wir sind davon überzeugt, dass sich dieser Weg langfristig für alle Beteiligten lohnt und er dazu führt, wieder Lust auf Schule zu bekommen.

1  Zit. nach Schneider Regine (2015): Gefühle lügen nicht. Die Intelligenz der Emotionen. Frankfurt a. M.

## Das Wichtigste

✓ Obwohl Lernen und Neugier zu den spezifisch menschlichen Eigenschaften gehört, haben immer weniger Menschen Lust auf Schule.

✓ Nach Farrelly und Bransma (1986) gibt es drei Gründe für die fehlende Lust auf Schule und Lernen: Bequemlichkeit, Mutlosigkeit und Fixierung.

✓ Das Aushalten von Spannungen und die innere Erregung sind Schlüsselkompetenzen für menschliches Lernen und Entwicklung.

✓ Menschliches Lernen hängt mit Initiative und Disziplin, Mut und Veränderung zusammen.

✓ Die Gruppe als wichtige Ressource für gelingendes Lernen wird aktuell noch zu wenig in Schulen genutzt.

✓ Der Einsatz von handlungsorientierten Übungen ist eine Möglichkeit zur Herstellung einer kooperativen Gruppenkultur, die gelingendes Lernen unterstützt.

✓ Handlungsorientierte Übungen können Schülern dabei helfen mit Ängsten, Frustrationen und Krisen konstruktiv umzugehen und eine gute Fehlerkultur zu entwickeln.

# 2 Gesellschaftliche Entwicklungen und Gestaltung von Lernprozessen

*»Wandel ist eine Tür, die nur von innen geöffnet werden kann.«*[1]
Aus Frankreich

In diesem Kapitel wollen wir – auf der Grundlage der Megatrends der aktuellen gesellschaftlichen Entwicklung einerseits und den Erkenntnissen der Neurobiologie zum menschlichen Lernen andererseits – Begründungszusammenhänge für einen vermehrten Einsatz ganzheitlicher Methoden in Schule und Unterricht entwickeln.

## 2.1 Gesellschaftliche Megatrends und gesellschaftlicher Wandel

Unser Leben hat in den vergangenen Jahren stetig an Komplexität gewonnen und dies mit einer Geschwindigkeit, die bislang unbekannt war. Entsprechend hat sich die Lebenswelt von Kindern und Jugendlichen enorm verändert. Aus unserer Sicht haben wir nur dann eine Chance, diesen Prozess aktiv mitzugestalten, wenn wir den Wandel in unserer Gesellschaft in seinen Bedingungen und seinem Verlauf verstehen lernen.

*Welt im Wandel – Veränderte Lebenswelt*

### Individualisierung und Tendenz zum Egoismus

In unserer Gesellschaft wird auf Individualität besonderen Wert gelegt. Das ist an sich nicht schlecht, denn dies ermöglicht im Gegensatz zu früher, dass Menschen heute ihr individuelles Potenzial weit mehr entfalten dürfen. Kritisch betrachten wir die Übersteigerung dieses Trends hin zu Egoismus und Gier, wie es

das Werte- und Entwicklungsquadrat der Individualität verdeutlicht (s. Abb. 1).

*Dieses und die weiteren Werte- und Entwicklungsquadrate wurde in ihrer Grundgestalt von Schulz von Thun übernommen. Die Benennung der Werte- und Entwertungspole ist eigenständig entwickelt (Schulz von Thun 1997, 39 sowie Abt 2006).*

Dabei gibt es aktuell bestimmte Gesellschaftsbereiche, die diese entwertenden Übertreibungen als zu fördernde menschliche Wesensmerkmale erachten, wie z. B. Gier. Unser Wirtschaftssystem fußt auf der Vorstellung der Erzeugung und zeitnahen Befriedigung von Wünschen. Nicht wenige proklamieren für sich das Recht, sich immer und überall mit allem, was sie möchten, bedienen zu können.

Es ist aus unserer Sicht positiv zu bewerten, dass unsere Gesellschaft heute vielen Menschen unterschiedliche Perspektiven und Möglichkeiten bietet, ihr Leben nach ihren Wünschen und Vorstellungen zu gestalten. In der Konsequenz ergeben sich daraus ganz unterschiedliche Lebensverläufe und Biografien. Das Vorwissen und die Vorerfahrungen von Kindern und Jugendlichen könnten heute kaum unterschiedlicher sein und es ist auch für uns immer wieder herausfordernd, mit den ganz unterschiedlichen individuellen Einstellungen und auch individuell akzeptierten Verhaltensweisen konstruktiv umzugehen.

Schulen und die dort tätigen Menschen haben heute einen Balanceakt zu meistern. Einerseits muss es ihnen gelingen, junge Menschen in ihrer Individualität in den Blick zu nehmen und davon ausgehend, sie zu unterstützen, ihre Potenziale zu entfalten, ihre Persönlichkeit zu verstehen und in einem guten Kontakt mit dem »wahren« Kern ihrer Persönlichkeit zu sein.

*Hierzu nutzen wir z. B. in unserer Arbeit das Modell des »Inneren Teams« nach Schulz von Thun (1998) sowie das Persönlichkeitsmodell der Transaktionsanalyse (s. Kap. 3.2.1).*

Andererseits müssen Schulen aus unserer Sicht einen konstruktiven Ausgleich zur Individualisierung schaffen, sonst wird der gesunde Individualismus irgendwann tatsächlich zum krankhaften Egoismus. Hierzu braucht es die Stärkung der Beziehung zum Mitmenschen und zur Umwelt.

*Dabei ist z. B. der Einsatz von Werte- und Entwicklungsquadraten hilfreich, weil sie in einer Welt von scheinbar widersprüchlichen Polaritäten Orientierung für die Herstellung einer dynamischen Balance bieten.*

Schule fällt die nicht immer einfache und wohl manchmal auch unangenehme Aufgabe zu, den Kindern und Jugendlichen Grenzen und Begrenzung als notwendige Aspekte des menschlichen Lebens zu vermitteln. Schulen müssen heute vermehrt Lernmöglichkeiten und Erfahrungsräume zur Beziehungsgestaltung und zur Kooperation anbieten, denn Lernen vollzieht sich immer in Beziehungen (z. B. s. Kap. 4.3.2 Kooperationsübungen wie Das Spinnennetz oder Team[2]).

## Werte- und Entwicklungsquadrat der Individualität

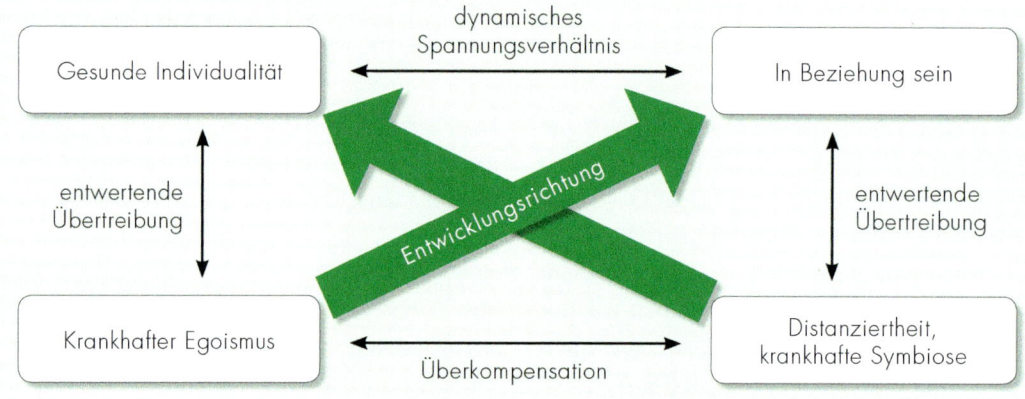

Abbildung 1: Werte- und Entwicklungsquadrat der Individualität, eig. Darstellung nach Schulz von Thun 1997, 39

### Pluralität und wachsende Instabilität

Mit den zahlreichen Möglichkeiten und Optionen, die viele junge Menschen heute haben, steigt die Herausforderung der sinnvollen Lebensgestaltung. Einerseits kann die Zeit individuell frei gestaltet werden, andererseits scheint der Tagesablauf vieler Kinder und Jugendlicher mit Aktivitäten schon völlig verplant. Ruhe und Stille konstruktiv, z. B. zur inneren Einkehr, zu nutzen (s. Abb. 2), aber auch die eigene Komfortzone selbständig immer wieder zu verlassen und Widerstände zu überwinden, haben viele Kinder und Jugendliche nicht gelernt und sind damit überfordert (s. Kap. 4.1, *Abschnitt Komfortzonenmodell*). Sie erleben eine Welt, die beliebig und austauschbar scheint. Neben der scheinbar selbstverständlichen Befriedigung ihrer Bedürfnisse sind sie selbst auch zunehmend eine Projektionsfläche für alle möglichen Wünsche und grandiosen Erwartungen der Erwachsenenwelt. Nach unserer Erfahrung erleben nicht wenige junge Menschen dies als Überforderung. Ihren Wert bemessen sie ausschließlich im Vergleich zu anderen und wir glauben, dass nicht wenige in ihrem Leben durch die Angst bestimmt sind, mit anderen nicht mithalten zu können. Aktuell trägt wohl auch das System Schule selbst dazu bei.

So nützlich soziale Medien auch sind, in der aktuellen Tendenz führen sie auch dazu, dass unsere sozialen Beziehungen beliebiger werden und häufiger nur noch von kurzer Dauer sind. Das Finden der eigenen Identität und die Entwicklung eines stimmigen Selbstwertgefühls beim Einzelnen ist aus unserer Sicht heute eine wichtige Aufgabe der Schule und der pädagogischen Arbeit. Hierzu braucht es auch Gelegenheiten, sich wahrhaft in Gemeinschaften eingebunden zu fühlen. Schulen müssen aus unserer Sicht zu einem Ort der Identifikation und Orientierung, der klaren Strukturen und Verlässlichkeit, der stabilen Beziehungen und Berechenbarkeit werden. Ein Kraft- und Beziehungsort, wo junge Menschen Bodenhaftung finden und das Gefühl entwickeln können, zumindest dort wirklich zu Hause zu sein.

Darüber hinaus muss es Schulen gelingen, junge Menschen dazu zu befähigen, mit den stets neuen und sich verändernden Lebensanforderungen konstruktiv umgehen zu können. Wir sind davon überzeugt, je intensiver das Kind bzw. der Jugendliche lernt, dieses permanente Wechselspiel von Anpassung und Beeinflussung zu gestalten, desto wahrscheinlicher ist seine gelingende Interaktion mit der Welt. Wir müssen den jungen Menschen in unseren Schulen ermöglichen, die eigene Lebenszeit sinnhaft zu gestalten und zu erleben. Dabei ist es uns wichtig,

zu betonen, dass es nicht darum gehen kann, dass Schule alle die an sie gestellten Erwartungen, Ansprüche und Begehrlichkeiten blind erfüllen sollte. Vielmehr muss es uns gemeinsam gelingen, an unseren Schulen eine Atmosphäre zu schaffen, in der Rücksicht, Sorgfalt, Respekt, Einsatz und Engagement Werte sind, die von allen angestrebt und gelebt werden (z. B. Kooperationsübungen wie CultuRallye, Kuscheltier-/Objektjonglage).

## Werte- und Entwicklungsquadrat der Ruhe – Aktivität

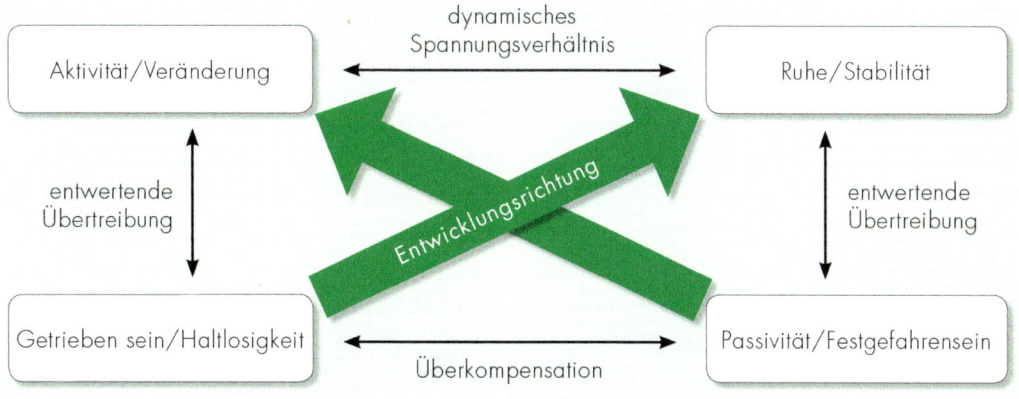

Abbildung 2: Werte- und Entwicklungsquadrat der Ruhe und Aktivität, eig. Darstellung nach Schulz von Thun 1997, 39

### Wertewandel und Enttraditionalisierung

Werte regeln unser Zusammenleben und bieten Orientierung für unser Handeln. In unseren modernen Gesellschaften werden traditionell gültige Werte jedoch zunehmend infrage gestellt und verlieren an Bedeutung. Letztlich gibt es heute kaum noch gesellschaftlich umfassende verlässliche Werte und Normen, auf die wir uns in unserer Arbeit mit den Kindern und Jugendlichen, aber auch mit deren Elternhäusern verlassen können. Andererseits erleben wir im Kontakt mit Unternehmen und Ausbildungsbetrieben die Forderung, dass potenzielle Auszubildende Werte wie Verantwortungsbewusstsein, Verlässlichkeit, Engagement, Leistungsfreude, Teamfähigkeit usw. mitbringen sollten. Gesellschaftlicher Wandel bedeutet eben auch einen Wertewandel und zuweilen auch einen Verlust an Werten. Im Alltag erleben wir dies z. B. an Respektlosigkeit im Umgang der Menschen miteinander. Wobei wir betonen möchten, dass wir mangelnden oder fehlenden Respekt nicht nur auf Seiten von Schülern erleben, sondern auch bei Erwachsenen.

Schulen sind heute gefordert, junge Menschen zu befähigen, sich konstruktiv mit dem Thema »Werte«

auseinanderzusetzen, sich über die eigenen Werte klar zu sein und diese konstruktiv in Gruppen einbringen zu können. Sie müssen zielgerichtet und organisiert den Kindern und Jugendlichen Kompetenzen vermitteln und haben die wichtige Aufgabe, Werte sinnhaft im Alltag erlebbar werden zu lassen. Wir alle sind gefordert, ein Lernen zu kultivieren, das Werte entstehen lässt. Dies kann nur dann gelingen, wenn sich in unseren Schulen eine Kultur etabliert, in der die uns wichtigen Werte und die dazu stimmigen sozialen und personalen Kompetenzen im Alltag bedeutsam und konstruktiv erlebbar sind. Wir als Erwachsene haben dabei eine wichtige Vorbildfunktion (s. Kap. 4.1, Klassenrat, Regelbarometer; Kooperationsübungen wie Blind führen, CultuRallye, Wertearbeit).

### Globalisierung und Interkulturalisierung/ Interkulturalität

Obwohl wir zuvor die zunehmende Individualität und die unterschiedlichen Lebensentwürfe als Merkmale unserer Zeit beschrieben haben, erleben wir auch, dass uns andererseits kulturelle und gesellschaftliche Vielfalt und Variabilität mehr und mehr verloren gehen. Nicht nur z. B. unsere Städte sehen einander immer ähnlicher, auch die Einzigartigkeit jedes einzelnen menschlichen Lebens verschwindet zunehmend. Wie durch den Verlust von Arten im Tierreich, verlieren wir Möglichkeiten der individuellen wie kulturellen Inspiration und damit zugleich Anregungen, wie wir konstruktiv mit sich verändernden Anforderungen umgehen können. So verschwindet z. B. durch die Globalisierung zunehmend das Wissen über die Entstehungsprozesse von Gütern und Dienstleistungen. Wer weiß denn schon noch, wie und wo unsere Produkte, die wir konsumieren, hergestellt werden? Vor allem für viele Kinder und Jugendliche sind die Zusammenhänge und Vernetzungen kaum mehr wahrnehmbar. Gleichzeitig erfordert die Globalisierung, dass wir uns mit unterschiedlichen Kulturen und dort jeweils akzeptierten Verhaltensweisen konstruktiv auseinandersetzen.

Schule fällt heute die Aufgabe zu, unterschiedliche Ansichten zuzulassen und Schüler dabei zu unterstützen, ihre eigene Sichtweise zu finden und respektvoll mit denen ihrer Mitmenschen umgehen zu können. Wir sind gefordert, den offenen Diskurs zuzulassen und zu fördern, in dem unterschiedliche Betrachtungsweisen nebeneinander existieren dürfen und womöglich sich wechselseitig befruchten können. Darüber hinaus müssen wir in unseren Schulen Entstehungsprozesse anschaulich werden lassen. Es muss uns gelingen, junge Menschen dazu anzuregen, selbst zu konstruieren und selbst zu erzeugen. Wir müssen den jungen Menschen ermöglichen, das Prozesshafte am menschlichen Wirken zu erkennen und dies beginnt aus unserer Sicht schon beim Prozess des Lernens selbst. (Das Klassensoziogramm; Kooperationsübungen wie Die Hochspannungsleitung, Die Dreiecksübung; s. Kap. 4.3.2, Turmbau; Leonardos Brücke)

*Veränderungen in der Wissensgesellschaft*

## Digitalisierung, Virtualität und Wissensgesellschaft

Unsere Lebenswelt ist zunehmend digitalisiert. Wir erleben viele Kinder und Jugendliche, die den Großteil ihrer Zeit vor einem Bildschirm verbringen. Und egal, wie wir oder sie dazu stehen, dies hat vielfältige Folgen, die wahrscheinlich in ihren tatsächlichen Auswirkungen noch gar nicht überschaubar sind. Schon heute erleben wir, dass unsere ständige Erreichbarkeit und der unpersönliche Kontakt zu Verhaltens- und Haltungsänderungen im Alltag führen. Die ständige leichte Verfügbarkeit ebenso wie die fast unüberschaubare Auswahl an digitalen Angeboten kann z. B. dazu führen, dass wir die Fähigkeit verlieren, für einen langfristigen Lernerfolg auf den schnellen Lustgewinn zu verzichten, und damit verlieren wir eine Voraussetzung für die Gestaltung eines zufriedenen Lebens (Goleman 2013, 109 ff.). Zudem werden wir durch die Fülle an digitalen Informationen letztlich auf Dauer einseitig überfordert und es wird ein Zustand gefördert, der ständig immer wieder neue Reize verlangt. Aus unserer Sicht befruchtet diese Fülle uns nicht mehr, sondern führt letztlich zu Wissenswüsten. Zugleich verlernen wir vor allem das Wahrnehmen mit allen Sinnen, das Handeln und Tun ebenso wie uns zunehmend die Fähigkeit zum offenen persönlichen Dialog, besonders auch bei Meinungsverschiedenheiten, verloren zu gehen scheint.

Was Kinder vielleicht heute mehr denn je benötigen, sind sinnliche Erfahrungen, wozu vielleicht auch ein angemessenes Maß an Risiko gehört. Unsere Schulen müssen Orte der Aktivierung werden, damit sich Kinder und Jugendliche als handelnde Wesen überhaupt wahrnehmen lernen können. Daher sollten Aktivität und Bewegung integrale Bestandteile des täglichen Schullebens sein, denn Lernen ist ein Prozess von sich wechselseitig beeinflussenden Tätigkeiten. Schüler müssen sich als aktive Gestalter erfahren, indem sie Gelegenheiten erhalten, aus etwas Fremden etwas Eigenes zu machen. Dabei ist es wichtig, dass sie sich persönlich angesprochen fühlen und einen direkten Welt- und Lebensbezug erkennen können. Zudem muss die Schule unserer Ansicht nach heute wirkungsvolle Strategien entwickeln, um mit der medialen (Über-)Fülle angemessen umgehen zu können. Dabei ist (viel) weniger manchmal mehr und Qualität sollte vor Quantität stehen. Informationen und Wissen haben heute keine ewige Gültigkeit mehr und so stellen sie eine Ressource dar, mit der es gilt, bewusst, verantwortungsvoll und sinnhaft umzugehen (Abt Andreas/Halseband Manuel 2010, S. 171).

Unsere Schulen müssen jungen Menschen die Kompetenz vermitteln, aus der Informationsfülle die für sie relevanten Informationen auszuwählen und als Wissen nutzen zu können (CultuRallye, WortSpiel, RealityCheck, Team$^2$, Mandala oder Mobile gestalten, Naturerfahrungen).

### Auflösung klassischer Geschlechterrollen

Wohl nicht nur in unserer Wahrnehmung scheinen sich heute die klassischen Geschlechterrollen zunehmend aufzulösen. Das hat sicherlich auch positive Effekte, aber der damit verbundene Schatten ist, dass nicht nur aber vor allem den männlichen Kindern und Jugendlichen hilfreiche Orientierung in der Findung der eigenen Identität verloren geht bzw. fehlt.

*Jungen zeigen (in den von uns begleiteten Settings) aktuell, weitaus mehr als Mädchen, problematisches Verhalten. Gerade die bislang vorherrschende Vorstellung von Männlichkeit verliert zunehmend an Geltungsbedeutung.*

Die traditionellen Rollenzuschreibungen passen nicht mehr. Und so wird die Suche nach der eigenen Identität, die in Anbetracht der vielfältigen Varianten und Möglichkeiten, die uns heute in den Medien und der Gesellschaft geboten werden, zu einer noch größeren Herausforderung. Berücksichtigt man die wissenschaftliche Diskussion, so scheint die Unterscheidung in Geschlechterrollen ein Konstrukt der Gesellschaft und keine natürliche Einteilung darzustellen. Vielmehr wird heute zunehmend deutlich, dass es vielleicht so viele Identitäten wie Menschen gibt.

Schulen haben heute die Aufgabe, Kindern und Jugendlichen die Auseinandersetzung mit der eigenen Identität zu ermöglichen und zu fördern. Wir müssen dem jungen Menschen einen Orientierungsrahmen anbieten und ihm dabei helfen, die eigene Identität in Beziehung zu und Auseinandersetzung mit seinen Mitmenschen und seiner Umwelt auszubilden und zu formen (s. Kap. 3.1.2). Hierzu braucht er vor allem auch Vorbilder als Orientierungsgeber, die ihm unterschiedliche Möglichkeiten der menschlichen Identität und Persönlichkeit vorleben.

## Das Wichtigste

✓ Aktuell gibt es weitreichende Veränderungen unserer Lebenswelt.

✓ Merkmale dieser Veränderung mit Relevanz für die Schule sind: Individualität mit Tendenz zum Egoismus, Pluralität mit wachsender Instabilität, Wertewandel mit Enttraditionalisierung, Globalisierung mit Interkulturalisierung, Digitalisierung, Virtualität in einer Wissensgesellschaft und Auflösung klassischer Geschlechterrollen.

✓ In der Folge hat Schule heute veränderte und erweiterte Aufgabenfelder und in vielen Bereichen einen Balanceakt zu bewältigen, will sie junge Menschen gelingend dabei begleitet, in ihrer Persönlichkeit zu reifen und die Anforderungen der aktuellen und zukünftigen Lebenswelt zu meistern.

### 2.2 Menschliches Lernen

>*»Lernen muss man mit dem ganzen Körper.«*[2]
>Johann Friedrich Oberlin

Wir möchten nun den Fokus auf die Kernaufgabe von Schule richten: das Lernen. Lernen ist ein natürlicher Prozess und zugleich eine sehr komplexe Angelegenheit. Nach Manfred Spitzer (2002) macht unser Gehirn nichts lieber als zu lernen und dabei belegt die Erkenntnis der Plastizität des menschlichen Gehirns, dass es dies ein ganzes menschliches Leben lang tut. Es ist daher durchaus bedenkenswert, dass heute immer noch viele Kinder und Jugendliche die natürliche

Freude am Lernen auch in der Schule verlieren. Vielleicht liegt es neben anderem ja auch daran, dass viele Lernprozesse immer noch nicht gehirngerecht gestaltet sind. Wir werden den Versuch wagen, ein modernes Lernverständnis zu beschreiben. Daraus und unter Berücksichtigung der Aspekte einer veränderten Le-

> **Handlungsorientierte Übungen:**
>
> Alltagsrelevante Sachverhalte werden auf eine Handlungsebene übertragen, um sie spielerisch zu begreifen.

Abbildung 3: Handlungsorientierte Übungen

benswelt von Kindern und Jugendlichen benennen wir im nächsten Abschnitt Faktoren für gelingende Lern- und Entwicklungsprozesse in Schule und Unterricht und für den Einsatz handlungsorientierter Übungen.

Aus neurobiologischer Sicht findet Lernen dann statt, wenn es im Gehirn zu Veränderungen in den neuronalen Verknüpfungen kommt (Spitzer 2002). »Aus konstruktivistischer Perspektive erfolgt Lernen immer individuell und auf der Basis von Erfahrungen. Neues Wissen knüpft dabei immer an bereits vorhandenem Wissen an,« (Tippelt/Schmidt 2005, 8) wobei der Wissensaufbau maßgeblich vom Lernenden selbst bestimmt wird. Lernen wird nach Holzkamp (1993, 182) dann ausgelöst, wenn Individuen in ihren Handlungsvollzügen auf Hindernisse oder Widerstände stoßen und sich mit diesen Hindernissen gesondert beschäftigen. Auch für Hüther (2007) stellen sinnhafte und zugleich gerade noch bewältigbare ganzheitliche Herausforderungen einen wichtigen Aspekt für gesunde Lern- und Entwicklungsprozesse dar. Darüber hinaus betont er die Verfügbarkeit angemessener und hilfreicher Vorbilder, die Anreize und Orientierung für den eigenen Lernprozess bieten. Experimentelle Untersuchungen belegen die Bedeutung des Vorbildverhaltens für die Bereitschaft und die Ausführung von Handlungen. Zudem stellt nach Hüther (2007) die Atmosphäre in der (Klassen-)Gemeinschaft einen wichtigen Aspekt für erfolgreiches Lernen dar. Idealerweise sollte die Gruppe dem Lernenden ein Gefühl des »Aufgehobenseins« vermitteln.

Wir möchten im Folgenden ein modernes Lernverständnis anhand zweier Aspekte beschreiben: »Ganzheitliche Herausforderung« und »Entwicklungsför-

*Fred wird ein immer besserer Kletterer!*

dernde Beziehungserfahrungen«. Dabei stützen wir uns auf die Erkenntnisse der Neurowissenschaften und der modernen Stressforschung.

Die Bedeutung des ersten Aspekts **Ganzheitliche Herausforderung** wird schon daran deutlich, dass zu Lern- und Entwicklungsprozessen immer auch die Auseinandersetzung mit Veränderung und Wandel gehört. Grenzerfahrungen und Krisen sind dabei vorprogrammiert und mehr oder weniger unumgänglich und ein wichtiger Aspekt menschlichen Lernens.

*Eine Studie von Adolph et al. (2012), die sie mit Kindern im Alter zwischen elf und 14 Monaten durchgeführt haben, belegt, wie mühsam es ist, laufen zu lernen. Demnach legen Kleinkinder in dieser Zeit täglich 14.000 Schritte zurück – und fallen dabei etwa 100 Mal hin.*

In der Vorstellung von Antonowsky (1997) ist das Leben wie ein Fluss und birgt Gefahren und Hindernisse in sich, die es als Chance der persönlichen Weiterentwicklung zu nutzen gilt: »Wie wird man, wo immer man sich im Fluss befindet, dessen Natur von historischen, soziokulturellen und physikalischen Umweltbedingungen bestimmt wird, ein guter Schwimmer?« (Antonovsky 1997, 92)

Die Fähigkeit, ein guter Schwimmer im Fluss des Lebens zu sein, lässt sich anhand des sog. Kohärenzgefühls erfassen. Es ist ein Gradmesser für das Ausmaß des Vertrauens, das ich als Mensch in mich selbst und die Situation insgesamt habe, eine Herausforderung erfolgreich zu meistern. Menschen mit einem starken Kohärenzsinn, das ist eine entwickelbare Persönlichkeitseigenschaft, können sehr flexibel auf Anforderungen reagieren. Demnach ist die erfolgreiche Bewältigung einer Herausforderung von zwei Verarbeitungsmustern und einer motivationalen Komponente abhängig:

> **Drei Faktoren gelingenden Lernens nach Hüther (2007):**
>
> Die Qualität von Lernprozessen hängt maßgeblich von 3 Faktoren ab:
>
> Einem **gesundheitlich- und entwicklungsförderlichen Umfeld,** das Herausforderungen bietet, an denen man wachsen kann.
> Von **Vorbildern zur Orientierung,** die Anreize für den eigenen Lern- und Entwicklungsprozess schaffen.
> Von **Gemeinschaften,** in denen ein Gefühl des »Aufgehobenseins« entstehen kann.

Abbildung 4: Drei Faktoren gelingenden Lernens nach Hüther (2007)

Das meint die Fähigkeit …

- eines kognitiven Verarbeitungsmusters und dem Gefühl des Vertrauens, die Anforderungen einer Situation ausreichend zu verstehen (**Gefühl der Verstehbarkeit**):
Die Fähigkeit Reize, Ereignisse oder Entwicklungen zu strukturieren, anzuordnen und somit als vorhersagbar wahrzunehmen. Es geht darum, das Leben, wie es ist und war, erklären zu können und damit auch realistische Erwartungen an die Zukunft zu haben.

- eines kognitiv-emotionalen Verarbeitungsmusters und dem Gefühl des Vertrauens, mit diesen Anforderungen umgehen zu können (**Gefühl der Handhabbarkeit**):
Kompetenz, Ressourcen wahrzunehmen und zu nutzen, um den mit der Herausforderung verbundenen Anforderungen gerecht zu werden. Wichtig ist dabei nicht nur das Wissen über die eigenen Fähigkeiten, sondern vielmehr der Glauben an sie und auch der Glaube an Hilfe und Unterstützung durch andere (auch durch höhere Mächte).

- einer motivationalen Komponente und dem Gefühl der Sinnhaftigkeit bezogen auf die Situation (**Gefühl der Sinnhaftigkeit**):
Diese Komponente beschreibt das Ausmaß, inwieweit eine Anforderung auch als Herausforderung gesehen wird, die Investitionen und Engagement wert sind und sinnhaft erscheinen lassen. Es beschreibt, inwieweit ein Mensch sein Leben insgesamt als sinnvoll empfindet.

*Fred sucht nach Sinn*

Aus dem Zusammenwirken dieser Faktoren gewinnt der junge Mensch ein Gefühl der Selbstwirksamkeit. Die Erfahrung von Selbstwirksamkeit fördert die für ein gelingendes Lernen so wichtigen Gefühlslagen (intrinsische Verstärker), im Gegensatz zu extrinsischen Verstärkern, die nur zu Beginn eines Lernprozesses

förderlich wirken. »Wirkliches und gesichertes Wissen, aber auch Motivation entstehen erst durch das *handelnde* und *fühlende* Ausprobieren des Gelernten.« (Bauer 2006, 123) Wobei das Gehirn dadurch unterstützt werden kann, dass die Lerninhalte »mit lebensnahen praktischen Handlungserlebnissen« verbunden werden (Bauer 2006, 124). Da Lernprozesse immer mit Gefühlen, Emotionen und Affekten verbunden sind (Egle/Schweiger 2007, 8), erleichtern die positiv wahrgenommenen Gefühlsempfindungen das Lernen und machen es letztlich nachhaltiger. Zudem belegen Untersuchungen, dass Lerninhalte leichter gelernt werden, wenn sie mit einer körperlichen Bewegung verknüpft sind (Egle/Schweiger 2007, 9). Denn dadurch wird die für erfolgreiche Lernprozesse so wichtige Ausschüttung von Glückshormonen gefördert. Darüber hinaus ist es wichtig, dass die Lerninhalte für den jungen Menschen emotional bedeutsam sind, also für ihn eine persönliche Bedeutung und einen Sinn beinhalten. Lernen ist eine ganzheitliche Tätigkeit, deren Erfolg ganz wesentlich von der Art und dem Ausmaß der beteiligten Gefühle bestimmt wird. Neue Inhalte werden besser gelernt, je besser und sinnvoller sie in bereits bestehende Zusammenhänge eingeordnet werden können (Gilsdorf 1999, 22).

Darüber hinaus ist Lernen ein individueller, selbstbestimmter und selbstgesteuerter Prozess, der weit mehr ist, als Wissen anzuhäufen. Menschen lernen vernetzt mit allen Sinnen. Im Gehirn wirken Gedanken, Emotionen und körperliche Abläufe ineinander (Paffrath 2001, 4 f.). Die im Menschen verankerten emotionalen Systeme bewirken, dass vor allem nach solchen Erkenntnissen, Konzepten und Zusammenhängen gesucht wird, die für das weitere Leben bedeutsam, hilfreich und sinnvoll sind. Das heißt, dass vor allem solche Dinge abgespeichert werden, die lebensbedeutsam sind. Für das Lernen bedeutet dies, dass in Lernleistungen und Lernsettings der grundlegende Bezug zum persönlichen Lebenssinn bzw. den grundlegenden Lebensinteressen erkennbar sein muss (Paffrath 2001, 5). Je mehr Eingangskanäle genutzt werden und je tiefer die emotionale Beteiligung reicht, umso größer ist die Wahrscheinlichkeit des Behaltens (Paffrath 2001, 7).

Bereits im Zusammenhang mit der veränderten Lebenswelt moderner Gesellschaften wurde deutlich, dass aufgrund der Informationsfülle und der Halbwertszeit des Wissens ein modernes Lernverständnis nicht allein die Wissensvermittlung beinhalten kann. Vielmehr benötigen junge Menschen heute die Fähigkeit, in einer stetig komplexeren Welt »gute«, d. h., sinnhafte und verantwortungsvolle Entscheidungen treffen zu können. Hierzu müssen Wahrnehmung, Verstand und Gefühl gleichermaßen geschult werden. Bei der Bewältigung von (Lern-)Herausforderungen wird der Mensch mit seinem Geist, seinem Körper und seiner Seele angesprochen. Gelingendes Lernen vollzieht sich durch Wahrnehmung, Denken, Fühlen, Handeln und Sinnempfinden. Ein modernes Lernverständnis muss daher psychische, physische, mentale, handlungsbezogene sowie spirituelle Aspekte beinhalten, wobei sich diese wechselseitig beeinflussen bzw. bedingen. Aus unserer Sicht bedarf es heute eines Lernverständnisses, das Denken, Fühlen und Handeln übersteigt. Für Aurobindo (1993, 97) ist »nur ein freies und gänzlich intuitives Bewusstsein […] fähig, die Dinge in unmittelbarer Berührung und durchdrin-

gender Schau zu erfassen […].« Gelingendes Lernen beinhaltet daher auch einen Weg nach innen und ist verbunden mit Stille, Gewahrsein und umfassender Aufmerksamkeit ohne Bewertung. Lernen in diesem Sinne unterstützt den jungen Menschen dabei, eine gesunde Balance zwischen den Polen Abhängigkeit und Freiheit sowie Offenheit und Abgrenzung zu finden (s. Abb. 5). Zudem wird er dabei unterstützt, in seinem Leben zu lernen, wie er »gute« Entscheidungen treffen kann. Auch für Holzkamp (1993, 184) vollzieht sich durch das »Innehalten« ein entscheidender Schritt in Lernprozessen bei der Bewältigung von Herausforderungen. Anzuregende Perspektivwechsel ermöglichen neue Sichtweisen und Aspekte zur Überwindung einer Lernproblematik.

## Werte- und Entwicklungsquadrat der Abhängigkeit – Freiheit

Abbildung 5: Werte- und Entwicklungsquadrat der Abhängigkeit und Freiheit, eig. Darstellung nach Schulz von Thun 1997, 39

Lernen vollzieht sich zudem in Beziehung zur Um- und Mitwelt, damit beleuchten wir den aus unserer Sicht zweiten zentralen Aspekt eines modernen Lernverständnisses: **Entwicklungsfördernde Beziehungserfahrung.** Erfahrung und Lernen ereignen sich an der Grenze von Organismus und Umwelt und die Neurowissenschaft beschreibt unser Gehirn als ein soziales Organ, das auf gute zwischenmenschliche Beziehungen angewiesen ist, um optimal zu funktionieren. Gerade die Aktivierung der für Lernen so wichtigen Motivationssysteme hängt entscheidend davon ab, wie bedeutsam ein Mensch für einen anderen Menschen ist: »Wahrgenommen werden, soziale Unterstützung, Wertschätzung und die Erfahrung von Gemeinschaft veranlassen die Nervenzell-Netzwerke des Motivationssystems, Dopamin (Botenstoff für psychische Energie), körper-

eigene Opioide (Wohlfühlbotenstoffe) und Oxytocin (Hormon, das die Vertrauens- und Kooperationsbereitschaft fördert) zu produzieren.« (Bauer 2010, 7) Erwachsene müssen daher die persönliche Beziehung zwischen sich und den jungen Menschen in besonderer Weise berücksichtigen. Unpersönliches Verhalten, Ablehnung, Abwertungen und Mobbing in der pädagogischen Beziehung führen letztlich nicht nur zur Deaktivierung der für das Lernen so wichtigen Motivationssysteme, sondern aktivieren vielmehr schädliche Stressdynamiken.

So ist z. B. seit einigen Jahren bekannt, dass es in unserem Gehirn eine Gruppe von Nervenzellen mit ganz besonderen Eigenschaften gibt.

*Diese von Rizzolatti und Sinigalia (2008) entdeckten sogenannten Spiegelneuronen geraten nicht nur dann*

## Werte- und Entwicklungsquadrat der Intimität

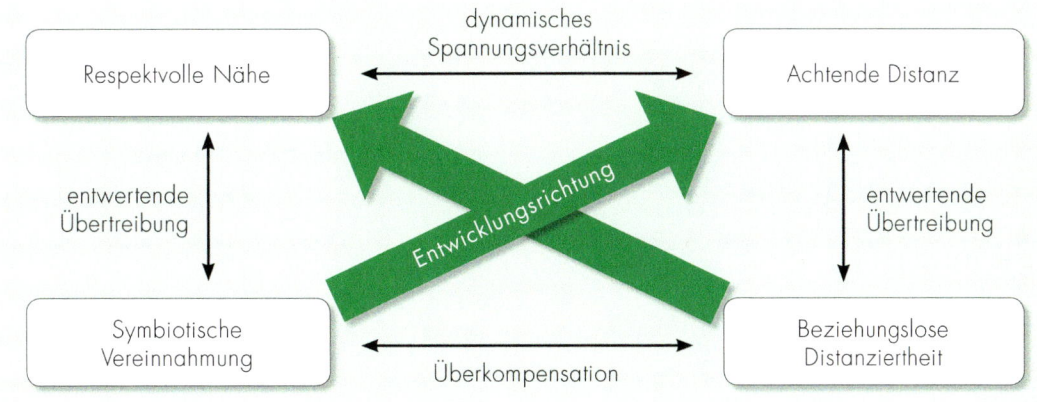

Abbildung 6: Werte- und Entwicklungsquadrat der Intimität, eig. Darstellung nach Schulz von Thun 1997, 39 sowie Abt 2006, 116

*in Schwingung, wenn ich Handlungen oder Gefühle bei anderen beobachte. Vielmehr werden sie auch dann aktiv, wenn ich diese Handlungen, Wahrnehmungen oder Gefühle selbst vollziehe. Letztlich feuern sie sogar auch dann, wenn ich lediglich an die Ausführung der Handlung denke.*

Für den Neurobiologen Bauer (2006, 122) haben diese sog. Spiegelnervenzellen eine zentrale Bedeutung für Lehr- und Lernprozesse, weil sie aus seiner Sicht »das entscheidende Bindeglied zwischen der Beobachtung eines Vorgangs einerseits und dessen eigenständiger Ausführung andererseits« sind. In besonderer Weise belegen diese Nervenzellen, wie wichtig und bedeutsam die Qualität der Beziehung zwischen den am Lernprozess beteiligten Menschen ist. Was unsere Spiegelnervenzellen aktiviert, ist einerseits die Sprache, mehr noch aber die bewusst oder unbewusst wahrgenommene Körpersprache. Kinder und Jugendliche brauchen »gute Beziehungen«, um intrinsische Motivation zu entwickeln. Aus diesen Erkenntnissen lässt sich die Beziehung zwischen Menschen als wechselseitiger Spiegelungs- und Resonanzvorgang beschreiben. Daraus ergeben sich für Bauer zwei pädagogische Komponenten: »verstehende Einfühlung« und »Führung« (Bauer 2010, 6) Beide Komponenten müssen in einer sinnhaften dynamischen Balance gelebt werden und bedürfen in der pädagogischen Beziehung einer entsprechenden Ausgewogenheit zwischen Nähe und Distanz. Bildlich lässt sich dies am Werte-/Entwicklungsquadrat der Intimität darstellen (s. Abb. 6).

»Der Erwachsene muss dem jungen Menschen nah sein, ihm Halt und Orientierung bieten, um Lernen und Entwicklung zu unterstützen. Gleichzeitig muss er Distanz wahren, ihm Freiräume bieten, um die Erfahrung der Selbstwirksamkeit zu ermöglichen.« (Abt 2006, 127) Nähe und Distanz sind entsprechend die zwei Seiten der Medaille des pädagogischen Handelns. Diese Überlegungen sind jedoch nicht neu. Bereits der Pädagoge Theodor Litt verstand in den 1920er-Jahren Erziehung als komplexen Prozess, der sich als dynamische Balance zwischen den Werten »Führen« und »Wachsen lassen« bewegt (Litt 1962). Nur »durch ein dynamisches Spannungsverhältnis können die beiden Werte langfristig ihre konstruktive Wirkung entfalten. Die Einseitigkeit des einen oder anderen Pols führt zu seiner Entwertung und zeigt sich in den jeweiligen Extremen ›autoritäre Kontrolle‹ und ›orientierungsloses Gewähren lassen‹.« (Abt 2006, 129) (s. Abb. 7) Aus unserer Sicht ist die Erfahrung von (sich stetig wandelnden und erweiterbaren) Grenzen und Begrenztheit für gelingendes Lernen ebenso bedeutsam wie die Erfahrung der Freiheit und des Gestaltens in Verantwortung.

Die Beziehung ist aber auch noch aus einem weiteren Grund für erfolgreiches Lernen bedeutsam. Nach den Erkenntnissen der Stressforschung sind Lernprozesse häufig durch eine Blockade im limbischen System beeinträchtigt. Vor allem Ängste und das Empfinden von Stress behindern die Informationsübertragung an den Synapsen. Angstbesetzte Lernerfahrungen und in der Folge die mangelnde Fähigkeit, konstruktiv mit entsprechenden Lernherausforderungen umzugehen, führen zu einem »Datentransportproblem« im Gehirn, bei dem auf vorhandene Ressourcen nicht mehr zurückgegriffen wer-

## Werte- und Entwicklungsquadrat der Erziehung

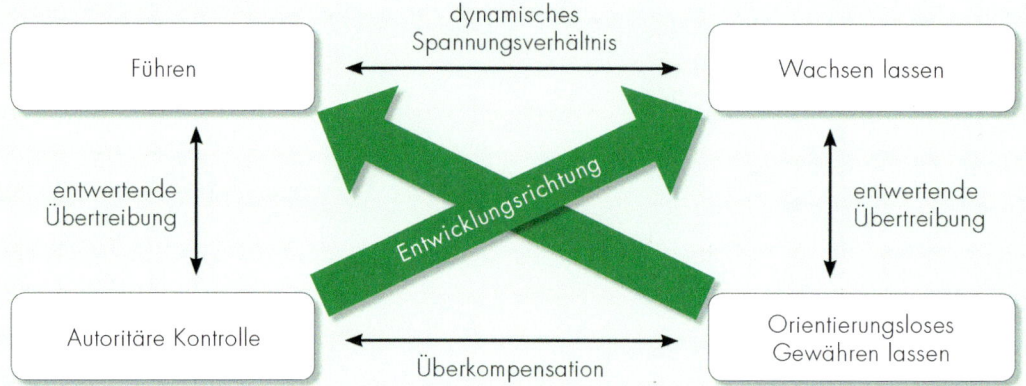

Abbildung 7: Werte- und Entwicklungsquadrat der Erziehung, eig. Darstellung nach Schulz von Thun 1997, 39 sowie Abt 2006, 129

den kann. Dabei ist unser Lernen biografisch geprägt und kann mit blockierenden Mustern behaftet sein (s. Kap. 3.1.2, Theorie der Skriptentwicklung aus der Transaktionsanalyse; vgl. Schlegel 1995, 176 ff.). Dabei beinhalten durch die Plastizität des menschlichen Gehirns neue Erfahrungen immer auch neue Prägungen, d. h., es ist möglich, diese blockierenden und hemmenden Muster durch entwicklungsfördernde zu ersetzten.

In Untersuchungen hat man herausgefunden, dass die Qualität der Beziehungen eine entscheidende Rolle bei der Auflösung dieser Blockaden innerhalb des limbischen Systems spielt. Entwicklungsfördernde Beziehungserfahrungen ermöglichen den verbesserten Zugriff auf persönliche Ressourcen zur Bewältigung von Lern- und Entwicklungsherausforderungen. Diese Beziehungen zeichnen sich dadurch aus, dass in ihnen die Beziehungsbedürfnisse (Erskin 2008, 287 ff.) erkannt, wertgeschätzt und modellhaft befriedigt werden, sodass durch eine korrigierende und heilsame Beziehungserfahrung destruktiver Stress reduziert und Lernen möglich wird (s. Kap. 3.2.1). Des Weiteren ist bekannt, dass die Qualität der Beziehung auch die Ausschüttung bestimmter Hormone, wie z. B. Oxytocin, beeinflusst. Dieses Hormon unterstützt die Aktivierung der Datenverarbeitung im limbischen System und wirkt darauf so ein, dass die stressbehafteten und lernblockierenden Verknüpfungen an Bedeutsamkeit verlieren. Da das Hormon Oxytocin, z. B. auch durch die Erfahrung von Rhythmen, in jeglicher Form ausgeschüttet wird, sind zudem Rituale und die Strukturierung von Lern- und Entwicklungsprozessen hilfreich, um im Gehirn Blockaden zu überwinden

und neuronale Neuverschaltungen bzw. Verknüpfungen der Synapsen anzuregen.

Für den Zellbiologen Lipton (2007) befindet sich unser Organismus entweder in einem Wachstums- oder in einem Schutzmodus. Lediglich im Wachstumsmodus findet Entwicklung und Lernen statt. Eine gesunde Entwicklung des Gehirns und gelingende Lernprozesse benötigen daher zunächst eine angstfreie Atmosphäre. Darüber hinaus stellt für Bauer (2010) die Beziehungsgestaltung zwischen Lehrenden und Lernenden die Grundvoraussetzung für den Lernerfolg dar. Wenn gelingendes Lernen auf Beziehung basiert, ist dafür eine innere Haltung auf Seiten der Lernbegleitung maßgebend, die von Respekt und Achtung, mitfühlendem Verstehen, Wohlwollen, Zuversicht und Vertrauen geprägt ist. Sie ist Ausdruck eines positiven Menschenbildes, das dem Menschen nicht nur die Verantwortung für das eigene Denken,

*Zusammenhang von Lernen, Stress und Gesundheit*

Abbildung 8: Vertrauen als Grundlage für gelingendes Lernen

Fühlen und Handeln zuschreibt, sondern auch dafür, das Beste aus seinen Talenten und Fähigkeiten zu machen. (s. Kap. 3.1.1)

Menschen, die Lernprozesse begleiten, benötigen daher ein tiefes Vertrauen, damit sie von ganzem Herzen bereit und fähig sind, die für gelingendes Lernen unabdingbare Hoffnung und Zuversicht zu spiegeln. Es ist von entscheidender Bedeutung, inwieweit sie dazu fähig und in der Lage sind, entwicklungsfördernde und von tiefer Wertschätzung getragene Beziehungen zu gestalten und sich mit ihren Impulsen, Ideen und ihrer Intuition als orientierungsgebendes Vorbild anzubieten. Dies ist keine Frage eines verstandesorientierten Entschlusses und beruht nicht auf Fähigkeiten des rationalen Ichs. Vielmehr braucht es

aus unserer Sicht vor allem ein in sich ruhenden Selbst (Faulstich 2006, 156).

### Exkurs: Die vier Stufen des Lernens – Ein Plädoyer zur Etablierung einer gesunden Fehlerkultur an Schulen[3]

Lernprozesse beinhalten unterschiedliche Phasen, die sich vereinfacht als vier Stufen des Lernens beschreiben lassen (s. Abb. 9). Wenn wir im Verlauf unseres Lebens Kompetenzen erwerben, werden diese als Muster neuronal gespeichert. Zu Beginn, wie z. B. beim Erlenen des Fahrrad- oder Autofahrens, sind wir herausgefordert und vielleicht auch überfordert von all den Handlungen, die für das sichere Bewegen eines Fahrzeugs im Straßenverkehr notwendig sind. Mit der Zeit und Übung vollziehen wir diese Handlungen aber fast wie im Schlaf und vielfach unbewusst.

Solange uns keine Situation herausfordert, auf die unsere Handlungsmuster nicht die passende Antwort geben können, ist alles in Ordnung. Solange ich nicht in Situationen komme, in denen ich erfahre, was ich nicht kann, bin ich sogar ahnungslos und wiege mich in der Sicherheit, dass alles passt (unbewusste Inkompetenz).

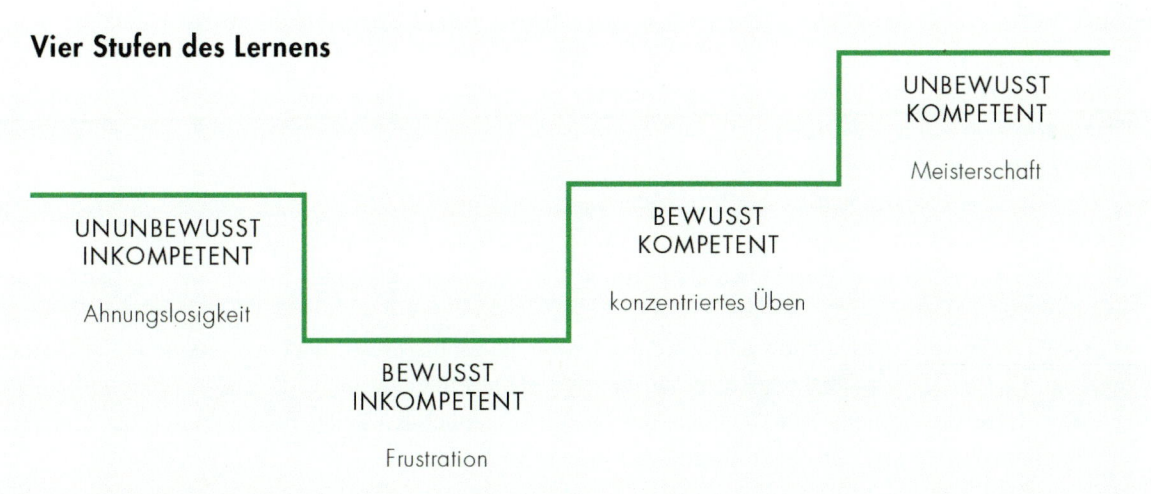

Abbildung 9: Vier Stufen des Lernens, eig. Darstellung nach Bandura/Ross/Ross 1963

Sobald wir nun aber z. B. durch Glatteis oder Aquaplaning über die Grenzen unserer Kompetenzen gelangen, erleben wir unsere Inkompetenz bewusst und dies ist nicht selten auch mit Frustrationen verbunden (bewusste Inkompetenz). Sofern wir offen dafür sind, erkennen wir, dass das lange als bewährt empfundene Muster verändert werden muss. Irgendwie geht es uns dann so wie dem Tausendfüßler, der gefragt wird, wie er denn das mit so vielen Beinen anstellt und beim Nachdenken darüber ins »Stolpern« gerät. Um die nächste Stufe zu erklimmen und seine Kompetenz zu erweitern, braucht es Mut, Zuversicht, Geduld, Selbstvertrauen und nicht selten Unterstützung, wie z. B. durch ein Fahrsicherheitstraining. Wir bewältigen diese »Stufe« nicht selten nur durch hartnäckiges Üben und Ausdauer (bewusst kompetent). Im Fahrsicherheitstraining gebe ich trotz allem Frust und aller Enttäuschung nicht auf, sondern bleibe dran, bis ich auch den Schleuderparcours meistere. Auf dieser Stufe werden die neuen Abläufe noch bewusst vollzogen. Erst mit der Zeit und mit weiterer Anwendung wird auch diese Kompetenz irgendwann als unbewusstes neuronales Muster abgelegt und läuft bei Bedarf automatisch, ohne nachdenken ab (unbewusst kompetent). Wir haben in einem gewissen Bereich eine Meisterschaft erlangt, zumindest bis zu dem Zeitpunkt, wo sich herausstellt, dass auch diese Kompetenz nicht mehr den neuen Anforderungen genügt und der Prozess wieder von neuem beginnt.

Letztlich vollziehen sich Lernprozesse vielfach über und durch die Erfahrung von Fehlern. Stellen Sie sich vor, wir würden beim Erlernen des Laufens beim ersten Hinfallen zu uns sagen: »Ach das ist viel zu schwer für mich, das bekomme ich eh nicht hin«, oder unsere

Eltern würden uns vermitteln: »Das war ja klar, dass du unfähig bist, das zu schaffen«. Wie hilfreich und sinnvoll wäre es, wie beim Erlernen dieser menschlichen Grundfertigkeiten, auch in der Schule Fehler als wichtigen Teil und Chance von Lernen zu sehen und dies auch so zu vermitteln?

*Fred erhält Anerkennung und Lob*

---

## Das Wichtigste

✓ Lernen als Kernaufgabe von Schule ist ein natürlicher und komplexer Prozess.

✓ Lernen findet für Spitzer (2002) dann statt, wenn im Gehirn Veränderungen der neuronalen Verknüpfungen stattfinden.

✓ Nach Holzkamp beinhaltet lernen immer auch das Umgehen mit Widerständen und die Bewältigung von Hindernissen.

✓ Hüther (2007) sieht drei Faktoren, die den Lernprozess maßgeblich beeinflussen: bewältigbare ganzheitliche Herausforderungen, Vorbilder zur Orientierung und Gemeinschaften, in denen ich mich aufgehoben fühlen kann.

✓ Aus unserer Sicht gibt es zwei zentrale Aspekte eines modernen Lernverständnisses: Gelingendes Lernen benötigt ganzheitliche Herausforderung und entwicklungsfördernde Beziehungserfahrungen.

✓ Wir nutzen die Vorstellung vom Leben als Fluss, in dem ich lerne, ein guter Schwimmer zu werden und selbstwirksam zu sein.

✓ In und durch Beziehungen können wir die für das Lernen so wichtigen Motivationssysteme aktivieren und den Zugriff auf persönliche Ressourcen gerade auch im Umgang mit destruktiven Lernblockaden verbessern.

✓ Die vier Stufen des Lernens verdeutlichen, dass sich menschliches Lernen vielfach durch die Erfahrung von Fehlern vollzieht und mit der Erfahrung von Fehlern verbunden ist.

## 2.3 Bündelung, Schlussfolgerungen und Konsequenzen für ein gelingendes Lernen an Schulen

*»Ein Weg entsteht, wenn man ihn geht«*[4]
Konfuzius

Die Welt verändert sich und dies in einer Geschwindigkeit und Komplexität, die neue, bislang ungeahnte Ausmaße erreicht. Nicht nur in der Schule geraten Grenzen in Fluss und werden Konstanten zu Variablen. Unsere Gesellschaft insgesamt ist fluide geworden und zunehmend komplexer. Durch den Wandel in unserer Welt entwickeln junge Menschen andere Denk- und Verhaltensweisen. Die »Generation Y« und nach ihr die »Generationen Z« und »Alpha« machen andere Erfahrungen und betrachten die Welt aus einem anderen Blickwinkel. Die Generationen unserer Eltern und Großeltern konnten noch mit einer hohen Wahrscheinlichkeit davon ausgehen, dass die aus der Vergangenheit gewonnenen Erfahrungen auch bei aktuellen Fragestellungen hilfreich sind. Die Herausforderungen waren kompliziert und auf komplizierte Fragestellungen konnte man erfolgreich mit bewährten Antworten reagieren. Die Welt von heute und morgen ist durch Komplexität gekennzeichnet und dies erfordert von uns, sich immer wieder neu mit der aktuellen Situation und deren Gegebenheiten auseinanderzusetzen. In der modernen Arbeitswelt lässt sich z. B. beobachten, dass die Aufgaben und Anforderungen zunehmend nur dann zu bewältigen sind, wenn Menschen mit unterschiedlichen Professionen gemeinsam nach der jeweils aktuell besten Lösung suchen. Das Wissen sowie die Kompetenzen und Erfahrungen des Einzelnen reichen vielfach nicht mehr aus, um aktuelle Anforderungen in Gesellschaft und Ökonomie zu lösen. Der Blick in die schon beginnende Zukunft zeigt, dass kooperative und soziale Kompetenzen und damit auch emotionale Kompetenzen in der Arbeitswelt noch bedeutsamer werden. Bei der Suche nach der jeweils »besten« Lösung für den Kunden braucht es Experimentierfreude und daher eine gute Fehlerkultur, die Fähigkeit zur Reflexion, Offenheit und Flexibilität ebenso wie soziale, kommunikative und emotionale Kompetenzen. Mit dem Stichwort »Agilität« sind Vorstellungen verbunden, Organisationen so zu gestalten, dass Menschen darin miteinander kooperieren und sinnhafte Formen der Zusammenarbeit entwickeln können (Gloger/Rösner 2014; Laloux 2015; Pfläging 2015 usw.). Mit dieser Welt müssen unsere Kinder umgehen können. Dies hat Auswirkungen auf die Inhalte und die Gestaltung von schulischen Lernprozessen.

Was nun bedeutet dies in der Konsequenz für die Schule und die gelingende Begleitung von Lern- und Entwicklungsprozessen? Wie kann das Kerngeschäft »Lernen« unter dieser Vielfalt an unterschiedlichen Einflussfaktoren und unter den aktuellen Zielvorgaben »Kompetenz im Umgang mit einer zunehmend komplexeren Welt« und »Fähigkeit, mit anderen sinnhaft zu kooperieren« gelingen? Und was ist in eigener Verantwortung zeitnah umsetzbar?

Die Pädagogik ist schon immer mit komplexen Fragestellungen konfrontiert und die pädagogische Welt hat viel mit der häufig beschriebenen VUCA-Welt (VUCA: Volatilität, Unsicherheit, Komplexität, Ambivalenz/Ambiguität) gemeinsam. In der Pädagogik gibt es keine »Wenn-dann-Beziehungen«. Auch die Hoffnung auf Patentrezepte muss enttäuscht werden. Aber: Durch Erfahrungen in lernförderlichen sozialen und naturnahen Lernkontexten erhöhen sich die Chancen, dass die Entwicklung sozialer Kompetenzen gelingt und dadurch ganzheitliches Lernen an Schulen gefördert wird.

Immer mehr Schulen realisieren, dass ihr Fokus nicht mehr nur auf der Vermittlung von Wissen liegen kann. So erhalten die Förderung von sozialen und emotionalen Kompetenzen und die Begleitung bei der Entwicklung der Persönlichkeit einen stetig größeren Stellenwert, auch weil andere Gesellschaftsinstitutionen, wie z. B. die Familie, diese nicht mehr in gewohntem Umfang erfüllen (können). Es ist dabei aus unserer Sicht zu begrüßen, dass hierfür sozialpädagogisch ausgebildete Fachkräfte an Schulen etabliert werden, und dass Schulen Kooperationen mit Fachinstitutionen (z. B. Schulpsychologische Beratung, Gewaltprävention) oder anderen Schulen und Bildungsinstitutionen eingehen.

Um mit der sich stetig verändernden Welt konstruktiv umzugehen und dabei gesund zu bleiben, beschreibt das Modell der »Resilienz« Kompetenzen, die auch im pädagogischen Kontext als Orientierung dienen können.

*Das Konzept der Resilienz wurde in den 1950er-Jahren in den USA eingeführt. Der Begriff Resilienz (lat. resilire: »zurückspringen« »abprallen«) versteht sich als psychische Widerstandsfähigkeit oder die Fähigkeit, Krisen als Chance zur persönlichen Entwicklung zu nutzen, indem persönliche und auch soziale Ressourcen entsprechend genutzt werden. Dabei zeigt sich ein enger Zusammenhang zu dem bereits benannten Modell der Salutogenese (vgl. Wikipedia; Battmann/Warnke 2003).*

Mit Resilienz ist die Fähigkeit gemeint, mit Herausforderungen im Leben adäquat umzugehen. Resiliente Menschen besitzen die Fähigkeit, Krisen und schwierige Lebenssituationen besser zu bewältigen, schneller wieder aktiv zu werden.

Herausforderungen und Krisen gehören zum Leben und auch resiliente Menschen erleben sie, jedoch haben sie insgesamt ein größeres Grundvertrauen in das Leben und nutzen ihre Möglichkeiten, diese Ereignisse zu meistern. Resilienz ist erlern- und entwickelbar.

*Wie unterschiedliche Studien aus den USA belegen, können Erwachsene und auch ältere Kinder einen wichtigen Beitrag zur Entwicklung von Widerstandskraft und Krisenbewältigung bei jungen Menschen leisten. Kinder profitieren in ihrer Entwicklung von Resilienz von Eltern und Erwachsenen, die aktiv den Kontakt zu anderen Menschen, Gleichgesinnten und Gruppen suchen und in diesen Beziehungen Verantwortung übernehmen. Nach der Untersuchung des Teams um Nathan Caplan (1992, 22) ist zudem die Haltung in den Familien gegenüber Bildung dabei von grundlegender Bedeutung. Zudem wird die Bedeutsamkeit der emotionalen Bindung zwischen Eltern bzw. Erwachsenen und Kindern für die Entwicklung von Resilienz betont, die in den Untersuchungen z. B. durch Vorlesen gestärkt werden konnte (Caplan/Choy/Whitmore 1994).*

Nach den Ergebnissen verschiedener Studien lässt sich z. B. Resilienz bei Kindern und Jugendlichen im schulischen Kontext mit Hilfe verschiedener Programme fördern.

*Dazu zählen zum Beispiel Opstapje, Head Start, Foster-Grandparent-Programm und das Big-Brothers-Big-Sisters-Programm. Bei Letztgenanntem konnten z. B. freiwillige Mentoren (Big Brothers/Big Sisters) Lernprobleme unter jüngeren Kindern ebenso wie Drogensucht und Straffälligkeiten bei Jugendlichen vermindern.*

Eine aus unserer Sicht wirksame und schnell anwendbare Möglichkeit, konstruktiv mit den benannten Anforderungen und Aufgaben umzugehen, ist der Einsatz handlungsorientierter Übungen in der Schule. Zusammen mit den von uns beschriebenen Konzepten und Methoden bieten sie die Möglichkeit, die vom Resilienzmodell beschriebenen Kompetenzen zu fördern. Wir werden hierzu im folgenden Abschnitt erste Überlegungen für den Einsatz handlungsorientierter Übungen benennen. Die nachfolgend beschriebenen

Kompetenzen bauen aufeinander auf und die Übergänge sind fließend (s. Abb. 11).

1. Optimismus

Zum gelingenden Umgang mit den Anforderungen einer sich ständig verändernden Lebenswelt gehört der Glaube, dass das Leben auf lange Sicht mehr Gutes als Schlechtes bringt. Dieser gründet sich auf der Haltung, dass auch in schwierigen Lebenssituationen immer Chancen für persönliches Wachstum und Entwicklung verborgen liegen. Resiliente Menschen entwickeln die Fähigkeit, in allem auch den Nutzen und das »Gute« zu sehen. Junge Menschen müssen entsprechend dabei unterstützt werden, eine positive Weltsicht und ein positives Selbstkonzept zu entwickeln. Sie benötigen (Selbst-)Vertrauen, damit sie ausreichend Kräfte und Fähigkeiten entwickeln können, um die an sie gestellten Anforderungen zu bewältigen. In handlungsorientierten Aufgaben werden Schüler herausgefordert, immer wieder Grenzen im Denken, Fühlen und Handeln zu hinterfragen und zu überwinden. Durch eine entsprechende Gestaltung und Auswertung können sie das Verständnis entwickeln, dass Gefühle wie Angst oder auch Frustrationserlebnisse zu Lernprozessen dazugehören. Sie können lernen, konstruktiv damit umzugehen, und diese erworbene Kompetenz auch in ihrem Schulalltag nutzen.

*Dabei kann z. B. mit dem Komfortzonenmodell (s. Kap. 4.1) oder den vier Stufen des Lernens (s. Kap. 2.2) auf der Ebene des Verstehens gearbeitet werden. Als Übungen lassen sich vor allem Kooperationsaufgaben nutzten, s. Kap. 4.3.2 und z. B.* Das Spinnennetz, Kuscheltier-/Objektjonglage, Team².

So kann ihnen z. B. die Übungserfahrung, zunächst unlösbar empfundene Aufgaben dennoch gemeistert zu haben, auch im Alltag bei der Bewältigung von schulischen Anforderungen helfen.

2. Akzeptanz

Ohne die Akzeptanz der Realität, wie sie ist, kann keine wirkliche Veränderung und Entwicklung stattfinden. Wenn ich nicht weiß, wo ich stehe, was ich kann oder nicht kann, werde ich auch keinen Weg finden, der in eine gelingende Zukunft führt. Ein erster wichtiger Schritt ist die vorurteilsfreie Wahrnehmung dessen, was ist. Junge Menschen müssen lernen, dass das Leben schöne und schwierige, angenehme und schmerzhafte Facetten hat, und dass in der Bewältigung von Krisen neue Chancen verborgen liegen. Das

Leben ist Wandlung und Veränderung und unsere Umwelt spiegelt dies fortwährend. Um gesund zu bleiben, müssen wir konstruktiv mit diesem Wechselspiel umgehen lernen. In handlungsorientierten Übungen (s. Kap. 4.3) können Schüler lernen, mit Krisen sinnhaft umzugehen und sie als möglichen Wegabschnitt eines jeden Lernprozesses zu erkennen. Ergänzt durch Phasen der Ruhe können sie die Qualität der Stille erfahren und lernen, einfach nur wahrzunehmen, ohne zu bewerten. Durch die Einbindung in einen Gesamtprozess können junge Menschen so mehr Verantwortung für ihre Wahrnehmung, ihr Denken, Fühlen und Verhalten übernehmen.

### 3. Lösungsorientierung

In einem nächsten Schritt gilt es, Lösungen statt Probleme zu fokussieren. Aktuell nehmen wir wahr, dass der Blick in der Gesellschaft vor allem auf Fehler gerichtet ist. Wir beschreiben oft, was wir vermeiden wollen, und nicht, was wir uns wünschen. Gerade bei der Lösungsfindung in handlungsorientierten Aufgaben können junge Menschen dazu angeleitet werden, ihren Fokus mehr auf das Erreichen der erwünschten Ergebnisse, die Aktivierung von Ressourcen, die Schaffung von Verbesserungen bzw. die Entwicklung neuer und kreativer Lösungen zu legen. Bei der Lösungsfindung können sie lernen, dass im Zulassen unterschiedlicher Denk- und Sichtweisen ein kreatives Potenzial verborgen liegt, aus dem sich gemeinsam viele unterschiedliche Optionen entwickeln lassen. Auch diese Erfahrungen lassen sich in den Schulalltag transferieren und dort nutzen (s. Kap. 4.2, 🔑 und 🖱).

### 4. Selbststeuerung – Die Opferrolle verlassen

Viele in unserer Gesellschaft empfinden sich als Opfer von Umständen oder anderen Menschen. Demgegenüber können sich resiliente Menschen auch in herausfordernden Situationen angemessen selbst steuern. Jeder Mensch besitzt eine aktive Rolle bei der Gestaltung der Beanspruchungsverhältnisse und wir sind den auf uns einwirkenden Belastungen nicht ohnmächtig ausgeliefert. Wir müssen junge Menschen dazu befähigen, konstruktiv mit Stressdynamiken umzugehen, um dadurch auch unter großem Druck ruhig und gelassen bleiben zu können. Dies ist die Voraussetzung, um Ressourcen zu aktivieren, gute Entscheidungen zu treffen und Handlungsspielräume zu nutzen. Notwendig ist dabei ein gutes Zusammenspiel beider Hirnhälften, also zwischen dem logisch-linearen Verstand (links) und dem emotionalen Erfahrungsgedächtnis (rechts), ebenso wie die Nutzung persönlich- wie kollektiv-

unbewusster Anteile. Auch dies können junge Menschen in und durch handlungsorientiert-kooperative Aufgaben, entsprechend gestaltet und ausgewertet, erwerben und sich aneignen (s. Kap. 4.2, 🔑 und 🖱).

### 5. Verantwortung übernehmen

Resiliente Menschen sind offen und bereit, Verantwortung zu übernehmen und haben die Fähigkeit, ihren Einflussbereich gut abzuklären.

*Das heißt, die Balance der Verantwortung zu wahren und darauf zu achten, wofür ich selbst Verantwortung habe und wofür nicht (vgl. Abt 2006, s. Abb. 13).*

Nicht nur nach unserer Erfahrung ist die Nutzung und Stärkung der persönlichen Ressourcen weitaus effektiver als das Korrigieren von Problemen und Störungen im Nachhinein. Gerade für junge Menschen ist es wichtig, sich als aktiver (Mit-) Gestalter des eigenen Lebens zu erleben, sich auf die eigenen Stärken zu besinnen, die Realität angemessen zu interpretieren und in Krisensituationen wieder auf die Füße zu kommen. Sie müssen lernen, sich den Herausforderungen ihres Lebens zu stellen. Durch die Anwendung handlungsorientiert-kooperativer Übungen können die Schüler lernen, Verantwortung für ihre Wahrnehmung, ihr Denken, Fühlen und Verhalten zu übernehmen. Statt in schwierigen Situationen die Schuld bei anderen oder den Umständen zu suchen, können sie mit entsprechender Unterstützung lernen, dass es hilfreicher ist, vorhandene Ressourcen und unterschiedliche Wege zu nutzen. Dabei lässt sich auch ein angemessener Umgang mit Fehlern einüben. (s. Kap. 3.1, 4.1 und 4.2, 🔑 und 🖱).

### 6. Beziehungen gestalten – Netzwerk-Orientierung

Wie schon im Abschnitt *Lernen* deutlich wurde, spielen Beziehungen eine zentrale Rolle in unserem Leben und unsere zwischenmenschlichen Beziehungen sind wichtige Ressourcen bei einer gelingenden Lebensgestaltung und zur Bewältigung von Herausforderungen. So ist vieles leichter zu ertragen, wenn wir gute Beziehungen haben, die uns unterstützen können. In und durch handlungsorientiert-kooperative Übungen, verbunden mit Austauschprozessen, können junge Menschen lernen, wie es ihnen gelingt, gute Beziehungen, die von Empathie und Wertschätzung getragen sind, aufzubauen und zu pflegen. Sie können lernen, sich in unterschiedlichen Gruppenzusammensetzungen konstruktiv und angemessen einzubringen und dadurch ein Beziehungsumfeld als wichtiges Unterstützungssystem in der Schule zu entwickeln (s. Kap. 3.2, 3.3 und 4.1, 🔑 und 🖱).

7. Zukunft gestalten – Zukunftsplanung

Durch eine entsprechende Vorbereitung können wir uns auf zukünftige Krisen des Lebens einstellen und uns davor schützen. Hierzu ist es hilfreich, Alternativen zu entwickeln und Visionen zu entwerfen, die neue Chancen beinhalten. Zudem bedeuten diese Vorstellungen, entsprechend emotional verankert, einen wichtigen motivationalen Bezugspunkt, der uns hilft, diese auch tatsächlich zu verwirklichen. Mit Hilfe von handlungsorientierten Aufgaben, aber vor allem durch den Einsatz entsprechender Methoden, wie z. B. dem Zürcher Ressourcen Modell (ZRM) (vgl. Storch/Krause 2007) oder dem MeBoard, können wir Schüler aber auch ganze Klassen dabei unterstützen, klare Zielvorstellungen zu entwickeln (s. Kap. 4.1, 🎈 und 🥄). Diese Erfahrungen sind hilfreich und notwendig, um die persönliche Zukunft schöpferisch aktiv zu gestalten.

Abbildung 10: Bildkartei EmotionCards. Mit freundlicher Genehmigung der METALOG GmbH & Co. KG. Zu finden auf www.metalog.de

8. Werteorientierung

Bereits im Zusammenhang mit den gesellschaftlichen Wandlungsprozessen in unserem Leben haben wir das Thema Werte angesprochen. Die Orientierung an Werten verleiht unseren Handlungen und unserem Dasein Sinn. Einem schulischen Konzept zur Entwicklung sozialer Kompetenzen sollten klare Wertevorstellungen als Orientierung zugrunde liegen. Zudem werden in und durch handlungsorientiert-kooperative Übungen Werte erlebbar. Damit verbundene Anforderungen und Herausforderungen werden deutlich. Durch entsprechende Anleitung lassen sich diese Erfahrungen und Erkenntnisse auf den (Schul-)Alltag übertragen und dort nutzen (s. Kap. 4.3.1, Wertearbeit und 🥄).

Wenn der Erwerb sozialer und emotionaler Kompetenz gelingen soll, müssen Schulen den Kindern und Jugendlichen Möglichkeiten bieten, die eigene Persönlichkeit zu formen, soziale und emotionale Kompetenzen auszubilden, ihre Gesprächskompetenz zu schulen und kooperativ in Gruppen zusammenarbeiten zu können. Dabei können sie ihre Lern- und Erfahrungsprozesse mit zunehmendem Alter und wachsender Kompetenz selbstständig und eigenverantwortlich steuern. Dies muss jedoch schrittweise erworben und eingeübt werden. Hierzu sind aus unserer Sicht handlungsorientierte Aufgaben ein wunderbares Handwerkszeug. Jedoch müssen diese entsprechend gestaltet sein (s. Kap. 4.3.1; Stichwort: Herausforderung ohne Überforderung, vgl. Komfortzonenmodell, Kap. 4.1).

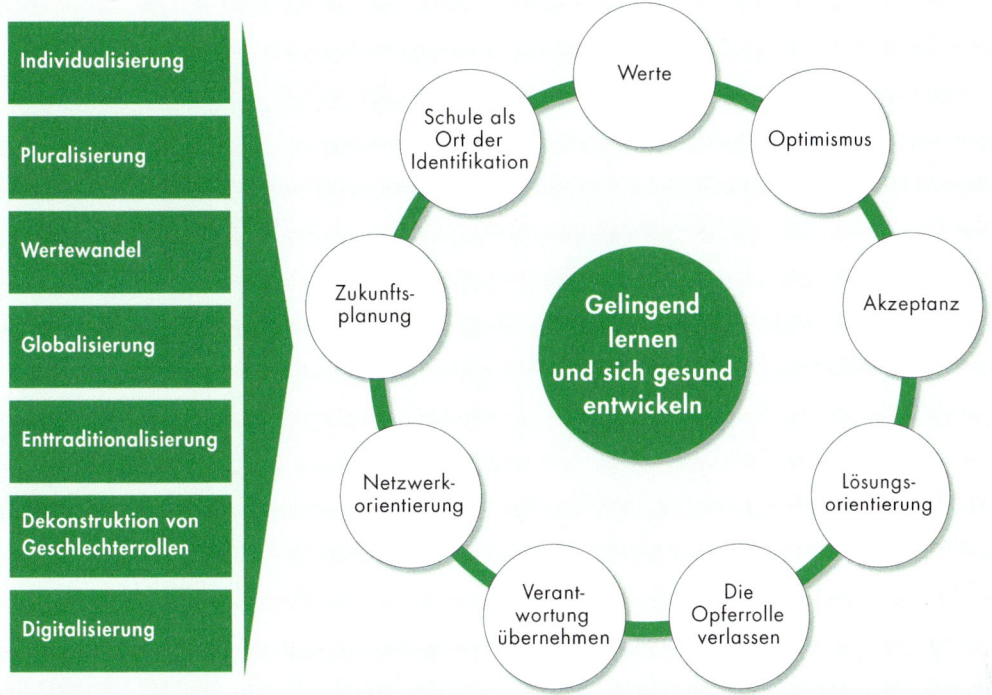

**Fluide Gesellschaft**
Grenzen geraten in Fluss, Konstanten werden zu Variablen

Individualisierung

Pluralisierung

Wertewandel

Globalisierung

Enttraditionalisierung

Dekonstruktion von Geschlechterrollen

Digitalisierung

Werte

Optimismus

Schule als Ort der Identifikation

Akzeptanz

Zukunfts-planung

**Gelingend lernen und sich gesund entwickeln**

Lösungs-orientierung

Netzwerk-orientierung

Verant-wortung übernehmen

Die Opferrolle verlassen

Abbildung 11: Fluide Gesellschaft, eig. Darstellung nach Barz/Kampik/Singer/Teuber 2001

*Nach Belegen der kognitiven Neurowissenschaften sind »erst in der Mitte der dritten Lebensdekade die Hirnareale für Handlungsplanung, Handlungskontrolle und für ethische Entscheidungsprozesse voll entwickelt«. Daher benötigen junge Menschen »einen ausgewogenen Mix aus zunehmender Freiheit bzw. Selbstbestimmung und Orientierung, strukturellen Hilfen, klaren Übereinkünften und konsequente Konfrontationen mit den Folgen des eigenen Verhaltens.« (Egle/Schweiger 2007, 9)*

und die Erfahrungen durch entsprechende Reflexion auf den Alltag transferiert werden (s. Kap. 4.2). Wichtig ist zudem ein prozessorientiertes Vorgehen, d. h., einzugehen auf das, was sich gerade im Prozess zeigt, und daran arbeiten, welche Art von Veränderung oder Lösung offen scheint. Ebenso wie die Möglichkeit, dass Schüler die Lösung auch selbständig über Fehlererfahrungen (s. Vier Stufen des Lernens, Kap. 2.2) suchen und finden.

Beim Einüben sozialer Kompetenzen, aber auch für gelingendes Lernen ist die Qualität der Beziehung zwischen Erwachsenem und dem jungen Menschen entscheidend. Aus unserer Erfahrung stellt die Beziehungsgestaltung für Lehrende die zentrale pädagogische Aufgabe dar. Dabei ist die innere Haltung von zentraler Bedeutung, wie es der Neurobiologe Bauer (2010, 8 f.) beschreibt: »Lass mich spüren, dass ich für

dich da bin, dass ich für dich existiere!«, »Zeige mir, […] was meine starken und schwachen Seiten sind!«, »Lass mich spüren, ob du – bei aller Kritik – an mich und meine Entwicklungspotenziale glaubst!« Darüber hinaus zeigen sich die Bewusstheit »Vorbild zu sein« und Orientierung im Sinne der pädagogischen Verantwortung als wichtige Aspekte für den Grad der Qualität der pädagogischen Beziehung (Abt 2006, 104 f.). Unser zentrales Medium, um mit den Spiegelneuronen unserer Schüler in Resonanz zu gehen, ist unser ganzes Wesen, unsere Sprache und Körpersprache (Bauer 2010, 9). Neben dieser verstehenden Zuwendung muss es uns als Erwachsenen gelingen, dass wir als Führungsperson und Vorbild von den Kindern und Jugendlichen anerkannt werden. Methodisch lassen sich hierzu Symbole, aufregende Erzählungen, aber auch Feedback nutzen (s. Kap. 4.1 und 4.3.1). Spitzer (2002, 160) sagt: »Was den Menschen umtreibt, sind nicht Fakten und Daten, sondern Gefühle, Geschichten und vor allem andere Menschen.« Wie uns die vier Stufen des Lernens verdeutlichen, braucht es zudem kontinuierliche Phasen der Festigung und Wiederholung.

Unter Berücksichtigung der bisherigen Ausführungen sehen wir drei zentrale Bereiche, die Schulen ebenso wie andere Bildungseinrichtungen und die dort tätigen bzw. verantwortlichen Menschen als grundlegendes Fundament pädagogischer Professionalität beachten sollten:

### 1. Ebene: Persönlichkeit und Persönlichkeitsentwicklung

Neben der Vermittlung von Grundfertigkeiten und Kompetenzen bedarf es eines **Verständnisses menschlicher Persönlichkeit,** ihrer Entwicklung und Dynamiken, um den persönlichen Bezugsrahmen (Innere Landkarte mit Haltungen und Denk-/Sichtweisen) zu verstehen und diesen offen und flexibel ausgestalten zu können. Dadurch sind Schüler in der Lage, mit den stets neuen und sich verändernden Lebensanforderungen konstruktiv umzugehen und das permanente Wechselspiel von Anpassung und Beeinflussung sinnhaft zu gestalten.

Als Grundlage hierfür bedarf es einer **inneren Haltung,** die von einem konstruktiven und entwicklungsförderlichen Menschenbild getragen wird.

Schule muss jungen Menschen Möglichkeiten bieten, sich als aktive **(Mit-)Gestalter** ihrer Lebenswelt zu erfahren, selbst etwas zu konstruieren und erzeugen zu können, sich als handelnde Wesen wahrzunehmen und persönlich angesprochen zu fühlen (individuelle Verbindlichkeit), mit einem direkten Welt- und Lebensbezug.

Hierzu muss die Schule **Aktivierung, Aktivität** und **Bewegung** zu integralen Bestandteilen ihres Alltags machen, in denen Entstehungsprozesse anschaulich werden.

*Zu dieser Ebene finden Sie weitere Ausführungen im Kap. 3.1, 1. Fokus – Ich: Innere Haltung und Selbstauseinandersetzung. Sie können viele der im Kapitel und im Downloadbereich aufgeführten Übungen auch mit den Schülern durchführen. Zudem bieten die handlungsorientierten Übungen, wie z. B. Die enge Gasse, CultuRallye, Alle stehen schweigend auf, Gelegenheit, die eigene Persönlichkeit weiterzuentwickeln.*

### 2. Ebene: Kommunikations- und Beziehungskompetenz und deren Entwicklung

Schule muss vor allem Lernmöglichkeiten und Erfahrungsräume für den Aufbau von **Kommunikations- und Beziehungskompetenz** anbieten. Dazu gehört auch, Grenzen und Begrenzung als notwendige Faktoren menschlichen Lebens und Überlebens zu erfahren und zu lernen, damit konstruktiv und immer wieder grenzerweiternd umzugehen.

Um einen offenen Austausch zu fördern, in dem unterschiedliche Sichtweisen sich wechselseitig be-

fruchten können, bedarf es eines Verständnisses der **Dynamiken und Zusammenhänge menschlicher Kommunikation** ebenso wie das Wissen um die menschlichen **Beziehungsbedürfnisse.**

Dadurch lassen sich menschliche Werte im dialogischen Prozess gemeinsam entwickeln und diese werden im Alltag erlebbar. Durch klare Strukturen und verlässlich-stabile Beziehungen kann Schule hilfreiche Orientierung geben und zu einem Kraft- und Beziehungsort werden, an dem junge Menschen Bodenhaftung finden und das Wechselspiel aus Anpassung und Beeinflussung zunehmend meistern.

*Zu dieser Ebene finden Sie weitere Ausführungen im Kap. 3.2, 2. Fokus – Du: Kommunikation und Beziehungsarbeit. Neben den in diesem Kapitel aufgeführten Übungen bieten sich als handlungsorientierte Varianten z. B. die Übungen Zollstock/Zauberstab, Das Spinnennetz, Die gekippten Stühle an.*

### 3. Ebene: Kooperationskompetenzentwicklung

Schule muss auch ein Ort der Entwicklung von **Kooperationskompetenz** sein, um das Potenzial menschlicher Gruppen für konstruktive Lern- und Entwicklungsprozesse zu nutzen und dem Einzelnen die Möglichkeit zu bieten, sich in Gemeinschaften eingebunden und zugehörig zu fühlen.

Hierzu bedarf es des Wissens über die Entwicklung von und der **Dynamik in Gruppen** sowie über die notwendigen **Bedingungen gelingender Kooperation,** ebenso wie die Berücksichtigung der **Bedürfnisse,** die Menschen **in Gruppen** besitzen.

*Zu dieser Ebene finden Sie weitere Ausführungen im Kap. 3.3, 3. Fokus – Wir: Gruppenentwicklung und -dynamik. Als handlungsorientierte Übungen bieten sich hierzu alle Kooperationsaufgaben, wie z. B. Das Moorhuhn-/Eisschollenspiel, Der Balanceakt oder Team² an.*

Idealerweise ist der Einsatz handlungsorientierter Übungen eingebunden in ein pädagogisches Gesamtkonzept für jede Klassenstufe und die Schule insgesamt (s. Abb. 12; Stichwort: Entwicklung eines Klassen- bzw. Schulcurriculums, s. Kap. 4.4).

Mit handlungsbezogenem Vorgehen werden vor allem das kognitiv-emotionale Verarbeitungsmuster und das Gefühl des Vertrauens, mit den gestellten Anforderungen umgehen zu können, bei den Schülern gefördert (**Gefühl der Handhabbarkeit**). Dabei ist es wichtig, die Übungen so zu gestalten, dass sie die Kinder und Jugendlichen alters- und entwicklungs-

## Sozialcurriculum: Vision
## Es braucht die Bereitschaft aller an der Schule Tätigen ➜ Ziel

Klasse 1 – 4 ➜ Max Besser
Klasse 5 ➜ Soziales Kompetenztraining
Klasse 6 ➜ Mobbingprävention
Klasse 7 ➜ Gewaltprävention Medienkompetenz
Klasse 8 ➜ Mentorenprogramme

Abbildung 12: Sozialcurriculum

standesgemäß herausfordern, ohne sie dabei zu überfordern (s. Kap. 4.1 und 4.3.1). Dies erfordert Erfahrung und jedes Kind und jede Gruppe geht anders mit Anforderungen um. Mit der Zeit entwickelt sich jedoch eine intuitive Gewissheit über die Auswahl und Gestaltung der Übungen, wobei immer wieder auch Überraschungen möglich sind. Um das kognitive Verarbeitungsmuster und das Gefühl des Vertrauens, die Anforderungen einer Situation ausreichend zu verstehen, entwickeln zu können (**Gefühl der Verstehbarkeit**), werden die Aufgaben mit Hilfe von Reflexionsmethoden ausgewertet (s. Kap. 4.2). Schließlich lassen sich die motivationale Komponente und das Gefühl der Sinnhaftigkeit bezogen auf die Situation (**Gefühl der Sinnhaftigkeit**) durch zwei Aspekte fördern: zum einen, indem die Aufgaben so ausgewählt und isomorph so gestaltet sind, dass sie die Themen, die die Schüler im Moment beschäftigen, aufgreifen (s. Kap. 4.3.1). Zum anderen durch entsprechende Transfermethoden und -prozesse, die sie dabei unterstützen, die gewonnenen Erfahrungen und Erkenntnisse in ihr Alltagshandeln zu übertragen (s. Kap. 4.2).

Wenn die Aufgaben alltagorientiert inszeniert, die dabei gemachten Erfahrungen angemessen reflektiert und in den Schulalltag transferiert werden, stellt die Anwendung dieser Übungen ein Instrument dar, mit dem Schulen einen großen Bereich der beschriebenen aktuellen Herausforderungen bearbeiten können.

Die Übungen bieten Erfahrungs- und Lernräume zur Persönlichkeitsentwicklung, Beziehungsgestaltung und zur Entwicklung von Kooperationskompetenz. Dabei entfaltet sich das eigentliche Potenzial dieser Übungen in zunehmendem Maße, wenn bei den Verantwortlichen die Bereitschaft besteht, Gruppendynamiken und -prozesse verstehen zu lernen und damit konstruktiv umzugehen, Kommunikations- und Beziehungsdynamiken wie auch -muster zu verstehen

und die eigene Gesprächskompetenz zu professionalisieren sowie die menschliche Persönlichkeit in ihrer Dynamik und Entwicklung zu verstehen und Impulse für deren gesunde Entwicklung zu geben. Aus unserer Sicht sind neben den Übungen und deren didaktisch-methodischem Einsatz vor allem drei Themenfelder für den gelingenden Einsatz handlungsorientierter Methoden bedeutsam, vielleicht sogar unabdingbar:

**Selbstauseinandersetzung** zur Entwicklung einer wertschätzenden inneren Haltung und Kenntnisse über die menschliche Persönlichkeit;

**Schulung kommunikativer Fertigkeiten** und Wissen über menschliche Beziehungsdynamiken und -muster;

die **Erfahrung von Selbstwirksamkeit** zum Aufbau von Vertrauen in die pädagogische Kompetenz durch fortlaufendes reflektiertes Experimentieren (Abt 2006, 137 ff.).

Handlungsorientierte Aufgaben sprechen junge Menschen mit allen ihren Sinnen auf allen Ebenen des menschlichen (Da-)Seins an: kognitiv (verstehen), kognitiv-emotional (handeln), motivational (sinnhaft). Sie regen die Kinder und Jugendlichen auf spielerische und kreative Weise dazu an, sich mit sich selbst, ihren Mitmenschen und der Natur ganzheitlich auseinanderzusetzen (s. Kap. 2.2). Gefühle, Emotionen und Affekte sind ebenso wie Wahrnehmen, Denken und Handeln gefordert, um die in den Übungen gestellten Herausforderungen bewältigen zu können. Die dabei gemachten Erfahrungen und gewonnenen Erkenntnisse lassen sich für die (Weiter-)Entwicklung persönlicher wie emotionaler, kognitiver und sozialer Kompetenz nutzen. Die Schüler lernen ihre Ressourcen zu erkennen und ihre Potenziale zu entfalten. Sie können unter entsprechender Anleitung ihre Persönlichkeit verstehen lernen und in Kontakt mit dem Kern ihres wahren menschlichen Seins kommen. Sie erhalten so die Gelegenheit, ihren existenziellen Selbstwert zu erkennen, ein stimmiges Selbstwertgefühl zu entwickeln und die eigene Identität zu formen. Sie können einen konstruktiven Umgang mit Grenzen und Begrenztheit erlernen.

Durch eine alltagsorientierte Rahmung und Gestaltung der Übungen bieten diese einen unmittelbaren Lebensweltbezug. Durch Rahmung, Inszenierung und Auswertung werden die Lerninhalte für die Schüler persönlich emotional bedeutsam und von ihnen als sinnhaft erlebt (s. Kap. 4.3.1). Zudem lässt sich ein direkter Lebens- und Weltbezug herstellen, wodurch sich eine Sinnhaftigkeit des Tuns ergibt. Die Schüler lernen dadurch, wie sie ihre Welt aktiv mitgestalten und flexibler im eigenen Wahrnehmen, Denken, Fühlen und Handeln werden können.

## Werte- und Entwicklungsquadrat der Verantwortung

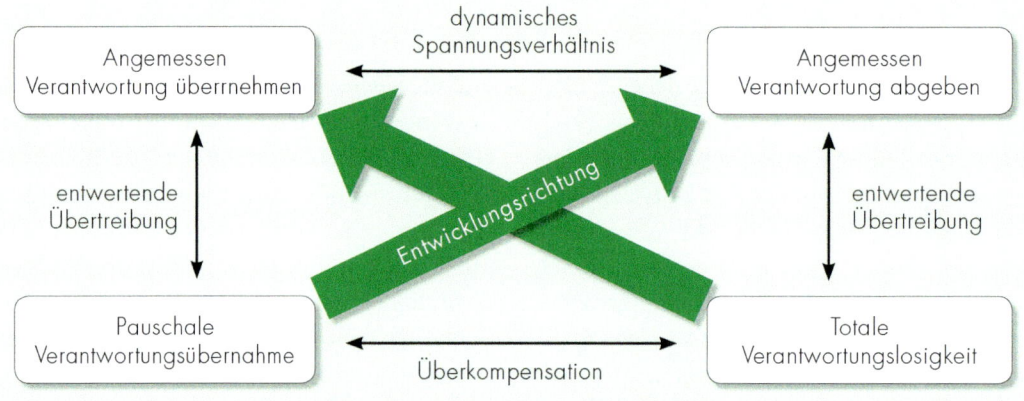

Abbildung 13: Werte- und Entwicklungsquadrat der Verantwortung, eig. Darstellung nach Schulz von Thun 1997, 39 sowie Abt 2006, 133

Wird die Balance von Einfluss (Nähe) und Zurückhaltung (Distanz) berücksichtigt (s. Kap. 2.2, Abb. 6), d.h., die Verantwortung für die Übungsdurchführung so weit wie möglich bei den Schülern belassen, gelingt langfristig, vielleicht auch über Um- und Irrwege, die Entwicklung von Verantwortungsfähigkeit. Selbstgesteuerte Erfahrungen mit vielfältigen Entscheidungs- und Gestaltungsmöglichkeiten fordern von Kindern und Jugendlichen die Übernahme angemessener Verantwortung (s. Abb. 13). Durch das selbstständige und eigenverantwortliche Ausprobieren können junge Menschen ein Gefühl der Selbstwirksamkeit entwickeln. So lernen die Schüler z. B., wie gute Entscheidungen in der Gruppe getroffen werden können, und was es braucht, diese im Alltag auch umzusetzen. All diese Zusammenhänge fördern nachhaltig erfolgreiches Lernen.

Zudem sind die Lerninhalte in handlungsorientierten Übungen i. d. R. mit körperlicher Bewegung verknüpft, was den Lernprozess unterstützt. Handlungsorientierte Übungen fordern zum Handeln und Tun heraus und bieten jungen Menschen Gelegenheit, sich als handelndes Wesen zu erfahren; damit verbunden sind sinnliche Erfahrungen. Neben der Aktivität sind dabei Phasen der Stille, des Innehaltens und Bewusstwerdens ebenso wichtig und einzuplanen, wie die Schüler dazu einzuladen, ohne Bewertung wahrzunehmen. Durch diese Phasen des Innehaltens und der Ruhe ebenso wie durch z. B. Etablierung von Ritualen und Begegnungs- bzw. Austauschmöglichkeiten werden die zuvor genannten Punkte zum Aspekt »Ganzheitliches Lernen« erfüllt (s. Kap. 4.2 und 4.3). Auch lassen sich Aufgaben so gestalten, dass Kinder lernen, was es braucht und wozu es nützlich ist, auf einen kurzfristigen Lustgewinn für den langfristigen Erfolg zu verzichten, oder welche Strategien im Umgang mit der Informationsfülle hilfreich sind (z. B. Gewinnt, so viel ihr könnt; Team[2]).

Verbunden mit Natur- und/oder Tierprojekten (z. B. Pflanzgärten und Tierhaltung an der Schule, Gestaltung von Schulen als in Natur eingebundene Orte) können Kinder und Jugendliche erfahren, dass wir als Menschen der Welt der Natur und Lebewesen angehören – mit entsprechenden Bedürfnissen – und nicht einer technisch-virtuellen Welt. Dies bedeutet keineswegs, die technische oder virtuelle Welt abzulehnen. Wichtig erscheint eine kritische Auseinandersetzung mit deren Möglichkeiten und Grenzen sowie deren Wert für das menschliche Dasein. Ein aus unserer Sicht wichtiger gesellschaftlicher Auftrag unserer Schulen ist, im Rahmen ihrer Möglichkeiten die gesunde und angemessene Balance zwischen der natürlich-menschlichen Welt und der technisch-virtuellen Welt zu fördern.

Zudem beinhalten handlungsorientierte Aufgaben immer auch Gelegenheiten kommunikative, soziale und kooperative Kompetenzen des Einzelnen wie der Gruppe zu schulen. Von großem Nutzen ist dabei, dass sich in den Übungen häufig die Verhaltens- und Interaktionsmuster zeigen, die die Kinder und Jugendlichen auch im Alltag praktizieren. Diese Muster können zunächst bewusstgemacht und auf ihre Sinnhaftigkeit hinterfragt werden (s. Kap. 4.2). Je alltagsnäher die Übung gestaltet und inszeniert ist, umso höher ist die Wirkung der gemachten Erfahrung und gewonnenen Erkenntnisse für das Alltagshandeln (s. Kap. 4.3.1). Schließlich können Ressourcen entdeckt und neue, konstruktivere Muster im Wahrnehmen, Denken, Fühlen und Verhalten entwickelt, eingeübt und schließlich unterstützt durch einen begleitenden Prozess in den Alltag übertragen werden. Dieser Transferprozess (s. Abb. 14) kann z. B. durch Methoden wie die Entwicklung eines Zielbildes mit dem Zürcher Ressourcen Modell (ZRM)

unterstützt werden (s. Kap. 4.1). Mit den Übungen wird ein Raum geschaffen, in dem die Schüler, in einem geschützten Rahmen ohne die Konsequenzen des Alltags, Erfahrungen mit sich selbst, ihren Mitschülern und der Welt machen können, die ihnen helfen, offener, respektvoller, mitfühlender und verantwortungsvoller zu sein.

Da die meisten Übungen in der Gruppe durchgeführt werden, bieten sie zudem die Gelegenheit, die Gruppenkultur konstruktiv in Richtung Kooperation bzw. »Team« (Wir unterscheiden zwischen Gruppe, Team und Hochleistungsteam.) weiterzuentwickeln. Dabei ist darauf zu achten, dass die Aufgaben so gestaltet werden, dass die Kooperation betont wird und nicht Konkurrenzdynamiken entstehen können, z. B. indem die Übung so inszeniert wird, dass die Lösung nur gemeinsam erreicht werden kann ( z. B. Übungen Team² oder Quadrate sehen). Schüler können den Nutzen kooperativer Verhaltensweisen erfahren und kooperationsverhindernde Verhaltensweisen durch kooperative ersetzen. Dadurch tragen diese Übungen auch dazu bei, eine Klassen- und Schul-Gemeinschaft entstehen zu lassen, in der das Gefühl des Aufgehobenseins und der gegenseitigen Akzeptanz erlebbar ist. Eine Gemeinschaft, die die Voraussetzung bietet, darin gut und erfolgreich lernen zu können.

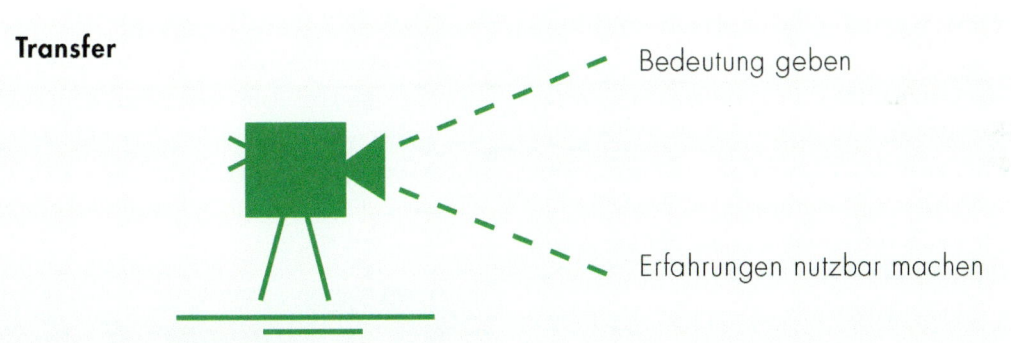

**Transfer**

Bedeutung geben

Erfahrungen nutzbar machen

Abbildung 14: Transfer

Letztlich wird der Einsatz der Übungen nur dann wirklich erfolgreich sein, wenn darüber hinaus die Qualität der Beziehung als wichtig und bedeutsam für den Lernerfolg erachtet wird. So unpopulär dies aus unserer Wahrnehmung im Kontext Schule auch sein mag, wird hier die Bedeutung einer wertschätzenden Selbstauseinandersetzung mit den eigenen Haltungen und Denkweisen, den eigenen Vorstellungen, Bildern und Werten, dem Umgang mit Empfindungen und Gefühlen deutlich. Wichtig und hilfreich erscheint uns, eine von Wertschätzung getragene innere Haltung zu

entwickeln, die auf einem entsprechenden Menschenbild fußt. Wir werden hierzu im Kap. 3.1 verschiedene Modelle vorstellen, die Anregungen für den eigenen Prozess geben sollen. Pädagogisch zu arbeiten, d. h., junge Menschen auf ihrem Entwicklungsweg zu begleiten, bedeutet auch, an der eignen Tiefe zu arbeiten und sich Möglichkeiten zu erarbeiten, flexibler, ruhiger, gelassener und professioneller mit Alltagssituationen umgehen zu können. D. h., nicht andere für Situationen verantwortlich zu machen, sondern vielmehr die eigenen Möglichkeiten der Veränderung in den Blick zu nehmen und handlungsfähig zu bleiben. Dies hält uns langfristig gesund. Hierzu bedarf es auch einer grundlegenden Wertschätzung der eigenen Person und des eigenen So-gewordensein-Seins (s. Kap. 3.1). Nur so kann es uns gelingen, uns selbst in unserem und junge Menschen in ihrem Sosein wahrzunehmen und sie in der Entwicklung ihrer Persönlichkeit angemessen zu unterstützen. Nur so kann es gelingen, sie in ihrem Wesen grundsätzlich anzunehmen und wertzuschätzen, auch dann, wenn ihr Verhalten unangemessen ist und Grenzen deutlich gemacht werden müssen.

Für ein gelingendes Lernen sind Empathie und wertschätzende Bezugnahme von zentraler Bedeutung. Gute Beziehung fördert die für gelingendes Lernen so wichtige intrinsische Motivation. So entscheidet die Qualität der Beziehung, ob sich neuronale Stressdynamiken auflösen und damit darüber, ob Lernen stattfindet oder nicht. Wir werden im Kap. 3.2 Kommunikationsmodelle und Beziehungsmuster vorstellen, ebenso wie die menschlichen Beziehungsbedürfnisse, z. B. auch um Übungen entsprechend zu gestalten oder für lernförderliche pädagogische Interventionen.

Sprache und Gesprächsführung sind dabei wichtige Instrumente, sowohl für die Interventionen im Übungsverlauf als auch für die Auswertung. Gerade für die Übernahme angemessener Verantwortung ist es wichtig, dass die Pädagogen die Schüler mit Fragen dazu einladen, eigene Antworten zu finden (s. Abb. 13; Kap. 3.2 und 4.2). Gut gemeinte, aber ungeschickte Hilfestellungen und Eingriffe können diesen Prozess behindern oder gar verhindern. Daher ist es aus unserer Sicht hilfreich, die Zusammenhänge und Dynamiken menschlicher Kommunikation zu verstehen und Interventionen so zu gestalten, dass der Lern- und Entwicklungsprozess gefördert wird, z. B. indem zu anderen Sichtweisen oder zum Perspektivwechsel eingeladen wird (s. Kap. 3.2.2 und 4.2.2, *Abschnitt Mit Fragen arbeiten*). Gerade weil mit diesen Übungen Grenzerfahrungen verbunden sind und Störungen wie auch Krisen und Konflikte auftreten können, braucht es die Kompetenz der Pädagogen, mit diesen Situationen professionell umzugehen und diese Gelegenheiten für ein gemeinsames Lernen zu nutzen. Dabei ist zu betonen, dass eine professionelle Gesprächskompetenz auf einer entsprechenden Haltung basiert, die wir bereits zuvor benannt haben (s. Kap. 3.1 und 3.2.2).

Wir sehen vor allem in der bewussten Gestaltung von Gruppenprozessen und der Entwicklung einer kooperativen Gruppenkultur zwei zentrale Bausteine einer erfolgreichen schulischen Lernkultur. Hierzu lassen sich die handlungsorientierten Übungen gezielt nutzen.

Abbildung 15: Beispiel Klassensoziogramm

Wir empfehlen neben dem Einsatz von Aufgaben, um z. B. bei Störungen in der Klasse zu intervenieren, systematisch auf das Schuljahr bezogen den Klassenprozess durch entsprechende Aufgaben und Themen zu begleiten (s. Kap. 4.3). Hierzu stellen wir im Kap. 3.3 Modelle zur Beschreibung von Gruppenprozessen und -dynamiken vor, um diese besser verstehen und professioneller planen und handeln zu können. Auf der Grundlage der Phasen der Gruppenentwicklung lassen sich z. B. durch den Schuljahresverlauf immer wieder Übungen einbauen, die den Schülern helfen, als Gruppe zusam-

Abbildung 16: Beispiel MeBoard

menzuwachsen und besser miteinander zu kooperieren. Zudem lassen sich soziale Kompetenzen altersgemäß schulen, wie z. B. die Kommunikationskompetenzen Aufmerksamkeit, Bezugnahme, Achtsamkeit.

Bezogen auf die zuvor nach Farrelly (1986; s. Kap. 1) beschriebenen drei Gründe, warum Menschen sich nicht verändern und nichts lernen wollen, geht es mit Kindern und Jugendlichen in Bezug auf die **Bequemlichkeit** darum, die Schüler einzuladen und aufzufordern, sich über die aktuelle Situation in ihrer Klasse und ihrem Leben altersgemäß bewusst zu werden und sich damit auseinanderzusetzen, z. B. mit den Methoden »Viel – Wenig« (s. Kap. 4.1) oder dem »Klassensoziogramm« (vgl. Abb. 15, s. Kap. 4.1 und 📍). Danach lässt sich z. B. mit der Methode des »MeBoard« (vgl. Abb. 16, s. Kap. 4.1) ein gemeinsames Ziel beschreiben und lassen sich Hindernisse, Ressourcen und Erwartungen klären.

Bezogen auf die **Mutlosigkeit** ist es wichtig, dass Kinder und Jugendliche eine Sensibilität für eigene und fremde Bedürfnisse in ihrer Klasse entwickeln. Dabei gilt es, Störungen und Konflikte zu erkennen und zunächst auch anzuerkennen. Statt Resignation und Schuldgefühlen müssen junge Menschen und auch Eltern verstehen, dass sie es selbst mitverantworten, Dinge zu verändern, und dass sie nicht nur »hilflose« Opfer ihrer Lebensumstände sind. Junge Menschen müssen darin unterstützt werden, mit Situationen, in denen sie unzufrieden sind, anders umzugehen und Neues auszuprobieren. Es ist wichtig, ihnen zu vermitteln, dass sie etwas ändern können und sie bei diesem Prozess unterstützt werden. Hierzu lässt sich z. B. die Methode des Klassenrats (s. Kap. 4.1) nutzen, damit Schüler eigenverantwortlich Themen, die

*Sitzordnung beim Klassenrat*

die Klasse beschäftigen oder das Klassenklima belasten, benennen und bearbeiten können.

Das Thema **Fixierung** lässt sich zum einen durch ein langfristig angelegtes Kompetenztraining angehen, in dem die Schüler immer wieder spielerisch aufgefordert werden, sich in Aufgaben mit den eigenen und fremden Wahrnehmungs-, Denk-, Gefühls- und Verhaltensmustern wertschätzend auseinanderzusetzen und diese zu erweitern (s. Kap. 4.4). Neben dem Einsatz geeigneter Reflexions- und Transfermethoden kann dieser Prozess z. B. durch den Abschluss eines Klassenvertrags unterstützt werden (s. Kap. 4.2 und 4.3.1).

Kinder und Jugendliche lernen vor allem spielerisch und in Bewegung. Der Einsatz handlungsorientierter Übungen bietet die Möglichkeit, mit den Anforderungen einer modernen sich wandelnden Lebenswelt konstruktiv umzugehen. Ihr professioneller Einsatz trägt dazu bei, dass Schule ein Ort des gelingenden Lernens, der hilfreichen Identifikation und Persönlichkeitsentwicklung ebenso wie der konstruktiven Beziehungs- und Gruppenerfahrung wird.

4. Ebene: Handlungsorientierte Übungen

3. Ebene: Reflexions- und Transfermethoden

2. Ebene: Unterstützende Methoden

1. Ebene: Grundlegende Modelle und Konzepte als Fundament pädagogischer Professionalität

Abbildung 17: Modell pädagogischer Professionalität

Die Übungen selbst sind eine Art Vehikel, das Möglichkeiten bietet, aktuelle Fragen und Herausforderungen in der Klassengemeinschaft in einem anderen Kontext bewusst werden zu lassen und Lösungen zu erarbeiten. In unserer Arbeit haben wir die Überzeugung gewonnen, dass es neben den Methoden bzw. der Übungskompetenz vor allem hilfreich ist, folgende Themenfelder zu kennen und noch besser, mit diesen im Alltag auch professionell umgehen zu können. Wir unterscheiden vier Ebenen, die für einen erfolgreichen Einsatz beachtet werden sollten und die wir nachfolgend ausführlicher vorstellen werden (s. Abb. 17): Im Kapitel 3 finden Sie die erste Ebene: Grundlegende Modelle und Konzepte. Im Kapitel 4 werden die drei weiteren Ebene thematisiert. Sie finden zum Einstieg in dieses Kapitel eine detaillierte Vorstellung der Vorgehensweise in diesem Abschnitt.

Beziehung und Lernen sind so vielschichtig und im permanenten Wandel, dass es aus unserer Erfahrung wichtig ist, dass Sie als Lehrer und als Schule den eigenen Weg finden. Die Anleitung, die wir Ihnen anbieten, soll Ihnen grundlegende Kenntnisse (An-wendungsaspekte) und Methoden (Übungen) vermitteln. Entscheiden Sie selbst, welche der genannten Themenfelder für Sie aktuell relevant und bedeutsam erscheinen. Wir laden Sie immer wieder auch ein, durch kleine Übungen kurze Selbstauseinandersetzungen vorzunehmen. Wir selbst erleben dies als hilfreich und förderlich für unsere eigene Professionalisierung. Diese Reflexionsangebote können auch für Kollegien im Rahmen von pädagogischen Tagen genutzt werden. Oder Sie können damit Reflexions- und Austauschprozesse, z. B. über als herausfordernd erlebte Situationen mit Schülern oder Klassen, professionalisieren.

1 Zit. nach Rufer Martin/Schiepek Günter (2014): Therapie als Förderung von Selbstorganisationsprozessen. Familiendynamik, 39 (4), 328.

2 www.aphorismen.de/zitat/67749 (Zugriff am 24.06.2020).

3 Dieser Abschnitt beruht auf dem Lernphasenmodell von Bandura, Ross und Ross (1963) sowie den von O'Connor und Seymour (1993) beschriebenen vier Kompetenzen des Lernens.

4 www.zitate.de/autor/Konfuzius (24.06.2020).

## Das Wichtigste

✓ Begriff VUCA-Welt beschreibt die aktuelle Lebenswelt: Volatilität, Unsicherheit, Komplexität und Ambiguität/Ambivalenz.

✓ Der Fokus von Schule kann heute nicht mehr nur auf der Vermittlung von Wissen liegen, sondern muss die Förderung sozialer und emotionaler Kompetenzen ebenso wie die Entwicklung der Persönlichkeit fokussieren.

✓ Mit dem Modell der Resilienz und dessen Säulen lassen sich zentrale Themenfelder für die Schule im Umgang mit dem aktuellen Lebenswelt-Wandel beschreiben.

✓ Gerade der Einsatz handlungsorientierter Übungen bietet Möglichkeiten, die Resilienzfaktoren ganzheitlich im schulischen Kontext zu thematisieren und für den Einzelnen wie die Gemeinschaft zu entwickeln.

✓ Es gibt u. E. zentrale Bereiche als Fundament pädagogischer Professionalität: Persönlichkeitsentwicklung, Kommunikations- bzw. Beziehungskompetenz und Kooperationskompetenz.

# 3 Grundlegende Modelle und Konzepte als Fundament pädagogischer Professionalität

»Lernen ist wie Rudern gegen den Strom. Hört man damit auf, treibt man zurück.«[1]
Laozi

Wir sind davon überzeugt, dass es grundlegende Faktoren für gelingende Lern- und Entwicklungsprozesse gibt, sei dies nun bezogen auf den Erwerb sozialer Kompetenz oder auf den allgemeinen schulischen Unterricht. Wir stellen Ihnen im Folgenden diese Faktoren vor und laden sie immer wieder mit Fragestellungen dazu ein, sich persönlich und/oder auch in der Gruppe bzw. der Schule damit auseinanderzusetzten. Dabei möchten wir betonen, dass die Entwicklung sozialer Kompetenz mehr braucht als den Einsatz von handlungsorientierten Übungen. Wenn diese für den Alltag wirksam sein sollen, braucht es einerseits ein prozessorientiertes Vorgehen. D. h., ich kann und muss die Übung planen, aber im Übungsverlauf muss ich auf den tatsächlich stattfindenden Prozess eingehen und dieser ist eben nicht vollkommen planbar. Ich muss offen sein für das, was tatsächlich geschieht, und dies nutzen, um an den Themen, die in der Gruppe oder für den Einzelnen bedeutsam sind, zu arbeiten. Andererseits braucht es flankierende Maßnahmen und Transferprozesse (s. Kap. 4.1, 4.2, und 4.3). Idealerweise muss sich die Kultur der Schule entsprechend verändern und vor allem auch die innere Haltung der dort tätigen Menschen.

Um eine Orientierung in unserer zunehmend komplexeren Welt zu bekommen, sehen wir unterschiedliche Handlungsfelder für Schule insgesamt, aber auch für uns Pädagogen, die unserer Ansicht nach auf einem Fundament pädagogischer Professionalität basieren, das drei grundlegende Aspekte bzw. Fokusse beinhaltet, die wir Ihnen nachfolgend vorstellen (s. Abb. 18). Dabei greifen wir vor allem auf humanistische Konzepte zurück, die wir in unserer Praxis auch durch ihre verblüffende Wirksamkeit bei gleichzeitiger Einfachheit als äußerst nützlich erleben.

*Die Konzepte der Humanistischen Psychologie, im Besonderen die Modelle der Transaktionsanalyse (TA) und der Themenzentrierten Interaktion (TZI), bieten nützliche Anregungen für Schule und Unterricht und stellen eine hilfreiche Kompetenzbasis für den Lehr-Lern-Alltag dar. Dies belegt ihre erfolgreiche Anwendung in Bildungseinrichtungen. Neben ihrer Wirksamkeit sind sie leicht verständlich und finden durch die Erkenntnissen der Neurobiologie über die Zusammenhänge zwischen Entwicklung, Lernen und Gesundheit eine Bestätigung. Ihre Anwendung zeigt nach unserer Erfahrung kurzfristig schnelle Wirkungen im pädagogischen Alltag. Eine Grundausbildung im Bereich der Themenzentrierten Interaktion sowie der Transaktionsanalyse sind dabei durchaus empfehlenswert. Darüber hinaus geben die Modelle wertvolle Impulse für das Thema »Selbstsorge«, welches nach unserer Erfahrung eine zentrale Bedeutung bei der Selbststeuerung im Lehr- und Lernprozess sowie beim Lern- und Entwicklungserfolg spielt.*

Sie dienen uns sowohl als persönliches Planungs- und Reflexionswerkzeug wie zur Analyse von pädagogischen Situationen und je nach Alter der Kinder und Jugendlichen lassen sich diese entsprechend angepasst vermitteln und zur gemeinsamen Reflexion nutzen.

## Drei Aspekte zur Entwicklung pädagogischer Professionalität – Erfolgsfaktoren zur Begleitung von Lern- und Entwicklungsprozessen

### 1. Fokus – Ich:
### Innere Haltung und Menschenbild

Ausgangspunkt unserer Überlegungen zu den Grundlagen pädagogischer Professionalität ist das Individuum. Entsprechend finden Sie das Dreieck in Abb. 18 auf der Spitze des Fokus Ich gestellt. Wir möchten mit den folgenden Ausführungen ein Verständnis der menschlichen Persönlichkeit, ihres Aufbaus und ihrer inneren Dynamiken vermitteln. Zur Schaffung eines förderlichen Lernklimas, egal ob im Unterricht oder zur Entwicklung sozialer Kompetenz, ist es dabei unabdingbar, Klarheit über das eigene Menschenbild zu entwickeln. Es ist aus unserer Sicht wichtig, uns selbst und andere in unserem So-geworden-Sein, in unseren Denk- und Verhaltensweisen verstehen und annehmen zu lernen. Erst auf dieser Grundlage wird Veränderung, Entwicklung und Wachstum möglich (vgl. Säule »Akzeptanz« im Resilienzmodell, s. Kap. 2.3). Wir müssen hierzu nicht Psychologie studieren, aber zur pädagogischen Professionalität gehört ein Wissen darüber, welche inneren Aspekte und Dynamiken Lernen beim Einzelnen blockiert und wodurch wir diese förderlich beeinflussen und damit z. B. durch entsprechende Interventionen in handlungsorientierten Übungen angemessen reagieren können (s. Kap. 3.1).

### 2. Fokus – Du:
### Kommunikation und Beziehungsarbeit

Menschen leben in Beziehungen und Lernen stellt ein soziales Phänomen dar. Die für eine gelingende Lebensgestaltung so bedeutsame soziale Kompetenz ist eng mit der Art der menschlichen Kommunikation verbunden. Soziale Beziehungen und menschliche Kommunikation vollziehen sich nicht einfach so, sondern folgen gewissen Dynamiken und Mustern, die gestaltbar sind. Entsprechend stellen die Gestaltung von Beziehungen und die kommunikative Kom-

petenz für uns ein grundlegendes Handwerkszeug pädagogischer Arbeit dar. Es ist hilfreich und wichtig, ein Verständnis über die Dynamiken und Muster menschlicher Kommunikation und Beziehung zu erlangen. Neben der Berücksichtigung der Beziehungsbedürfnisse geht es um die Möglichkeiten, Gespräche und Interventionen so zu gestalten, dass Wachstum und Entwicklung für alle Beteiligten möglich sind/ werden (s. Kap. 3.2).

### 3. Fokus – Wir:
### Entwicklung einer konstruktiven Gruppenkultur

Wir Menschen sind in zahlreiche Gruppen eingebunden und schulisches Lernen vollzieht sich vor allem in Gruppen. Auch eine Vielzahl von handlungsorientierten Übungen wird in Gruppen durchgeführt. Daher benötigen Lehrkräfte Kenntnisse über Gruppenprozesse und -dynamiken. Wir stellen Ihnen zudem die verschiedenen Phasen der Gruppenentwicklung sowie die Bedürfnisse vor, die Menschen in Gruppen besitzen. Darüber hinaus beinhaltet dieser Abschnitt Aspekte zur Gruppen(moderations)struktur und zur Führungskompetenz bzw. Autorität (s. Kap. 3.3).

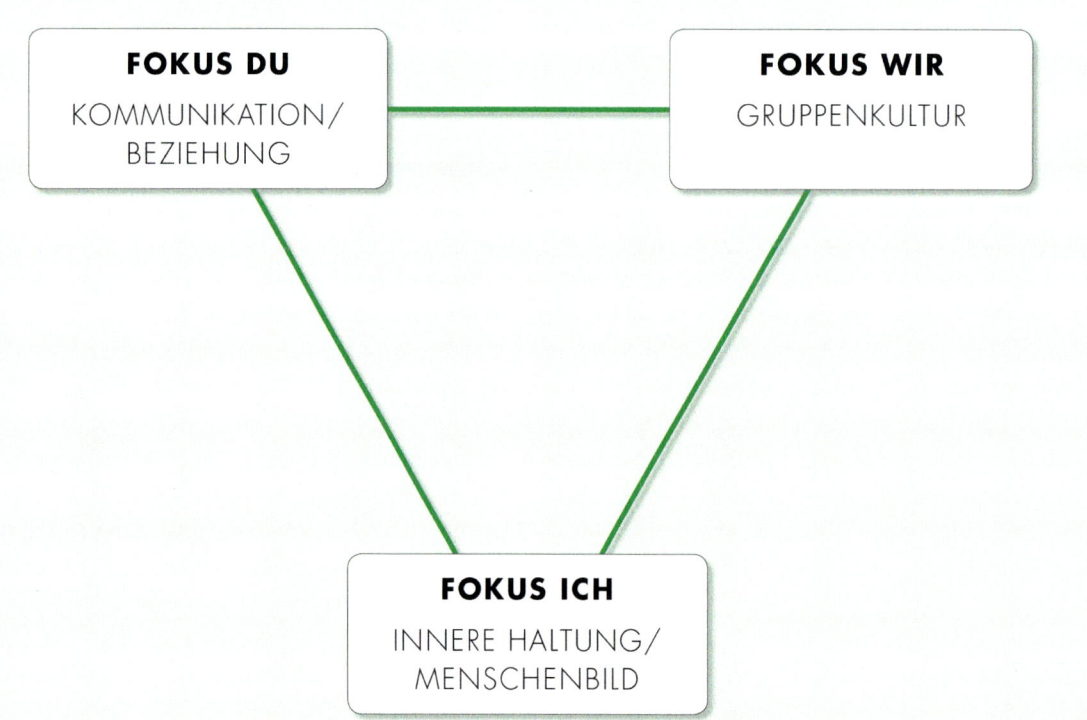

Abbildung 18: Drei Aspekte zur Entwicklung pädagogischer Professionalität

## 3.1 Erster Fokus – Ich: Innere Haltung und Selbstauseinandersetzung

### 3.1.1 Innere Haltung und Menschenbilder

> *»Sei du selbst die Veränderung,*
> *die du dir wünschst für diese Welt.«*[2]
> Mahatma Gandhi

*Innere Haltung und Menschenbilder*

Meine innere Haltung bestimmt die Wirkung meines pädagogischen Handelns in grundlegender Weise. So ist es notwendig, dass wir uns als Pädagogen und auch als Schule Klarheit darüber verschaffen, wie wir über den Menschen denken.

*Unser Menschenbild hat »[…] erhebliche Konsequenzen für die Erziehung, für das Verhältnis zum Menschen allgemein (und) für das Verhältnis der Menschen untereinander […].« (Peseschkian 1998, 102)*

Gerade unsere Zuschreibungen und die inneren Bilder, die wir von unseren Schülern haben, sind hochwirksam und in ihrer Bedeutung nicht zu unterschätzen. Es ist daher wichtig, diese eigenen Muster und Einstellungen zu erkennen, zu hinterfragen und ggf. konstruktiv im Sinne meiner Ziele weiterzuentwickeln – auch ein spannendes Thema für einen pädagogischen Tag. Als pädagogische Profis brauchen wir

ein Menschenbild, zu dem eine tragfähige innere Haltung zu sich selbst und zu anderen gehört (Mohr 2008, 27). Vergleichbar mit einem Filter oder einer inneren Landkarte bestimmt unsere innere Haltung, was wir wahrnehmen, darüber denken, empfinden und letztlich, wie wir uns verhalten und handeln. Mit meiner inneren Haltung kann ich beim jungen Menschen Horizonte öffnen oder auch verschließen. Dabei ist es uns wichtig, zwischen der Würde eines Menschen und seinem Verhalten zu unterscheiden. Das Menschenbild bezieht sich auf die Würde und stellt eine grundlegende Ausrichtung dar. Das jeweilige menschliche Verhalten dagegen kann durchaus kritisch betrachtet und dies entsprechend auch rückgemeldet werden. Es geht uns also nicht um die Propagierung einer »Kuschelpädagogik«. Vielmehr erscheint es für die Begleitung von Lern- und Entwicklungsprozessen hilfreich, unsere vor allem auch familiär und kulturell geprägten Menschen- und Weltbilder immer wieder wertschätzend auf ihre Sinnhaftigkeit zu hinterfragen. Wir möchten Ihnen daher im Folgenden eine Anregung geben und Sie mit Fragen dazu einladen, sich alleine oder noch besser gemeinsam auf den Weg zur Entwicklung eines lernförderlichen Menschenbildes zu machen. Eine Methode für die Schulpraxis ist das MeBoard, mit dessen Hilfe wir über Bilder mit den Schülern ins Gespräch kommen und dadurch vorhandene Vorstellungen offenlegen, hinterfragen und ggf. weiterentwickeln können. Die Arbeit mit dem MeBoard (vgl. Kap. 4.1, s. Abb. 19) ermöglicht einen niedrigschwelligen Zugang zu wichtigen Themen und Anliegen in der Klasse. Mit Hilfe von Bildern können die Schüler z. B. ihre Ziele und Visionen in konkrete Schritte im Schulalltag umsetzen. Die Bilder schaffen einen assoziativen Zugang zu aktuellen Themen, Ressourcen, möglichen Schwierigkeiten, Zielvorstellungen, aber auch Emotionen, die die Schüler in der Klasse beschäftigen. Die Schüler können sich mit Hilfe der Bilder leichter äußern. Zudem stellen sie eine wichtige und hilfreiche Form der Erinnerungshilfe dar. Das MeBoard lässt sich zudem durch andere Methoden, wie z. B., das »Regelbarometer« (vgl. Kap. 4.1 und ), ergänzen.

**!** Übung: Welche Bilder, Assoziationen, Metaphern fallen mir ein, wenn ich über meine Vorstellung des Menschen nachdenke? Welche Annahmen über den Menschen stecken in diesen Bildern? Was ermöglichen sie und was verhindern sie?

Abbildung 19: Beispiele MeBoard

### *Die menschliche Natur ist von Grund auf konstruktiv – Positives Menschenbild*

Nicht nur die Erkenntnisse der Neurobiologie belegen, wie wichtig und bedeutsam eine grundlegend wohlwollende, von Respekt getragene Haltung für gelingende Lern- und Entwicklungsprozesse und die konstruktive Beziehungsgestaltung ist. Diese Haltung sollte natürlich mich selbst einschließen und bedeutet, nicht jegliches Verhalten zu tolerieren. Es ist wichtig, zwischen dem Wesen eines Menschen und seinem Verhalten zu unterscheiden. Während Verhalten unangemessen sein und kritisiert werden kann, verliert ein Mensch dagegen seine Würde nie.

*Menschen sind o. k.*

! Übung: Welches Bild vom Menschen trage ich in mir? Wie betrachte ich mich selbst und den anderen? Welches Bild einer gelungenen Zukunft von mir selbst und vom anderen trage ich in mir?

### Der Mensch ist ein Beziehungswesen

Jeder Mensch ist existenziell auf andere Menschen und auf die Umwelt angewiesen, denn unsere Existenz gründet sich darauf. Tragfähige Beziehungen sind für gelingendes Lernen zentral. Unsere Persönlichkeit wird in und durch Beziehungen ausgebildet und aus pädagogischer Sicht ist es bedeutsam, dass in Beziehungen entstandene Störungen durch entwicklungsfördernde Beziehungserfahrungen aufgelöst werden können.

*Bild von offener Hand, die das Angebot gibt, sich hineinzulegen*

Übung: Was sind aktuell meine entwicklungsfördernden Beziehungsangebote? Wie gelingt es mir, gerade auch in für mich als schwierig empfundenen Beziehungssituationen mein Beziehungsangebot zum jungen Menschen aufrechtzuerhalten?

### Der Mensch ist ein historisches Wesen

Eine Besonderheit von uns Menschen ist, dass wir unsere physischen, mentalen, emotionalen und spirituellen Potenziale erst über einen längeren Entwicklungs- und Lernprozess entwickeln.

*Mensch als historisches Wesen*

*Auffällig ist dabei, dass die moderne Psychologie ihren Fokus vor allem auf die postnatale Geschichte des Menschen legt. Je mehr die Bedeutsamkeit der frühen und frühesten Erfahrungen des Menschen für seine Entwicklung erkannt wird, umso notwendiger erscheint es den Geburtsvorgang selbst und die vorgeburtlichen Erfahrungen auch unter wissenschaftlicher Perspektive zu berücksichtigen (Grof 1993; Lipton 2007).*

Destruktive Verhaltensweisen haben häufig einen vergangenen und nicht mehr aktuellen Sinn. Soll Lernen und Entwicklung gelingen, gilt es daher, mich selbst und den anderen in meinem bzw. seinem So-geworden-Sein verstehen zu lernen.

Übung: Welche Informationen und (historischen) Hintergründe bzw. Gründe über Denk-, Gefühls- und Verhaltensweisen meiner Mitmenschen und von mir selbst habe ich? Was könnte der (verborgene) Sinn dahinter sein?

### Menschliches Verhalten basiert vielfach auf Mustern

Die meisten unserer alltäglichen Wahrnehmungs-, Denk-, Gefühls- und Verhaltensweisen lassen sich als sich wiederholende unbewusste Muster beschreiben. Wir sparen dadurch Zeit und Energie und es gibt gute Gründe für diese Muster. Sie haben uns in der Vergangenheit geholfen zu überleben und die dafür notwendigen Bedürfnisse befriedigt zu bekommen. Jedoch sind diese Muster mit Blick auf aktuelle Herausforderungen nicht immer hilfreich und daher gilt es, sich diese bewusst zu machen und ggf. weiterzuentwickeln (s. Vier Stufen des Lernens, Kap. 2.2).

*Menschliche Muster*

! Übung: Welche Muster und Dynamiken prägen mich in meinem pädagogischen Handeln? Welche Muster und Dynamiken erlebe ich in meinem Alltag und meinen Beziehungen? Welche dieser Muster sind konstruktiv, welche destruktiv?

### Menschliche Veränderung und Entwicklung vollzieht sich zeitlebens

Die Erkenntnisse der modernen Gehirnforschung belegen, dass wir unser ganzes Leben lang dazu fähig sind, zu lernen und uns zu entwickeln (Max-Planck-Gesellschaft 2010). Bis ins hohe Alter finden im menschlichen Gehirn neue Verknüpfungen zwischen Synapsen statt (Stichwort: Plastizität des Gehirns). Auch das Leben besitzt den Wandel als ein grundlegendes Merkmal, daher gilt es, immer wieder die Balance zwischen bewahren und erneuern bzw. Tradition und Zukunft zu finden.

*Fred nutzt seine Kompetenzen und Ressourcen*

! Übung: Welche Haltung habe ich gegenüber Veränderung und Wandel? Was verlockt mich und was schreckt mich ab? Wie gehe ich mit Veränderung und Wandel um? Welche Kompetenzen und Ressourcen kann ich nutzen, um notwendige und hilfreiche Veränderungs- und Anpassungsschritte gelingend zu vollziehen?

### Autonomie und Sinn als Ziele menschlichen Lebens

Ziele, die uns emotional berühren, sind eine wichtige Voraussetzung für unsere physische und psychische Gesundheit (Meier/Storch 2013, 75). Wenn wir Ziele erreichen, erleben wir uns als handlungsfähig und somit als selbstwirksam (Meier/Storch 2013, 75). In unserem Kulturkreis steht der selbstbestimmte Mensch im Zentrum der Pädagogik (Stichwort: Autonomie und Sinnerfahrung).

*Das Entwicklungsziel Autonomie versteht sich als Vermögen, in wacher Bewusstheit und im Kontakt mit sich selbst der Welt offen zu begegnen und unter Beachtung der eigenen Person ebenso wie der Situation aus zahlreichen Möglichkeiten des Wahrnehmens, Fühlens, Denkens und Handelns frei auszuwählen. Dem Menschenbild der Transaktionsanalyse liegt die Überzeugung zugrunde, dass Menschen in der Lage sind, Verantwortung für ihr Verhalten, aber auch für ihre Wahrnehmung, ihre Gedanken und Gefühle zu übernehmen (vgl. Steward/Joines 1997, 380f.).*

Dabei gilt es, zu lernen, wie wir Bedürfnisse in einer realistischen Anpassung an unsere Um- und Mitwelt verwirklichen können. Es geht um die Entwicklung einer inneren Freiheit im Wahrnehmen, Denken, Fühlen und Verhalten, die zugleich die menschliche Bedingtheit und Begrenztheit anerkennt.

*Fred lernt es selbst zu machen und erlangt zunehmende Autonomie*

! Übung: Welche Ziele verfolge ich in meinem beruflichen Leben? Welche Ziele verfolgen wir als Schule? Wie klar und wie emotional berührend sind diese Ziele? Inwieweit ist unser alltägliches Handeln auf diese Ziele hin fokussiert?

### 3.1.2 Vorstellungen und Modelle zum Wesen unserer Persönlichkeit

*»Faust klagt über die zwei Seelen in seiner Brust; ich beherberge aber eine ganze Menge, die sich zanken. Es geht da zu wie in einer Republik.«*[3]

Fürst von Bismarck

Neben der Vorstellung vom Menschen ist es hilfreich, ein grundlegendes Verständnis von inneren menschlichen Prozessen und deren lebensgeschichtlichen Entwicklungen zu besitzen. Im Folgenden stellen wir hierzu zwei Ansätze vor, die sich in ihren Grundvorstellungen vom Aufbau unserer Persönlichkeit ergänzen: zunächst die Idee des »Inneres Teams« und daran anknüpfend die Modelle der Transaktionsanalyse zur Beschreibung der menschlichen Persönlichkeit. Dabei vermitteln wir das Modell des »Inneren Teams« den Schülern und nutzen es zur Reflexion von Übungen, aber auch von Alltagshandeln in Einzel- und auch Klassengesprächen. Im Prozess gilt es, die Kinder und Jugendlichen durch entsprechende Interventionen, wie z. B. Fragen, zum Nachdenken zu bringen und ihnen Hinweise und Anregungen zu geben.

#### »Das Innere Team« nach Schulz von Thun

Nach der Vorstellung des Kommunikationspsychologen Schulz von Thun (1998), lässt sich unsere Persönlichkeit als »Inneres Team« beschreiben. Unser inneres Wesen gleicht demnach einer multiplen Persönlichkeit, die unterschiedliche Anteile umfasst.

*Inneres Team von Fred bei einer Anfrage eines Mitschülers*

So kennt wohl jeder Situationen im Leben, in denen Empfindungen, Emotionen und Gedanken in Bezug auf ein Erlebnis nicht einheitlich und klar sind, son-dern gemischt und undeutlich. Nicht selten fühlen wir uns, wie z. B. Fred, in unseren Entscheidungen hin- und hergerissen.

Für Schulz von Thun (1998) zeigen sich diese verschiedenen Anteile durch innere Botschaften, die unser Denken, Fühlen, Handeln und letztlich unsere Persönlichkeit bestimmen. Diese Stimmen sind in ihrer auftretenden Vielfalt sehr unterschiedlich. Neben Früh- und Spätmeldern gibt es leise und laute, unwillkommene und willkommene Stimmen. Die Stimmen darf man sich dabei nicht als akustisches Erlebnis vorstellen, sondern eher als Metapher. In der Vorstellung von Schulz von Thun hat jedes Teammitglied eine eigene Botschaft, in der Gedanken, Gefühle, Bedürfnisse, Werte, Normen etc. sowie entsprechende Appelle, Wünsche oder Befehle an sich selbst enthalten sind. Er regt an, in einem ersten Schritt jedem Teammitglied einen Namen zu geben, um sie zunächst einmal zu identifizieren sowie in ihrer Bedeutung und Rolle auf der inneren Bühne kennenzulernen. Bei vielen stellen diese inneren Anteile keine harmonische Gemeinschaft dar, sondern ähneln eher einem chaotischen Haufen. Aus den widersprüchlichen Stimmen können innere Konflikte entstehen, die langfristig auch Wirkung auf das Wohlbefinden und die Gesundheit eines Menschen haben.

*Inneres Team von Fred – Vom inneren Konflikt hin zur gemeinsamen Entscheidung*

Die Herausforderung besteht in der Etablierung eines Oberhaupts oder Regisseurs dessen Aufgabe es ist, innere Uneinigkeiten und Konflikte zu moderieren und zu lösen. Statt sich mit den jeweiligen Stimmen wechselseitig zu identifizieren, geht es darum, zum Beobachter des inneren Schauspiels zu werden und die inneren Teammitglieder anzuleiten, sie zu integrieren und aus den sich zunächst widerstrebenden Stimmen eine Einheit werden zu lassen.

**! Übung: Reflexionsfragen »Inneres Team«** 🖊

Denken Sie an eine von Ihnen erlebte schwierige Gesprächs- oder auch Beziehungssituation mit Einzelpersonen oder in einer Gruppe. Sie können aber auch eine konfliktfreie Situation nutzen. Kommen Sie zur Ruhe und gehen Sie in die Position eines Beobachters Ihres inneren Dialogs im Zusammenhang mit dieser Situation.

- Welche Stimmen, Empfindungen nehmen Sie wahr?
- Können Sie diesen Stimmen (Empfindungen) einen Namen geben? Schreiben Sie alle Aspekte auf, die Ihnen zum jeweiligen inneren Anteil (Teammitglied) einfallen.
- Was tun oder/und sagen die Teammitglieder?
- Welche Vorschläge zum Umgang mit der Situation kommen von welchem Teammitglied?
- In welcher Reihenfolge und mit welcher Lautstärke melden sich diese?
- Welchen Platz haben sie auf Ihrer inneren Bühne (Vordergrund, Hintergrund, unten, oben) und wie stehen sie zueinander?
- Welche Bedürfnisse und Anliegen haben die Teammitglieder?

Anschließend reflektieren Sie zusammen mit Ihrem Lernpartner:
- Welche dieser Stimmen kenne ich gut?
- Welche sind mir bislang unbekannt bzw. fremd?
- Welchen Teil der Wahrheit an der Situation formulieren die jeweiligen Teammitglieder?
- Inwieweit lassen sich die jeweiligen Stimmen integrieren, um angemessen und lösungsorientiert mit der Situation umzugehen?
- Welche Rolle spielt mein Oberhaupt in diesem Team?

### Die Persönlichkeitsmodelle der Transaktionsanalyse (TA)

*In der von Berne (2006) entwickelten Theorie verbinden sich die Haltungen und Konzepte der humanistischen Psychologie mit Denkweisen der Tiefenpsychologie und mit verhaltenstherapeutischen Methoden.*

Wir möchten mit Ihnen im Folgenden noch einen Schritt weitergehen und die Vorstellungen von Schulz von Thun (1998) mit dem Persönlichkeitsmodell der Transaktionsanalyse vertiefen. Wir nutzen diese Modelle vor allem zur Analyse, um entwicklungsförderliche Interventionen in unserem Handeln mit den Schülern zu gestalten. Es ist für uns einerseits wichtig, zu sehen, wo ein Kind oder ein Jugendlicher wichtige Entwicklungsschritte benötigt, um selbstbestimmt durch entsprechende Erfahrungen so zu reifen, dass er immer selbstbestimmter mit seiner Um- und Mitwelt interagieren kann. Dabei geht es uns nicht um therapeutische Interventionen, sondern vielmehr darum, im Rahmen unserer pädagogischen Möglichkeiten und unseres Auftrags entwicklungsfördernde Hilfen anzubieten.

Wir nutzen hierfür die Modelle der Transaktionsanalyse, weil sie uns Pädagogen bei der Entfaltung der Potenziale unserer eigenen Persönlichkeit wie auch der unserer Schüler helfen.

*Eric Berne, der 1905 in Kanada geboren wurde und als Psychiater tätig war, war der Überzeugung, dass die Transaktionsanalyse dazu genutzt werden kann, unsere menschlichen Schwächen und wunden Punkte zu verringern oder sogar zu eliminieren, im Sinne eines lebenslangen Prozesses zur Erlangung von Autonomie (Temple 2002).*

Im Sinne der Transaktionsanalyse müssen wir als Eltern, Lehrkräfte und Schulsozialarbeiter darum bemüht sein, unseren Schülern Potenz, Schutz und Erlaubnis anzubieten (Crossmann 1966) und sie auf den Weg zur Autonomie einladen und begleiten. Das Klassenzimmer kann so zu einem sicheren Ort für Beziehungsgestaltung und Lernen werden. Um dies zu erreichen, ist es notwendig, dass wir unsere eigene Bewusstheit, Spontanität und Fähigkeit zur Intimität fördern. Wir benötigen hierzu den Zugang zu einem breiten Spektrum an Denk-, Gefühls und Verhaltensweisen, oder wie es die Transaktionsanalyse ausdrückt: Ich-Zuständen (Steward/Joins 1997, 39 ff.). Darüber hinaus bieten diese Modelle ein aufeinander aufbauendes Verständnis, wie sich zwischenmenschliche Kommunikation und Beziehungen gestalten lassen (s. Kap. 3.2.2). Letztlich können wir dadurch als Lern- und Entwicklungsbegleiter verantwortungsvoller und zufriedener arbeiten. Zunächst möchten wir die inneren Strukturen und Dynamiken unserer Persönlichkeit sowie deren biografische Entwicklung beschreiben.

Zwei Grundansichten prägen in der Transaktionsanalyse die Vorstellung von der menschlichen Persönlichkeit. Die erste lässt sich an die Vorstellung vom »Inneren Team« anknüpfen und stellt einen Erklärungsrahmen vor, warum jeder Mensch ganz unterschiedlich mit Situationen umgeht. In der Vorstellung der Transaktionsanalyse besitzt jeder ein Repertoire an in sich zusammenhängenden spezifischen Denk-, Gefühls- und korrespondierenden Verhaltensmustern sowie dazugehörigen Körperempfindungen, die Ich-Zustände genannt werden. Berne (Schlegel 1995, 7 ff.) beschrieb diese als Quellen unserer Psyche, aus denen sich unser Denken, Fühlen und Verhalten speist. Mit diesem sog. Strukturmodell (s. Abb. 20) lassen sich auf sehr nachvollziehbare Weise intrapsychische Vorgänge erklären. Alle Ich-Zustände haben ihren Wert und machen in ihrer Ganzheit uns als Menschen aus. Berne (1961, 1977) identifizierte in seiner Arbeit mit seinen Klienten drei Musterkategorien, die als Anteile unserer Psyche realistisch und beobachtbar sind. Man könnte sich vorstellen, dass die zuvor beschriebenen inneren Teammitglieder in drei Gruppen unterscheidbar sind. Dabei betont die Transaktionsanalyse, dass alle drei für eine zufriedenstellende, sinnhafte und gesunde Lebensführung wichtig sind.

Die erste Quelle beinhaltet Anteile oder Teammitglieder, wie ich früher als Kind gedacht, gefühlt und mich verhalten habe. Wenn ich aus dem sog. **Kind-Ich-Zustand** agiere, wiederhole ich Muster, die ich früher selbst angewendet habe. So kann ich, z. B. auf Herausforderungen trotzig reagieren, ganz ruhig werden oder kreativ-spielerisch damit umgehen, so wie ich es als Kind mit einer vergleichbaren Situation getan habe. Die zweite Quelle, die sich ebenfalls von Beginn meines Daseins an entwickelt, beinhaltet Anteile, die ich in gewisser Weise subjektiv gefärbt von anderen übernommen habe. Wenn ich aus dem sog. **Eltern-Ich-Zustand** agiere, wiederhole ich Denk-, Gefühls- und Verhaltensweisen, wie ich sie in vergleichbaren Situationen bei anderen Bezugspersonen, die ich erlebte, wahrgenommen habe. In diesem Fall denke, fühle und verhalte ich mich so, wie ich z. B. meinen Vater oder meine Mutter wahrgenommen habe, aber auch wie ich erlebt habe, wie diese miteinander interagierten. Erst mit dem ungefähr sechsten Lebensjahr und vor allem mit Beginn der Pubertät bildet sich ein Zustand heraus, der es mir möglich macht, im Hier und Jetzt zu denken, zu fühlen und mich zu verhalten. Man könnte diesen sog. Erwachsenen-Ich-Zustand mit dem Ober-

haupt des »Inneren Teams« vergleichen. Dieser Zustand ist hilfreich und notwendig, um mich bewusst weiterzuentwickeln und neue Handlungsstrategien zu etablieren (vgl. Vier Stufen des Lernens, s. Kap. 2.2). Jedoch braucht es zur nachhaltigen Denk-, Gefühlsund Handlungsveränderung alle drei Ich-Zustände.

Im pädagogischen Alltag ist es z. B. wichtig, bei unseren Planungen und Vorgehensweisen alle drei Ich-Zustände angemessen zu berücksichtigen. D. h., wir müssen darauf achten, dass wir die vorhandenen verinnerlichten Normen und Werte (Eltern-Ich-Zustand der Prozessbeteiligten) berücksichtigen. Der Erwachsenen-Ich-Zustand benötigt ausreichend Information, z. B. über Ressourcen und Kompetenzen; und wohl am entschiedensten ist der Kind-Ich-Zustand, der dazu in der Lage und bereit sein muss, zu sagen »Ich habe Lust und Freude daran«. Erst dann schaffen wir die Voraussetzungen für nachhaltige Veränderung und Wachstum.

### Das Strukturmodell zur Beschreibung der inneren Dynamik

Bei uns selbst, aber auch bei anderen, kann man relativ leicht wahrnehmen, ob die Handlungsweisen altersangemessen sind. Gerade in für uns stressbedingten Situationen wiederholen oder inszenieren wir Muster und Dynamiken, die wir aus unserer persönlichen Geschichte kennen und die damals durchaus ihren Sinn hatten, aber bzgl. der Herausforderungen im Hier und Jetzt keine wirkliche Lösung darstellen. Beispielsweise der fünfzehnjährige Junge, der sich tobend und trotzig verhält, als wäre er gerade erst fünf Jahre alt, oder das zwölfjährige Mädchen, das von oben herab gegenüber ihren Mitschülern weiß, wie »man« es machen muss. Diese Muster beinhalten nur einen Teil unseres wirklichen Potenzials und blockieren uns nicht selten in unserer Entwicklung. Mit Hilfe des Erwachsenen-Ich-Zustandes und der Aktivierung des konstruktiv-kreativen Kind-Ich-Zustandes erlangen wir die Wahl zwischen mehreren Alternativen.

In einem ersten Schritt ist es hilfreich, sich über unangemessene Verhaltensweisen sowohl bei sich selbst als auch bei anderen bewusst zu sein. Die eigene Wahrnehmung und hypothetische Deutung, die wir im Austausch, z. B. mit den Lehrerkräften, überprüfen und ggf. festigen bzw. erweitern und verändern können, helfen uns zu erkennen, wo bei den Schülern Entwicklungspotenziale verborgen sind. Dann können gemeinsam Strategien entwickelt werden, um verborgene Ressourcen im Denken, Fühlen und Handeln am besten gemeinsam mit den Eltern zu identifizieren

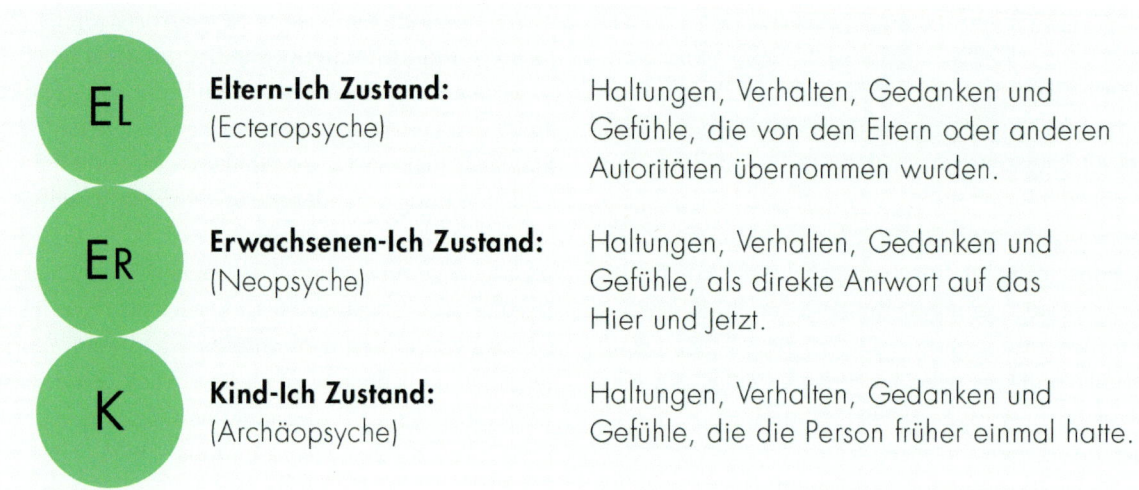

**Eltern-Ich Zustand:**
(Ecteropsyche)

Haltungen, Verhalten, Gedanken und Gefühle, die von den Eltern oder anderen Autoritäten übernommen wurden.

**Erwachsenen-Ich Zustand:**
(Neopsyche)

Haltungen, Verhalten, Gedanken und Gefühle, als direkte Antwort auf das Hier und Jetzt.

**Kind-Ich Zustand:**
(Archäopsyche)

Haltungen, Verhalten, Gedanken und Gefühle, die die Person früher einmal hatte.

Abbildung 20: Strukturmodell der Ich-Zustände, eig. Darstellung nach Stewart/Joins 1990, 34

und zu entfalten. So lassen sich z. B. konstruktive Eltern-Ich-Zustände mit Hilfe von Symbolfiguren entwickeln (vgl. Konzept »Hanno malt sich einen Drachen« oder auch Fuhrmann, s. Kap. 4.1; z. B. Übung Erlaubnisse). Bei der Entfaltung des Kind-Ich-Zustands geht es um Perspektiven, wie die Schüler Lebensfreude, Mut und Zuversicht entwickeln können, hierzu sind z. B. Erlaubnisse hilfreich. Gerade für die Entfaltung des Kind-Ich-Zustandes ist es wichtig, dass wir als Pädagogen, wie Temple (2002, 254) es ausdrückt, die Fähigkeiten »entwickeln[,] die Schüler zu fesseln, ihre Aufmerksamkeit zu gewinnen, ihre Schwierigkeiten zu verstehen, ihnen einen sichern Rahmen zu bieten und die Inhalte mit Begeisterung und Energie zu vermitteln.« (254) Der Erwachsenen-Anteil lässt sich z. B. durch entsprechende Fragen aktivieren (s. Kap. 3.2

und 4.2). Neben dem Fokus der Veränderung ist es aber zunächst wichtig, Verständnis und Akzeptanz für die jeweiligen Denk-, Gefühls- und Verhaltensweisen zu entwickeln, denn in unserer Geschichte gab es eine Zeit, in der diese durchaus einen Sinn hatten.

*Der sogenannte integrierte Er-Ich-Zustand kann nur dann seine vollständige Reife ausdrücken, »nachdem er die Reichtürmer des Lernens aus vergangenen Erfahrungen in sich aufgenommen hat« (Temple 2002, 254), die zuvor im Kind- und/oder im Eltern-Ich-Zustand eingeschlossen waren.*

Sie waren damals die beste Strategie, um in dem von uns vorgefundenen Umfeld zu überleben und unsere Bedürfnisse befriedigt zu bekommen.

**Übung: Reflexionsfragen Strukturmodell**
**Meinem inneren Wesen auf der Spur – Innere Stimmen und Dialoge meines (beruflichen) Alltags**
Einstieg: Stellen Sie sich eine Gesprächssituation vor, die Sie als schwierig bzw. herausfordernd erleben, in der Sie sich unwohl fühlen. Sie können aber auch eine konfliktfreie Situation nutzen. Nehmen Sie sich Zeit, um dann folgende Fragen zu klären:
- Welche mahnenden und kritischen und welche unterstützenden und fürsorglichen Stimmen sind dabei – sowohl gegenüber Ihnen selbst als auch dem Gesprächspartner gegenüber – für Sie wahrnehmbar? Welche Botschaften, Verhaltensregeln und Urteile (Ihrer Eltern) hören Sie?
- Welche eigenen Bedürfnisse und Wünsche können Sie in diesen Situationen wahrnehmen?
- Wenn Sie tief durchatmen und einen Schritt zurücktreten: Was wären hilfreiche und konstruktive innere Botschaften in Ihrer beruflichen Rolle? Was könnten hilfreiche und unterstützende Alternativen sein?

Anregungen für die anschließende Reflexion: Mit Blick auf meine inneren Stimmen und Dialoge …
1. Was ist mir deutlich geworden? Welche Erkenntnisse habe ich gewonnen?
2. Welche Ideen und Überlegungen habe ich zur persönlichen Weiterentwicklung meines (professionellen) Verhaltens?

*Die Vorstellung vom unbewussten Lebensplan*

Mit der zweiten Grundvorstellung vertrat Berne (Schlegel 1995, 176 ff.) die Ansicht, dass Menschen sehr früh eine zusammenhängende, konsistente, unbewusst wirksame Geschichte über sich selbst, die anderen und die Welt, das sogenannte **Lebensskript** entwickeln. Dabei wird die Grundstruktur dieser Geschichte bis zum sechsten Lebensjahr entwickelt. In unserem Bemühen, uns in der vorgefundenen Umwelt zu orientieren, zu wachsen und zu überleben, verinnerlichen wir entwicklungsfördernde und entwicklungsbehindernde Botschaften, in Form von sog. Grundbotschaften und Antreibern.

**Grundbotschaften** sind innere Glaubenssätze, die uns in unserer frühsten Kindheit halfen, unser Erleben und die Erfahrungen mit unseren Bezugspersonen in einen kindlich logischen Zusammenhang zu bringen.

– Gehöre nicht dazu!
– Sei nicht wichtig!
– Existiere nicht/sei nicht!
– Sei nicht nah!
– Lass das!/Tue es nicht, tue überhaupt nichts!
– Sei nicht gesund!/Sei nicht normal!
– Sei nicht du selbst! Sei kein Junge/Mädchen!
– Fühle nicht!
– Denke nicht!
– Schaffe es nicht!
– Sei kein Kind!
– Werde nicht erwachsen!

Die **Antreiber**, die von Taibi Kahler und Hedges Capers (1974) entwickelt wurden, sind superlativistische Selbstansprüche, die uns vorübergehend auf selbstausbeuterische Art die Erfahrung des Gefühls des Okayseins ermöglichen:

– Ich muss immer perfekt sein bzw. die Dinge immer perfekt machen.

*Fred und die Antreiber*

– Ich muss immer stark sein.
– Ich muss es anderen immer recht machen bzw. anderen immer gefällig sein.
– Ich muss alles allein schaffen bzw. ich muss mich immer anstrengen.
– Ich muss mich immer beeilen.

Im Folgenden stellen wir Ihnen zu den fünf Antreibern jeweils Werte- und Entwicklungsquadrate vor, die wir entwickelt haben. Sie sollen verdeutlichen, dass zu jedem Antreiber eine hilfreiche Wertebalance gehört, die es zu entwickeln gilt. Die zuvor benannten Antreiber stellen daher aus unserer Sicht eine einseitige entwertende Übertreibung dieser Balance dar.

Im Downloadmaterial finden Sie einen Fragebogen zur Analyse des persönlichen Antreiberprofils ( ).

Diese verinnerlichten Botschaften und Glaubenssätze beeinflussen unsere Lern- und Entwicklungsprozesse meist unbewusst. Es ist wichtig, diesen Botschaften durch entsprechende Interventionen ihren Einfluss und ihre Macht schrittweise zu entziehen. Da diese jedoch sehr früh in der persönlichen Entwicklung angelegt werden, ist es anzuraten, ggf. auch therapeutische Hilfen, z. B. durch eine psychologische Fachkraft, zu nutzen. Dennoch sollten pädagogische Fachkräfte diese erkennen können und den Veränderungsprozess hilfreich unterstützen.

*Leider zeigt die Schulpraxis immer wieder, dass hier wichtige Ressourcen, die wenig Aufwand bedeuten, kaum genutzt werden. Darüber hinaus ist es für die Reflexion des eigenen Handelns hilfreich, zu prüfen, ob, und falls ja, in welchen Situationen, durch Lehrkräfte selbst beeinträchtigende Botschaften vermittelt werden.*

Für uns ist das Wissen über diese einschränkenden Botschaften und Antreiber insofern wichtig und hilfreich, dass wir zum einen darauf achten können, wo diese wichtige persönliche Entwicklungen und Lernschritte von Schülern blockieren und verhindern. Mit ein wenig Übung und Sensibilität lässt sich wahrnehmen, ob ein Schüler z. B. ein sich wiederholendes »Das schaff ich nicht« als bequeme Ausrede nutzt, oder ob dahinter ein einschränkender Glaubenssatz verborgen liegt. So haben z. B. Kinder mit Migrationshintergrund nicht selten eine »Gehöre nicht dazu«-Botschaft unbewusst verinnerlicht oder andere Kinder erfüllen unbewusst eine »Denke nicht«-Botschaft und interagieren auf der Beziehungsebene immer wieder mit dem sogenannten Spielmuster »dumm« (s. Kap. 3.2.2). Peters (1996, 59 ff.) hat in einem Artikel dargelegt,

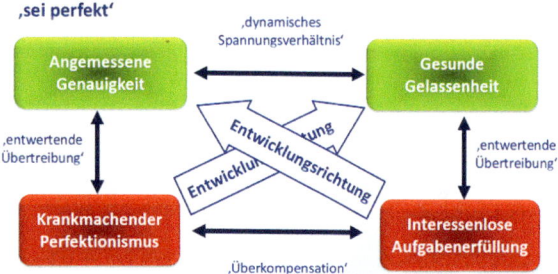

Abbildung 21: Werte- und Entwicklungsquadrat »Sei perfekt!«

Abbildung 22: Werte- und Entwicklungsquadrat »Sei stark!«

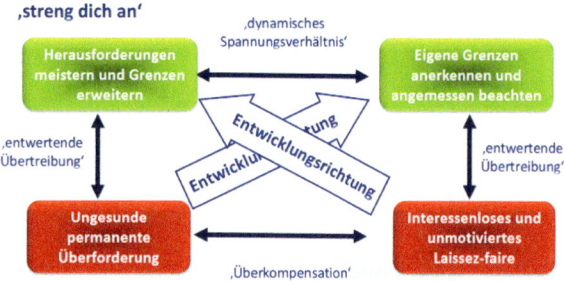

Abbildung 24: Werte- und Entwicklungsquadrat »Streng dich an!«

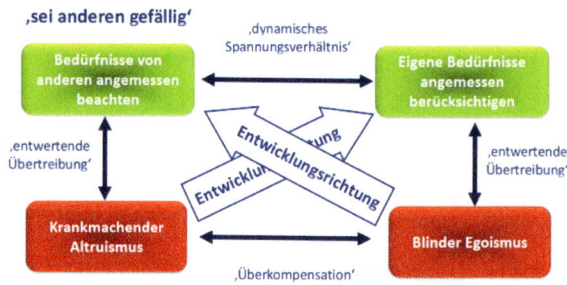

Abbildung 23: Werte- und Entwicklungsquadrat »Sei anderen gefällig!«

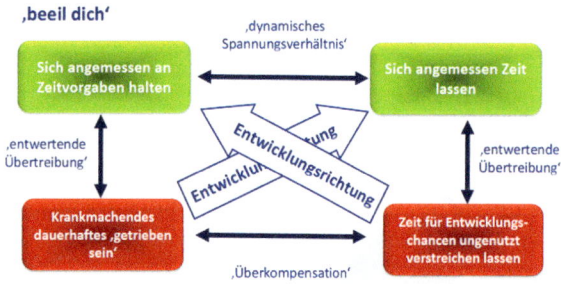

Abbildung 25: Werte- und Entwicklungsquadrat »Beeil dich!«

wie Kinder durch eine frühe Lebensskript-Entscheidung gepaart mit ungünstigen Schulerfahrungen z. B. eine Legasthenie entwickeln. Die Legasthenie stellt für diese Kinder eine gute Möglichkeit dar, z. B. die

Botschaften »sei nicht normal«, »gehöre nicht dazu« oder »schaffe es nicht« unbewusst zu bestätigen. Wir glauben, dass auch andere Störungsbilder durch diese unbewussten inneren Botschaften maßgeblich beeinflusst sind. Nur mit Sensibilität können wir als Pädagogen abwägen, wo es ausreicht, mit hilfreichen Interventionen zu arbeiten und wo es nötig wird, z. B. therapeutische Hilfen zu empfehlen bzw. zu nutzen. Entsprechende, gezielte Erlaubnisse sind vor allem bei der Entmachtung von Antreibern möglich. Allerdings ist es auch hier wichtig, darauf zu achten, dass in diesem Vorgehen die psychisch tiefer liegenden Grundbotschaften dadurch zunehmend wirksamer werden, je mehr wir die Antreiber auflösen. Letztlich Erhöhen wir durch dieses Vorgehen unsere pädagogische Wirksamkeit und können gezielter und wirksamer Lern- und Entwicklungsprozesse von Schülern unterstützen.

**Übung zur Selbstreflexion:**
**Meinem (unbewussten) Lebensplan auf der Spur**

Bitte überlegen Sie sich, welche Geschichten oder Figuren Ihnen in Büchern, Filmen oder in der Realität bedeutsam waren bzw. sind.

- Mit ca. 6 Jahren war mir wichtig …
  (Was charakterisiert die Geschichte/die Figur aus Ihrer Sicht besonders?)
- Mit ca. 14 Jahren war mir wichtig …
  (Was charakterisiert die Geschichte/die Figur aus Ihrer Sicht besonders?)
- Mit ca. 21 Jahren war mir wichtig …
  (Was charakterisiert die Geschichte/die Figur aus Ihrer Sicht besonders?)
- Heute ist mir wichtig …
  (Was charakterisiert die Geschichte/die Figur aus Ihrer Sicht besonders?)

Anregungen für die anschließende Reflexion:
1. Welche Gemeinsamkeiten und Unterschiede, welche Parallelen lassen sich in den Geschichten und Figuren aus Ihren unterschiedlichen Lebensphasen finden?
2. Gibt es Dynamiken und Muster, die sich wiederholen und die Sie aus Ihrem Alltag kennen?
3. Welche Einschränkungen aber auch Ressourcen liegen darin verborgen?
4. Was könnten Sie verändern, nutzen, weiterentwickeln?

*Das Maschensystem*

Das von Erskin und Zalcman entwickelte **Maschensystem** (Erskin/Zalcman 1979) beschreibt die innere Dynamik, die wir in Konflikt- und Stresssituationen aktivieren und als verzerrtes System aufrechterhalten, weil es in der Kindheit hilfreich war, um in der vorgefundenen Situation »zu überleben«. In dieser Dynamik stellen Wahrnehmungen, Denkmuster, bewusste und unbewusste Gefühle, Verhaltensweisen, Körperempfindungen, (Grusel-)Phantasien und subjektiv gefärbte Erinnerungen ein sich selbst verstärkendes System dar (s. Abb. 26). Dabei intensivieren sich in Beziehungskonflikten die individuellen Maschensysteme der beteiligten Personen nicht selten gegenseitig. Mit diesem Modell lassen sich intrapsychische Lern- und Entwicklungsblockaden analysieren und auflösen. Jedes Element des Systems stellt zugleich einen möglichen Ausstieg aus dem unbewussten sich selbst verstärkenden

| Überzeugungen und Gefühle | Verhalten | Verstärkende Erinnerungen |
|---|---|---|
| *Grundüberzeugungen über:*<br>1 Mich selbst<br>2 Die anderen<br>3 Das Leben überhaupt<br><br>*Ersatzgefühl*<br>Gefühle, die zum ursprünglichen Zeitpunkt als Ersatz „gewählt" und empfunden wurden, aber keine Lösung zur Situationsbewältigung bieten.<br><br>*Unterdrücktes ursprüngliches Gefühl/Bedürfnis*<br>Gefühle, die zum ursprünglichen Zeitpunkt verdrängt werden. | *Unpassende Kommunikations- und Verhaltensmuster* (Spiele)<br><br>(stilisiert, ständig wiederholt)<br><br>*Körperreaktionen und -empfindungen*<br>(somatische Beschwerden: innere Empfindungen werden körperlich wahrgenommen)<br><br>*Galoppierende (Grusel-) Phantasien* | *Alte (emotionale) Erinnerungen*<br>Museum der Verletzungen (emotionale Rabattmarken, die gesammelt und zu einem späteren Zeitpunkt ausbezahlt werden) liefern Beweismaterial und Rechtfertigung |

Abbildung 26: Maschensystem eig. Darstellung nach Nagel 1996a, 87

System dar. Lehrkräfte können junge Menschen z. B. dabei unterstützen, Lern- und Entwicklungsblockaden zu erkennen und Alternativen im Wahrnehmen, Denken, Fühlen und Handeln zu entwickeln und einzuüben. Dabei kann das Modell als Schablone dienen, um gemeinsam mit dem Schüler die Situation, die er als belastend erlebt, zu analysieren und vor allem gemeinsam nach Alternativen und Lösungen zu suchen.

**! Übung: Reflexionsfragen zum Maschensystem**

Grundüberzeugungen:
– Was dachten bzw. denken Sie in dieser Situation über sich selbst, die anderen und das Leben?
– Was könnten Sie stattdessen entwicklungsfördernd über sich selbst, die anderen und das Leben denken?

Ersatzgefühle:
– Welches Gefühl empfinden Sie in dieser Situation?
– Wie gehen Sie mit diesem Ersatzgefühl konstruktiv um?

Unterdrückte, ursprüngliche Gefühle:
– Was hätten Sie gebraucht und welches Gefühl wäre angemessen, um die Situation zu lösen?
– Wie können Sie Ihr Bedürfnis konstruktiv erfüllen? Wie lässt sich das angemessene Gefühl leben?

Unpassende sich wiederholende Verhaltensmuster (psychologische Spiele):
– Was taten bzw. tun Sie in dieser Situation bzw. wie verhalten Sie sich?
– Welche entwicklungsfördernde Alternative im Verhalten gibt es?

Körperreaktionen und -empfindungen:
– Was spürten Sie in Ihrem Körper?
– Was können Sie konstruktiv in Bezug auf Ihren Körper tun?

Galoppierende Gruselphantasien:
– Was glaubten Sie, wie die Situation schlimmstenfalls enden würde?
– Welche positiven Zukunftsbilder haben Sie?

Alte (emotionale) Erinnerungen:
– Museum der Verletzungen
– Woran erinnert Sie das? Gibt es vergleichbare Geschichten und Situationen in Ihrem Leben?
– Welchen Sinn können Sie in den Ereignissen Ihrer Vergangenheit heute erkennen?
– Welche entwicklungsfördernde Sichtweise auf Ihre Vergangenheit können Sie entwickeln?

Gerade das Maschensystem lässt sich in guter Weise in Einzelgesprächen anwenden, um gemeinsam mit den Schülern deren sich selbst verstärkende innere Stressdynamik zu erkennen. Im weiteren Prozess lassen sich dann Alternativen entwickeln. Dabei müssen wir darauf achten, den Entwicklungsprozess durch entsprechende Interventionen zu unterstützen. Statt Ratschläge zu geben sind auch hier vielfach Fragen hilfreicher, weil sie ermöglichen, dass die Kinder und Jugendlichen angemessen Verantwortung übernehmen (s. Kap. 2.3 und 3.2.2). Zudem ist es wichtig, diese Prozesse zeitlich langfristig anzulegen und durch fortlaufende Gespräche zu begleiten. So können die

Erfahrungen in der Umsetzung der Vereinbarungen gemeinsam reflektiert werden und, was nicht zu unterschätzen ist, durch positive Rückmeldung kann der Schüler in seinem Prozess unterstützt werden.

In anschaulicher Weise verdeutlicht ein Artikel von Nobert Nagel die Arbeit in der pädagogischen Praxis mit diesem Modell (Nagel 1996a, 75 ff.): Zur vertieften Beschäftigung mit dem Einsatz transaktionsanalytischer Modelle in der pädagogischen Praxis empfehlen wir die Bücher von Meier-Winter (1994), Kleinewiese (1999) und Nagel (1996b). Darüber hinaus geben Henning und Pelz (1997), aber auch Steward und Joins (1997), gute Einführungen in das Konzept der TA.

*Einladung zur Selbstwahrnehmung und -reflexion für Pädagogen*

Zum Abschluss dieses Abschnitts möchten wir Sie einladen, sich mit einigen Leitfragen Klarheit darüber zu verschaffen, was Sie motiviert hat, den Beruf des Lehrers bzw. des Pädagogen zu ergreifen und welche Sichtweisen und Intentionen mit dieser Entscheidung für Sie verbunden waren und sind. Auf dem Weg zur größeren Autonomie ist es notwendig, den eigenen Bezugsrahmen, die eigene Sicht auf sich selbst, andere Menschen und die Welt immer wieder wertschätzend zu prüfen. Für Berne (1961 nach Temple 2002, 264) führt dieser Weg zu mehr Energie und Motivation sowie höherer Kreativität und Effektivität im schulischen Alltag. Damit verbunden ist eine erhöhte Bewusstheit (Sensibilität, Rationalität, Objektivität, Realismus und »Dran-Sein«), eine erhöhte Spontaneität (Wahl, Band-breite und Beweglichkeit von Verhaltensoptionen und Freiheit im Selbstausdruck) sowie eine erhöhte Fähig-keit, sich auf Nähe bzw. Intimität einzulassen (Bereit-schaft aufrichtig, offen und direkt, kongruent, empa-thisch und liebevoll zu sein).

Zur Auseinandersetzung mit den eigenen Ansichten über Erziehung und seiner Rolle als Erwachsener da-rin, helfen neben Fragen zur Vergangenheit, um sich über die Gründe für gefällte Entscheidungen klar zu werden, auch Fragen zur Zukunft, um persönliche Visionen zu erkennen und Zukunftsperspektiven zu entwickeln. Bewusstheit hinsichtlich der eigenen Ich-Zustände »und eine tief greifende Reflektion der persönlichen Motivation, Lehrer [bzw. pädagogische Fachkraft] zu werden, sind entscheidend, um sowohl Stärken als auch mögliche Ursachen für berufliche Schwierigkeiten zu identifizieren.« (Temple 2002, 267)

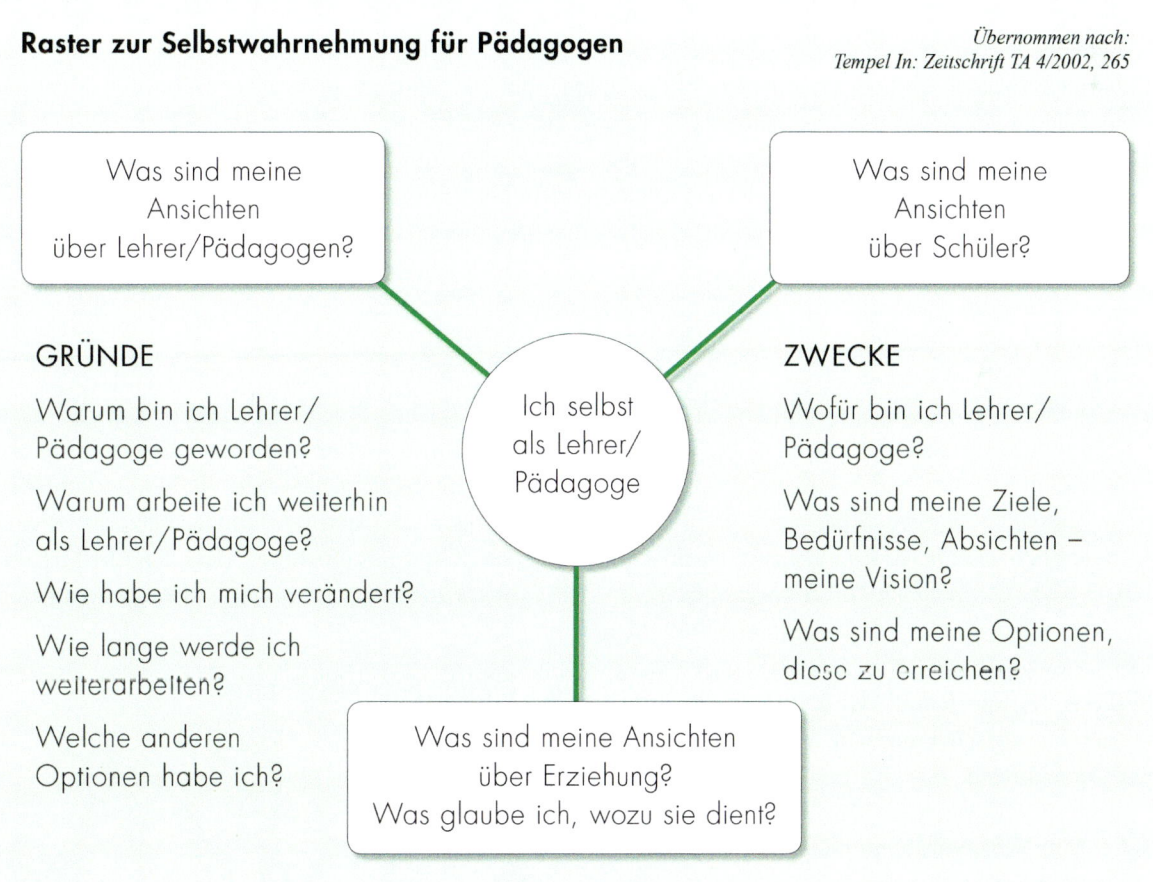

**Raster zur Selbstwahrnehmung für Pädagogen**

*Übernommen nach:*
*Tempel In: Zeitschrift TA 4/2002, 265*

Was sind meine Ansichten über Lehrer/Pädagogen?

Was sind meine Ansichten über Schüler?

Ich selbst als Lehrer/Pädagoge

**GRÜNDE**

Warum bin ich Lehrer/Pädagoge geworden?

Warum arbeite ich weiterhin als Lehrer/Pädagoge?

Wie habe ich mich verändert?

Wie lange werde ich weiterarbeiten?

Welche anderen Optionen habe ich?

**ZWECKE**

Wofür bin ich Lehrer/Pädagoge?

Was sind meine Ziele, Bedürfnisse, Absichten – meine Vision?

Was sind meine Optionen, diese zu erreichen?

Was sind meine Ansichten über Erziehung?
Was glaube ich, wozu sie dient?

Abbildung 27: Raster zur Selbstwahrnehmung für Pädagogen, eig. Darstellung nach Temple 2002, 265

**Übung zur Schaffung innerer Klarheit (in Anlehnung an Temple 2002, 266)**

1. Erinnern Sie sich an eine Lieblingslehrkraft ihrer Vergangenheit. Notieren Sie sich Worte, die diese Person beschreiben. Ergänzen sie diese mit einer Notiz über die wichtigsten Dinge, die Sie von ihr gelernt haben.
2. Tauschen Sie sich wenn möglich über Ihre Erinnerungen und Gedanken mit einem Kollegen aus und vergleichen Sie die beiden Personen und ihre Lernergebnisse.
3. Sammeln Sie anschließend Adjektive, die zur Beschreibung dieser Personen genutzt werden können. Was lernen Sie daraus?
4. Diskutieren Sie nun, warum sie diese Person ausgewählt haben. Wie effektiv waren diese? Wofür waren sie Vorbild? Welche Botschaften, offen oder verdeckt, haben sie vermittelt?
5. Auf welcher Weise ist diese Lehrkraft eine Elternfigur in ihrem »inneren Team« bzw. inneren Dynamik (vgl. Strukturmodell der Ich-Zustände und Lebensskript)? Wie kommen diese Lehrkräfte in ihren Eltern- (EL-), ER- und Kind-(K)-Ich-Zuständen vor?
6. Fokussieren Sie darauf, wie diese Erfahrungen der Vergangenheit mit Lehrkräften möglicherweise immer noch Ihr berufliches Handeln in der Gegenwart beeinflussen.

## Das Wichtigste

✓ Die innere Haltung und das Menschenbild bestimmen die Wirkung des pädagogischen Handelns in entscheidender Weise.
✓ Für die Entwicklung pädagogischer Professionalität ist die Vorstellung vom Aufbau der menschlichen Persönlichkeit und deren Dynamik hilfreich.
✓ Für Eric Berne sind wir in unserer Wahrnehmung, unserem Denken, Fühlen und Verhalten durch verinnerlichte meist unbewusste Botschaften und Glaubenssätze beeinflusst, die Lernen und Entwicklung blockieren können. Durch Bewusstheit und entsprechende Interventionen kann deren Macht und Einfluss schrittweise verringert werden.

### 3.2 Zweiter Fokus – Du: Kommunikation und Beziehungsarbeit

> *»Großer Geist, steh mir bei, dass ich über keinen*
> *Menschen urteile, bevor ich nicht zwei Wochen lang*
> *in seinen Mokassins gegangen bin.«*[4]
> Indianische Weisheit

In diesem Kapitel lenken wir den Blick nun auf die Dynamiken zwischenmenschlicher Kommunikation und Beziehungen.

### 3.2.1 Acht Beziehungsbedürfnisse von Menschen nach Erskine[5]

Unsere Beziehungserfahrungen prägen die Entfaltung unserer Persönlichkeit und dies gilt im Besonderen für unsere frühen Erfahrungen. Deren Befriedigung oder Nichtbefriedigung beeinflusst in grundlegender Weise Lern- und Entwicklungsprozesse, weil wir entweder unsere Ressourcen und Beiträge einbringen und uns gemeinsam mit anderen entwickeln und freuen, oder

aber wir erleben Blockaden und durch den so entstehenden Druck werden individuelle Stressmuster aktiviert. Diese Bedürfnisse werden in Bildungskontexten nicht selten tabuisiert oder unterschätzt. Es ist wichtig, zur Kenntnis zu nehmen, dass diese Bedürfnisse in unterschiedlichen Facetten und Ausprägungen in

*Die acht Beziehungsbedürfnisse*

jeder Form von Beziehung unseres Lebens zu finden sind. In jedem dieser Settings mag die Form der Bedürfnisbefriedigung anders aussehen, wichtig ist, deren Existenz und Bedeutung unabhängig von Trends und Tabuthemen zu erkennen. Dabei können Skriptüberzeugungen (s. Kap. 3.1.2) die kognitive Abwehr gegen das Bewusstwerden von nicht gestillten Bedürfnissen und Gefühlen sein.

Für uns stellen diese Beziehungsbedürfnisse wichtige Orientierungspunkte für unsere pädagogische Arbeit dar. Sie bieten uns die Möglichkeit, darauf zu achten, was das Kind oder der Jugendliche an Interventionen benötigt, um Lern- und Entwicklungsschritte erfolgreich beschreiten zu können. In unserer Arbeit nutzen wir die Beziehungsbedürfnisse um gezielt den Entwicklungsfortschritt des einzelnen Schülers zu unterstützen. Auch beachten wir die Beziehungsbedürfnisse bei der Planung unserer Aktivitäten, die wir so gestalten, dass die Chance zur Befriedigung dieser Beziehungsbedürfnisse relativ hoch ist. Damit vermeiden wir die Entstehung von Stressdynamiken und damit von Lern- und Entwicklungsblockaden.

### Sicherheit

Bedürfnis nach Sicherheit in der Kontinuität der Beziehung und in Form von positiver Achtung der Person. Dieses Grundbedürfnis nach Sicherheit und Stabilität in Beziehungen wird dann befriedigt, wenn wir uns physisch und emotional vor Verletzungen geschützt fühlen. In unserem pädagogischen Alltag bedeutet dies, …
- klare Absprachen zu treffen, diese zu beachten und diese einzuhalten.
- Informationen über Konsequenzen und Folgen zu vermitteln.
- mich als Erwachsener zuständig zu fühlen, d. h. hinschauen, nicht wegschauen.

### Wertschätzung

Bedürfnis nach Bestätigung und Bekräftigung von eigenen Stimmungen, Gefühlen und Bedürfnissen durch andere Menschen. Sowohl die Meinungen, Gefühle und Handlungen als auch die Person an sich (s. nächster Punkt) verlangen nach ausdrücklicher Bekräftigung von anderen. Das Bedürfnis wird dann befriedigt, wenn wir uns in Beziehungen wertgeschätzt, bestätigt und bedeutsam fühlen. Für unsere pädagogische Praxis bedeutet dies, …
- Präsenz im Kontakt mit den Kindern und Jugendlichen zu haben, d. h., im Kontakt bestätigend, annehmend, normalisierend zu sein.

- Wertschätzung als die notwendige Voraussetzung für dauerhafte Verhaltensänderung anzusehen.

### Akzeptanz und Anerkennung

Bedürfnis nach Akzeptanz und Anerkennung durch eine Leitperson, »Licht und Schatten«, möchte gewürdigt werden. Das Bedürfnis wird dann befriedigt, wenn wir das Gefühl haben, gesehen zu werden, wir uns geschützt und angenommen fühlen und angemessene Führung erhalten. Für uns als Pädagogen bedeutet dies, …
- Kinder und Jugendliche zu ermutigen.
- mein Wissen etc. weiterzugeben.
- mir meiner Vorbildfunktion bewusst zu sein (ohne Idealisierung).
- als Erwachsener für Kinder und Jugendliche eine beständige, verlässliche, gefestigte, vertrauenswürdige Person zu sein.

*Respektvoller Umgang*

### Verständnis und Gleichklang

Bedürfnis, sich mit Gleichgesinnten zu verständigen. Bei aller Konfliktbereitschaft und Lernen durch Unterschiedlichkeiten ist der Wunsch nach Kontakt zu Gleichgesinnten stets präsent (der Wunsch nach dem eigenen »Rudel«). Das Bedürfnis wird dann befriedigt, wenn die persönlichen Erfahrungen bestätigt, anerkannt und wertgeschätzt werden bzw. ich das Gefühl habe, verstanden zu werden. Für unseren pädagogischen Alltag bedeutet dies, …
- persönliche Erfahrungen des Kindes und des Jugendlichen ernst zu nehmen und diesen einen angemessenen Raum zu geben.
- evtl. eigene, ähnliche Erfahrungen als Schlüssel zu verwenden.

### Einzigartigkeit

Bedürfnis nach Bestätigung der eigenen Individualität. D.h., meine eigene Meinung, meine Vorlieben und Abneigungen dürfen ausgedrückt werden. Auch wenn es ein Maß der Anpassung von Menschen an andere Systeme braucht, verlangt die Individualität des Einzelnen gleichzeitig Respekt und ihren Raum in diesen Systemen. Das Bedürfnis wird dann befriedigt, wenn ich meine persönliche Einzigartigkeit erkennen und ausdrücken kann und dafür Anerkennung und Annahme erfahre (Selbstdefinition). Dabei können Streit und Konkurrenz in Beziehungen Ausdruck für das Bedürfnis nach Selbstdefinition sein. Für unsere pädagogische Praxis bedeutet dies, …

– mich mit meinen Vorlieben, Interessen und Ideen zeigen zu dürfen.

### Einflussnahme

Bedürfnis, die eigenen Fähigkeiten und Kompetenzen erleben und einsetzen zu können und damit Einfluss auf andere zu haben. Das Bedürfnis wird dann befriedigt, wenn ich das Gefühl habe, beim Gegenüber etwas bewirken zu können, wenn ich aktiv sein und etwas bewegen kann, meinen Platz und Einfluss habe. Für uns als Pädagogen bedeutet dies, …

– Feedback einzuüben.
– dem Kind und Jugendlichen Wege aufzuzeigen, die gelingen.

### Aktiviert werden

Das Bedürfnis nach Kontakt, Beachtung und Anregung durch andere Personen. So sehr angestrebt ist, sein Schicksal selbst in die Hand zu nehmen, Entscheidungen und Lösungen herbeizuführen, bleibt doch das Bedürfnis nach Aktivierung durch Bezugspersonen aufrecht. Das Bedürfnis wird dann befriedigt, wenn auch der andere die Initiative ergreift, um einen Kontakt zu mir herzustellen. Für unseren pädagogischen Alltag bedeutet dies, …

– auf den anderen zuzugehen, den Kontakt aufzunehmen, zu suchen und zu führen.
– Kindern und Jugendlichen zu vermitteln: »Du bist mir wichtig!«

### Liebe ausdrücken

Das Bedürfnis, anderen Menschen Zuneigung, Wohlwollen und Liebe zu geben. Nicht nur der Wunsch nach eigener Wertschätzung ist wichtig, auch das Gefühl, selber Zuneigung zu geben, ist wohltuend. Das Bedürfnis, wird dann befriedigt, wenn ich etwas für andere tun kann und Zuneigung schenken darf und

Dankbarkeit erfahre. Dies ist ein wichtiger Schritt des inneren Wachstums! Für unsere pädagogische Praxis bedeutet dies, …

– selbst in offener und ehrlicher Beziehung zu sein, zu mir selbst und auch zu meinen Mitmenschen.
– Dankbarkeit anzunehmen und zu schenken.
– Freude zu zeigen.

*Liebe ausdrücken*

### 3.2.2 Die Kommunikations- und Beziehungsmodelle der Transaktionsanalyse

*»Die Schwierigkeit liegt nicht so sehr in den neuen Gedanken, als in der Befreiung von den alten [...].«[6]*
John Maynard Keynes

Gespräche sind aus unserer Sicht ein wesentliches Element unterrichtlichen und pädagogischen Handelns und bedeutsam für die Entwicklung einer pädagogisch-professionellen Kompetenz. Auch hier bietet die TA, aufbauend auf den bislang vorgestellten Modellen, Möglichkeiten, dysfunktionale Muster zu erkennen und durch funktionale zu ersetzen. So können wir Gesetzmäßigkeiten zwischenmenschlicher Beziehungsmuster und soziale Systeme besser verstehen. Mit ihrer Einfachheit und zugleich hohen Wirksamkeit sind diese Modelle nicht nur zur Selbstanalyse hilfreich, sondern ermöglichen auch durch die Vermittlung an die Schüler, gemeinsam Gesprächs- und Konfliktdynamiken zu verstehen und Alternativen zu entwickeln. Mit ihrer Hilfe lässt sich die Verantwortung für das Gelingen dieser Lern- und Entwicklungsprozesse angemessener gestalten, indem den Kindern und Jugendlichen, entsprechend dem Modell von Antonovsky (1997), Möglichkeiten geboten werden, das Gefühl der Verstehbarkeit und Handhabbarkeit zu stärken und dadurch ihre Selbstwirksamkeit zu erhöhen.

So kann z. B. gemeinsam mit den Schülern die Formulierung von »Ich-Botschaften« trainiert werden. Dadurch lernen sie Verantwortung für das Gesagte zu übernehmen und Botschaften direkt und konkret, ohne Beleidigungen und Beschuldigungen zu übermitteln. Zudem sollte mit ihnen eingeübt werden, zwischen Beobachtung und Bewertung klar zu trennen, und ihre Bedürfnisse wahrzunehmen und klar auszudrücken (z. B. »Ich bin traurig, weil ich …!«). In einem weiteren Schritt können sie lernen, diese Anliegen und Bedürfnisse als Bitte zu formulieren. Dadurch können festgefahrene und blockierte Gesprächssituationen in Klassen bzw. an der Schule wieder in Gang kommen, z. B. wenn Schüler beleidigt werden: »Ich bitte dich, mich in nächster Zeit in Ruhe zu lassen.«

In einem nächsten Schritt wird nun dargelegt, wie das zuvor beschriebene Modell zur Beschreibung unserer Persönlichkeit (Strukturmodell, s. Kap. 3.1.2, Abschnitt *Die Persönlichkeitsmodelle der Transaktionsanalyse*) mit den Modellen zum Verständnis zwischenmenschlicher Kommunikation zusammenhängt (Funktionsmodell und Transaktionen) (s. Abb. 28). Während ersteres die innere Dynamik erklärt, die unseren Denk-, Gefühls- und Verhaltensweisen zugrunde liegt, bezieht sich letzteres auf die Analyse von Verhalten und Kommunikation. Wir möchten zur besseren Unterscheidung den Vorschlag von Temple (2002) aufgreifen und den Begriff »Modus« anstatt Ich-Zustände beim Beziehungs- oder Funktionsmodell verwenden. Damit soll deutlich werden, dass es ein Unterschied ist, im Erwachsenen-Ich-Zustand zu sein und aus bzw. in dem klärenden (Erwachsenen-)Modus zu handeln. Die jeweils situationsangemessenen entwicklungsförderlichen Modi stammen aus der Quelle oder Haltung des integrierten Erwachsenen-Ich-Zustandes. Die destruktiven und blockierenden Modi speisen sich aus der Quelle der noch unintegrierten Eltern- und Kind-Ich-Zustände (Strukturmodell) (vgl. Abb. 28).

Hier wird nochmals deutlich, warum die innere Haltung und ein persönliches Wachstum so bedeutsam sind und es nicht darum gehen kann, allein rhetorisch geschickt zu sein oder unterschiedliche Verhaltenstechniken zu beherrschen. Lehrkräfte sollten im Hinblick auf den Anspruch ihrer Professionalität und für das eigene Wohlbefinden ein größtmögliches Maß an Zugriff auf ihr Potenzial an entwicklungsförderlichen und situationsangemessenen Modi haben. Hierzu bedarf es zunehmender Bewusstheit und der Freiheit, Verhaltensweisen, die aus Trübungen (vom Eltern- oder Kind-Ich-Zustand herrühren, zu vermei-

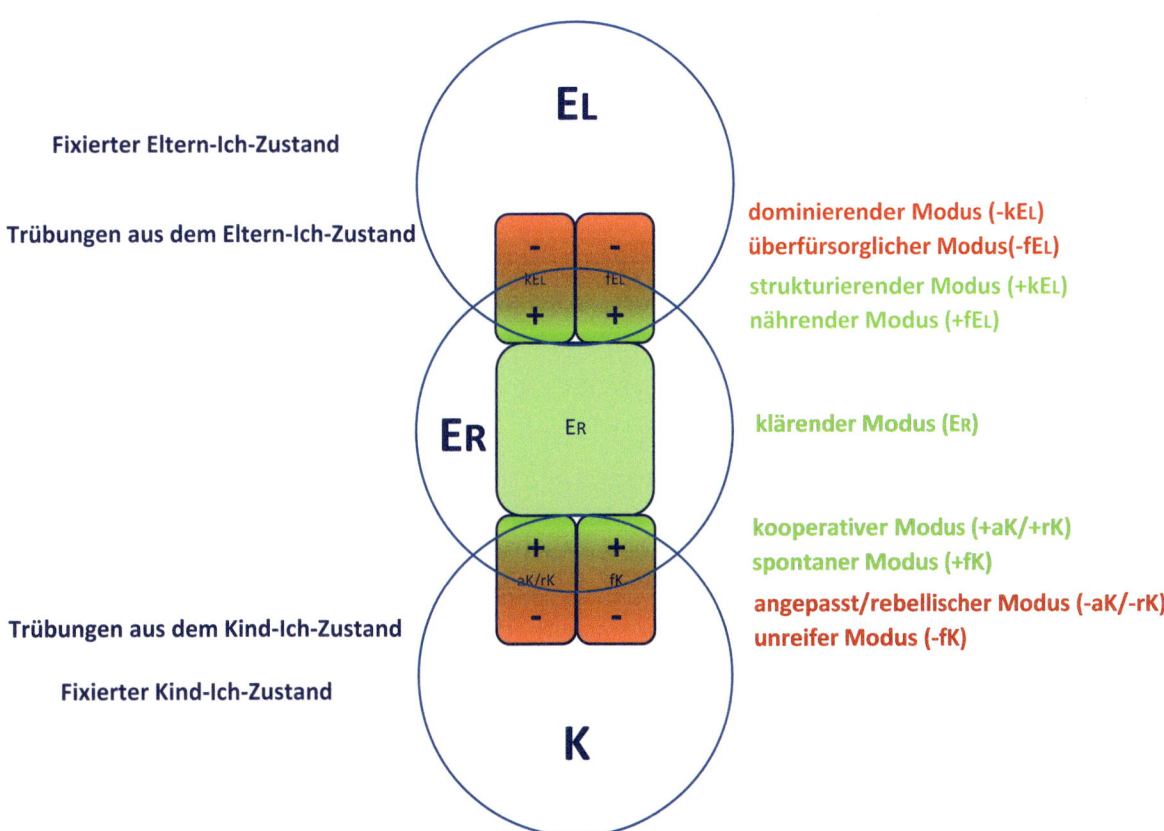

Abbildung 28: Persönlichkeits- und Kommunikationsmodell nach Temple 2002, 260

den und stattdessen mit positiven Optionen aus dem integrierten Erwachsenen-Ich zu reagieren (Gardner 1993 zit. nach Temple 2002, 252).

*Unter dem Begriff Trübung versteht die Transaktions-analyse eine erlebnisgeschichtliche Störung des Er-wachsenen-Ich Zustandes. Das Wahrnehmen, Fühlen, Denken und Handeln erfolgt nicht aus dem Erwachse-nen-Ich. Zwar nimmt die Person an, sie entscheide ob-jektiv, ihr Verhalten ist jedoch von Vorurteilen aus dem Eltern-Ich Zustand oder von ihrem Wunschdenken bzw. magischem Denken aus dem Kind-Ich Zustand geleitet.*

### Funktionale Modi oder wie wir nach außen in Erscheinung treten

Für uns als Pädagogen ist es nach Temple (2002, 261) für ein professionelles Handeln hilfreich und notwen-dig, dass wir (uns) im …
– klärenden Modus »auf interne wie externe Stimuli einstellen« können.
– nährenden Modus sich »in andere einfühlen und Mitgefühl und Verständnis zeigen« können, statt überfürsorglich zu sein und für andere zu viel zu tun.
– strukturierenden Modus »angemessen direktiv und fest Grenzen setzen« können, statt »andere herum-zukommandieren« und zu dominieren.

– kooperativen Modus selbstbewusst »eine »Ich+Du+«-Freundlichkeit zeigen« können, statt uns sklavisch an anderen zu orientieren und/oder von vornherein zu widersprechen.
– spontanen Modus »kreativ sein und Wünsche und Gefühle ausdrücken« können, statt sich unreif, kindisch, egozentrisch oder impulsiv zu verhalten (s. Abb. 28).

Pädagogen haben auch heute noch eine nicht zu unter-schätzende Bedeutung für junge Menschen und deren seelische Gesundheit, denn es ist auch vor dem Hin-tergrund der Erkenntnisse zu Spiegelneuronen unver-meidlich, dass sie den Schülern förderlich oder auch hinderlich als mächtige verinnerlichte Elternfiguren dienen (vgl. Kap. 2.2 und 3.1.2). So benötigen Kinder z. B. Disziplin aus einer wertschätzenden Haltung he-raus, um sich sicher zu fühlen und frei lernen zu kön-nen (Temple 2002, 262).

Mit genügend Bewusstsein und Sensibilität können Pädagogen Einladungen zu destruktiven Beziehungs-dynamiken (Symbiose) (s. psychologische Spiele im weiteren Verlauf dieses Kapitels) ausschlagen und stattdessen entwicklungsförderliche Modi aktivieren, um z. B. Anerkennung zu geben, die dem Schüler da-bei helfen, aus entwicklungsblockierenden Lern- und

Abbildung 29: Funktionsmodell mit Modi nach Temple 2002, 262

Verhaltensmustern auszusteigen. Es braucht neben Erkenntnis, Übung und Geduld manchmal auch die Auseinandersetzung (z. B. durch Supervision) mit sich selbst, bis die verschiedenen Modi gut voneinander unterschieden werden können. So ist es z. B. für eine gesunde soziale Entwicklung von jungen Menschen wichtig, zwischen Anpassung und Kooperation unterscheiden zu können. Soziale Kompetenz erwächst für den jungen Menschen letztlich nur aus einer positiven Anpassung (Ich+ Du+) (kooperativer Modus) (Temple 2002, 261).

Mit dem Funktionsmodell (s. Abb. 29) werden die verschiedenen Modi, mit denen ich mit meinen Mitmenschen in Beziehung trete, verdeutlicht. Zur Darstellung von Interaktionen werden dann zwei dieser Modelle gegenübergestellt (s. Abschnitt *Transaktionen*). Jeder Modus, außer der Erwachsenen-Modus, besitzt eine angemessene (+) und eine unangemessene Ausprägung (−), vergleichbar den entwertenden Übertreibungen aus den in Kap. 2.1 und 2.2 beschriebenen Werte- und Entwicklungsquadraten. Alle konstruktiven Modi sind hilfreich und sinnvoll, wenn wir als Menschen miteinander in Beziehung treten. Ziel in der Vorstellung der Transaktionsanalyse ist es, eine möglichst hohe Flexibilität in der Aktivierung der Modi zu erlangen, d. h., dass ich theoretisch zu jedem Zeitpunkt dazu in der Lage bin, jeden konstruktiven Modus zu aktivieren.

Im Downloadmaterial finden Sie einen Fragebogen zur Analyse des persönlichen Egogramms[7] (🖱).

### Transaktionen

Die Analyse von Kommunikationsverläufen zwischen Menschen lässt sich durch die Analyse von Transaktionen vornehmen. In der Transaktionsanalyse werden zwischenmenschliche Interaktions- und Kommunikationsverläufe Transaktionen genannt. Eine Transaktion versteht sich als »Grundeinheit jeder Sozialaktion« (Schlegel 1995, 78) und beinhaltet sowohl verbale als auch nonverbale Aspekte. Ein Gespräch besteht entsprechend aus einer Reihe »von ineinander verketteten Transaktionen.« (Schlegel 1995, 78) Eine Transaktionssequenz wird als Stimulus und die darauffolgende Reaktion dargestellt, wobei jeweils bestimmte Ich-Zustände bzw. Modi miteinander interagieren, bzw. in Resonanz treten.

Auch wenn es etwas Übung braucht, so lässt sich doch über die Interpretation von Transaktionen hypothetisch deuten, in welchem Modus sich eine Person jeweils befindet. Wenn ich mich meinem Gesprächspartner gegenüber überlegen fühle, agiere ich höchst-

wahrscheinlich aus einem Eltern-Ich-Modi bzw. -Zustand, fühle ich mich unterlegen, ist mein sozialisierter Kind-Ich-Modus aktiviert. Wenn ich mich auf Augenhöhe empfinde, kann es mein Erwachsenen-Ich-Modus, aber auch mein freies Kind-Ich-Modus sein, der nach außen in Erscheinung tritt. Durch deren Analyse in Verbindung mit den Ich-Zustands-Modellen können Lehrkräfte Gedanken-, Gefühls- und Verhaltensmuster bei sich selbst und anderen erkennen und überprüfen, inwiefern diese lern- und entwicklungsfördernd sind. In einem nächsten Schritt lassen sich dann wirksame und hilfreiche Alternativen entwickeln und in den pädagogischen Alltag integrieren. Dadurch lernen junge Menschen ihre Möglichkeiten in der (Mit-)Gestaltung zwischenmenschlicher Beziehungen und in Gesprächen zu erweitern und zufriedenstellender zu gestalten (Temple 2002, 261).

In der Transaktionsanalyse werden verschiedene Arten von Transaktionen unterschieden, von denen wir Ihnen hier die drei wesentlichen vorstellen. Diese sagen nichts über die Qualität der Kommunikation aus, sondern beschreiben die Interaktion zwischen den Gesprächspartnern. Sie bieten die Möglichkeit, sich Gesprächsdynamiken im Alltag bewusster zu machen und entwicklungsförderliche Interventionen zu gestalten. Wir werden die Transaktionsarten mit Beispielen aus der Schulpraxis veranschaulichen. Jedoch kann dies in schriftlicher Form nur eingeschränkt möglich sein, da die menschliche Kommunikation vor allem von den nonverbalen Aspekten bestimmt wird. Daher können die aufgeführten Beispiele bei entsprechender Betonung, Mimik und Gestik letztlich auch ganz anders gedeutet werden. Zudem sind die Beispiele hochsprachlich formuliert, passen Sie diese gedanklich ihren lokalen Gepflogenheit an.

### Parallele Transaktionen

Eine parallele Transaktion erleben die Gesprächspartner als stimmig. Der Stimulus aus einem bestimmten Ich-Zustand oder Modus richtet sich an einen anderen Modus und mein Gesprächspartner antwortet aus diesem Modus. Diese Transaktionsart kann sich theoretisch ungestört unendlich lange fortsetzten (s. Abb. 30).
**Lehrer aus ER:** »Peter, was gibt fünf mal neun?«
**Schüler aus ER:** »Das ist 45!«

Neben dieser parallelen Transaktion zwischen Erwachsenen-Modi gibt es parallele Transaktionen zwischen zwei Eltern- (EL) oder auch zwei Kind-Modi (K).
**Lehrer aus K:** »Die Schüler von heute werden immer respektloser!«

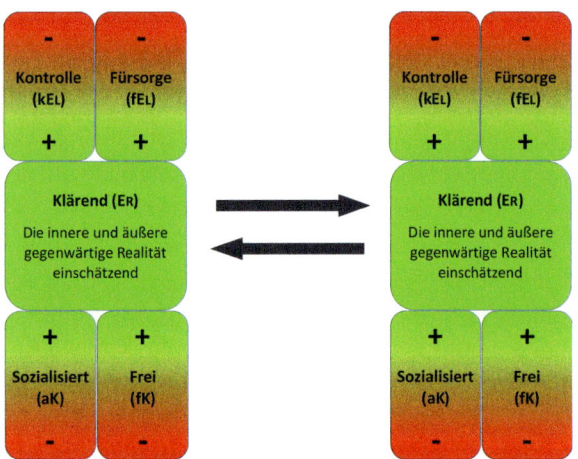

Abbildung 30: Beispiel – Parallele Transaktion

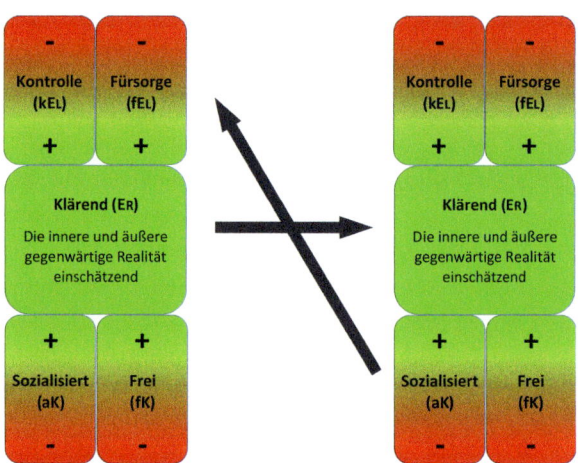

Abbildung 31: Beispiel – Gekreuzte Transaktion

**Lehrerin aus K:** »Da stimme ich dir zu. Und zudem immer anspruchsvoller. Wie soll man dem noch gerecht werden?«

Darüber hinaus auch zwischen Eltern- und Kind-Modi.
**Lehrerin aus EL:** »Julian, geh zurück an deinen Platz!«
**Schüler aus K:** »Bin schon unterwegs.«

*Gekreuzte Transaktionen*
Mit einer gekreuzten Transaktion wird der Kommunikationsverlauf unterbrochen. Mein Gesprächspartner antwortet nicht aus dem Ich-Zustand oder -Modus, den ich mit meinem Stimulus angesprochen habe (s. Abb. 31). Von den Gesprächspartnern wird dies als Störung im Gesprächsverlauf wahrgenommen und ein irritierender Moment entsteht. Gekreuzte Transaktionen können einen destruktiven bzw. konflikthaften Verlauf nehmen.
**Schülerin aus ER:** »Ben gibst du mir bitte den Stift wieder zurück, den ich dir ausgeliehen habe?«
**Schüler aus K:** »Ich von dir einen Stift ausgeliehen? Den habe ich nicht, lass mich in Ruhe.«

Oder:
**Lehrer aus EL:** »Hey, Jonas, kannst du mal endlich deinen Platz aufräumen, der sieht aus wie eine Müllhalde!«
**Schüler aus EL:** »Sie haben mir gar nichts zu sagen. Kümmern Sie sich um Ihren eigenen Platz.«

Diese Störung im Gespräch kann jedoch im pädagogischen Alltag auch konstruktiv genutzt werden, wie z. B. zum Ausstieg aus destruktiven oder konflikthaften Kommunikationsdynamiken (s. Abb. 32). Hierbei erfolgt die Reaktion vor allem aus dem Erwachsenen-Modus. Jedoch gibt es auch sogenannte paradoxe Interventionen, die, mit einer wertschätzen-

den Grundhaltung vermittelt, aus dem Eltern- oder Kind-Modus eine konstruktive Unterbrechung destruktiver Kommunikationsverläufe bieten.
**Lehrer aus EL:** »Sie haben die Noten immer noch nicht eingetragen!«
**Lehrerin aus ER:** »In der letzten Besprechung wurde meines Wissens gesagt, dass wir bis Mittwoch Zeit haben. Stimmt das nicht?«

Oder:
**Schüler aus K:** »Ich schaff das einfach nicht. Das bekomme ich nicht hin.«
**Lehrer aus ER:** »Du zweifelst im Moment an deinen Fähigkeiten. Ich kenne das gut und habe die Erfahrung bei mir und anderen gemacht, dass wir oft zu mehr in der Lage sind, als wir zunächst glauben. Was könnte dir jetzt konkret helfen einen nächsten konstruktiven Schritt zu machen?«

Oder:
**Schüler aus K:** »Ich habe sowas von keine Lust auf diesen Stoff. Das interessiert mich einfach nicht.«
**Lehrer aus ER:** »Ich nehme dich lustlos und frustriert wahr. Ich kann gut verstehen, dass der Inhalt für den einen oder die andere schwierig oder unattraktiv erscheinen mag. Was glaubst du, könnte der Nutzen für dich sein, sich dennoch dafür zu interessieren?«

*Verdeckte Transaktionen*
Bei einer verdeckten Transaktion werden zwei Kommunikationsebenen unterschieden. Eine offene soziale und eine verdeckte psychologische Ebene (s. Abb. 33). Diese Transaktionsart wird auch doppelbödig genannt. Entsprechend sind bei dieser Transaktionsart vier Ich-Zustände oder Modi beteiligt, wobei die Transaktionen sowohl parallel als auch gekreuzt ver-

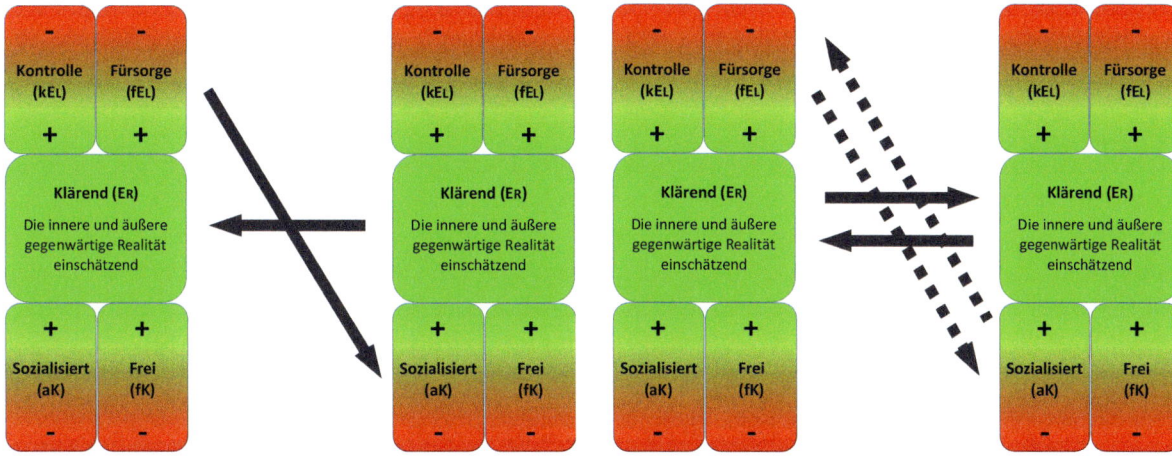

Abbildung 32: Beispiel – Gekreuzte Transaktion          Abbildung 33: Beispiel – Verdeckte Transaktion

laufen können. Im Alltag fällt eine verdeckte Transaktion dadurch auf, dass der Inhalt nicht mit der Art der Ausdrucksweise übereinstimmt. Verbal wird etwas anderes vermittelt als nonverbal wahrnehmbar ist, d. h., die offene Botschaft sagt etwas anderes aus als die verdeckte. Wie beim zweiten Axiom der Kommunikation nach Watzlawick (Watzlawick/Beavin/Jackson 1996, 53 ff.) wird der Kommunikationsverlauf vor allem von der verdeckten non-verbalen Ebene bestimmt. Diese Transaktionsart führt sehr häufig in konflikthafte Kommunikationsdynamiken.

*Offene soziale Ebene*
**Lehrerin aus ER:** »Franziska, wo hast du denn dein Lineal versteckt?«
**Schülerin aus ER:** »Ah, hier unter dem Buch!«

*Verdeckte psychologische Ebene*
**Lehrerin aus EL:** »Auf deiner Bank ist doch immer die gleiche Unordnung, das ist mir schon klar, dass du da nichts findest und auch nicht gut lernen kannst!«
**Schülerin aus K:** »Ich kenne meine Unordnung, ich gebe mir wirklich große Mühe, aber ich schaff es einfach nicht.«

Im schulischen Alltag erleben wir vielfach Kommunikationsmuster, die Lernen und Veränderung nicht fördern, sondern vielmehr blockieren. Wichtig ist aus unserer Sicht, zu erkennen, dass in den Kommunikationsverläufen Eltern-Ich-Modi und Kind-Ich-Modi eng miteinander verbunden sind. So haben z. B. Gesprächseinstiege aus dem Eltern-Ich-Modus, indem wir einen Schüler »von oben herab« maßregeln oder kritisieren, zur Folge, dass er fast zwangsläufig und musterhaft aus dem angepassten oder rebellischen Kind-Ich-Modus reagiert. Eine wirkliche gewünsch-

te Einsicht und Veränderung findet dabei nicht statt. Es ist wichtig, zu beachten, dass, wenn wir aus der inneren Haltung des destruktiven Eltern-Ich-Zustandes agieren, die entsprechende Reaktion analog aus dem destruktiven Kind-Ich-Zustand erfolgt. Daher ist es auch nicht verwunderlich, dass sich durch diese Art der Interventionen nichts verändert. Weder von uns als Erwachsene noch vom Schüler wird eine angemessene Verantwortung übernommen (s. Ausführungen zum Spielkonzept auf den nachfolgenden Seiten).

Wenn wir in unserem pädagogischen Handeln wirksam sein möchten, muss es uns gelingen, eine tiefgreifendere Veränderung bei unserem Gesprächspartner anzuregen. Antonio Damasio (1994) spricht vom »somatischen Marker«, der z. B. durch eine veränderte Mimik oder Gestik wahrnehmbar ist. Dies kann z. B. durch paradoxe Interventionen oder durch Interventionen aus dem Erwachsenen-Ich-Modus (z. B. Fragen ohne wertenden Unterton oder Sarkasmus) geschehen. Dadurch laden wir den Schüler dazu ein, angemessen Verantwortung zu übernehmen (s. Kap. 2.3). Allerdings müssen wir darauf achten, ob wir bei Fragen auch wirklich eine darauf bezogene Antwort erhalten. Je nachdem, wie sehr wir unseren Gesprächspartner durch unsere Intervention in seiner inneren Landkarte konfrontieren, besteht eine hohe Wahrscheinlichkeit, dass dieser unsere Frage »redefiniert«, d. h., nicht auf unsere Frage antwortet, um seinen Bezugsrahmen nicht zu destabilisieren. Es gehört ein wenig Fingerspitzengefühl dazu, das sich mit ein wenig Übung erreichen lässt, auf wertschätzende Weise hartnäckig zu bleiben und die Konfrontation angemessen zu dosieren: »Ich habe den Eindruck, noch keine Antwort auf meine Frage bekommen zu haben, daher stelle ich sie dir einfach nochmal …« Achten Sie doch einfach in den nächsten Gesprächen darauf, ob Sie wirklich eine

Antwort auf Ihre Fragen bekommen haben und wenn nicht, bleiben Sie wertschätzend am Thema.

Darüber hinaus ist zu betonen, dass auch Interventionen aus den elterlichen Modi wichtig und hilfreich sein können, z. B. wenn es darum geht, Grenzen zu setzen (strukturierender Modus) (Beispiel: »Mir ist es wichtig, dass ihr euch nicht verletzt und diese Gefahr sehe ich durchaus in eurem Tun. Ich möchte, dass ihr achtsamer miteinander umgeht oder ich erwarte, dass ihr aufhört.« Oder: »Mir ist es ein Anliegen, dass du in der Schule erfolgreich bist. Ich möchte bei unserem nächsten Gespräch von dir erfahren, was deine Ideen sind, deine aktuelle Situation zu verbessern«) oder zu ermutigen bzw. Anerkennung zu schenken (nährender Modus) (Beispiele: »Ich bin davon überzeugt, dass du das hinbekommst, wenn du bereit bist, deine Potentiale zu nutzten« oder: »Wenn ich wahr-

nehme, wie gut du die Herausforderung gemeistert hast, frage ich mich, wie du dies auch auf andere Bereiche übertragen könntest, um dort besser zu werden«). Letztlich geht es um eine größtmögliche Flexibilität, die wir uns in unserer Gesprächskompetenz aneignen sollten. Entsprechend sind auch Interventionen aus den konstruktiven kindlichen Modi durchaus hilfreich und wirksam, z. B. als paradoxe Intervention (Beispiel auf eine »Ja, aber«-Antwort meines Gesprächspartners: »Ich finde es interessant, zu beobachten, auf welche Weise es dir gelingt, nichts an deiner Unzufriedenheit zu ändern, indem du vermeidest, Ideen von anderen wirklich ernsthaft zu hören und zu prüfen.«).

Neben der Schulung unserer Gesprächskompetenz können im Vorfeld von herausfordernden Gesprächssituationen mit Schülern, Eltern oder Lehrkräften vier Aspekte berücksichtigt werden:

**! Impulse zur Gesprächsvorbereitung**

1. Zunächst ist es wichtig, sich darüber klar zu werden, was man überhaupt in diesem Gespräch erreichen möchte (Stichwort: realistisches positives Zielbild).
2. Die wertschätzende Bezugnahme zu meinem Gesprächspartner: Was sind die konstruktiven Aspekte seiner Sichtweise? Welche positive Absicht könnte er mit seinem Verhalten verfolgen? Was könnte für ihn ein lohnenswertes Ziel sein, das auch für mich attraktiv ist?
3. Die Beachtung der Rahmenbedingungen: zeitlicher Rahmen, Gesprächsort und Sitzposition, um ein Gespräch »auf Augenhöhe« zu ermöglichen.
4. Die Vorbereitung des Einstiegssatzes in dieses Gespräch, denn dieser hat einen weitreichenden Einfluss auf den Gesprächsverlauf. Er sollte dazu einladen, gemeinsam an einer Lösung zu arbeiten, ohne dabei mögliche kritische Aspekte zu verdrängen.

*Spielkonzept, Drama- und Gewinnerdynamiken*

Was wir an der Transaktionsanalyse neben ihrer Einfachheit und Wirksamkeit attraktiv finden, ist, dass ihre Modelle vernetzt sind und daher von ganz unterschiedlichen Themen wie Persönlichkeit (Strukturmodell und Skript), Verhalten und Kommunikation (Funktionsmodell und Transaktionen), Lernblockaden (Maschensystem) oder Konfliktdynamiken (Spielkonzept) ein Verständnis für die komplexen Zusammenhänge im pädagogischen Kontext gewinnen lassen. So zeigt das Strukturmodell der Ich-Zustände die innere Haltung und damit verbunden das Funktionsmodell mit den Ich-Modi die Kommunikationsweisen in Beziehung zum Gesprächspartner. Das Skriptmodell zeigt die individuellen biografisch geprägten Muster, die beim destruktiven Stresserlebnis mit dem Maschensystem beschrieben werden können. Sowohl die Ich-Zustände als auch die Ich-Modi finden sich im sog. Drama- und Gewinner-Dreieck wieder. Ein Modell,

das wir in Konfliktfällen als sehr hilfreich empfinden und das wir hier erfolgreich gemeinsam mit den Schülern zur Klärung und Entwicklung von Alternativen einsetzten. Das Spielkonzept beschreibt, was auf der Verhaltensebene geschieht, wenn Menschen destruktive Stressdynamiken erleben (s. Kap. 3.1.2, Abschnitt *Das Maschensystem*). Dabei nutzen wir dieses Modell nicht nur zur Analyse, sondern vermitteln es den Schülern in Klassen- oder Einzelsitzungen. Aus unserer bisherigen Erfahrung können Kinder und Jugendliche dieses Modell, entsprechend sprachlich angepasst (s. Abb. 35 und 37), schnell nachvollziehen und ihnen wird dadurch deutlich, welche Verhaltensweisen uns aus der konflikthaft-destruktiven Dynamik aussteigen lassen und welche nicht.

Diese von uns an Schulen immer wieder erlebten destruktiven, zeit- und energieraubenden Beziehungsmuster, innerhalb und außerhalb des Unterrichts, lassen sich mit dem **Spielkonzept** bzw. dem **Modell des**

*Drama-Dreieck*

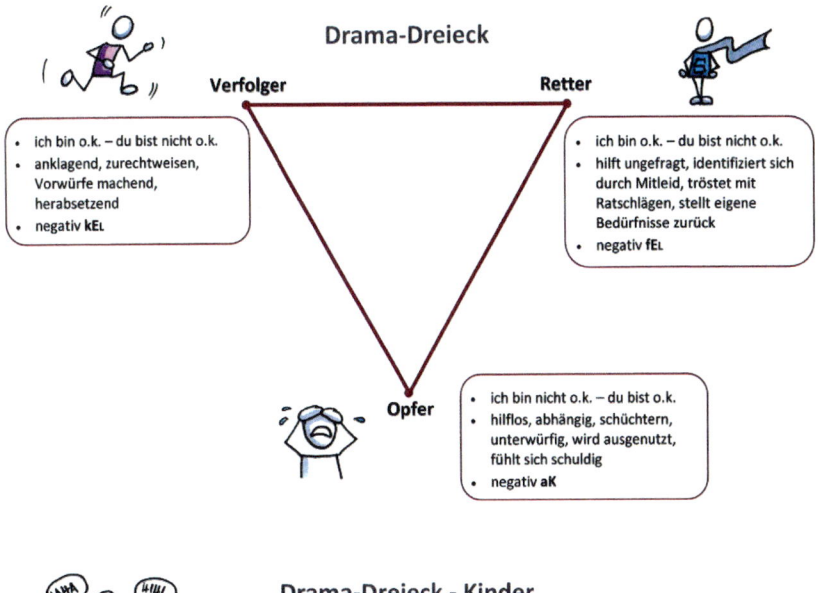

Abbildung 34: Drama-Dreieck

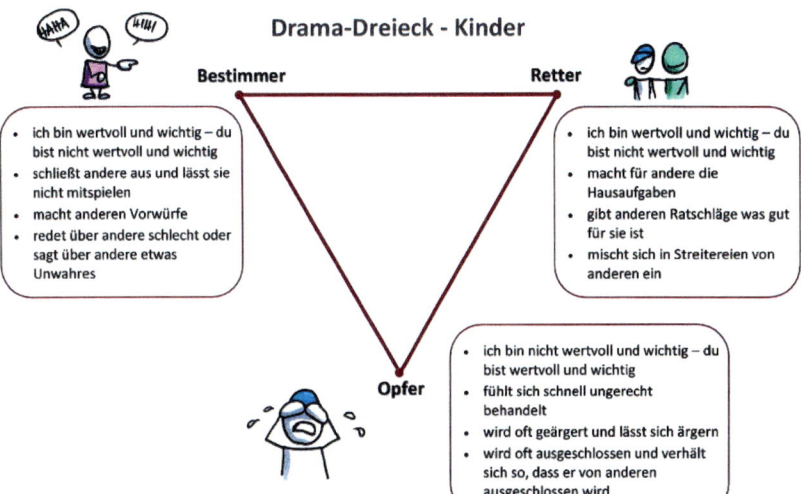

Abbildung 35: Drama-Dreieck
für Schüler

**Drama-Dreiecks** leicht nachvollziehbar beschreiben und analysieren. Dadurch wird ein besseres Verstehen dieser Dynamiken möglich und so die Grundlage zu einer Weiterentwicklung und Veränderung geschaffen. Unter einem psychologischen Spiel verstehen Transaktionsanalytiker eine vorhersagbare, aber unbewusste Abfolge von Transaktionen, denen ein verborgenes Motiv zugrunde liegt. Sie haben ein voraussehbares Ende, bei dem sich alle Beteiligten unwohl fühlen. Dabei werden verschiedene Intensitätsgrade unterschieden; und ihr zeitlicher Ablauf kann unterschiedlich lang sein, zum Teil über Jahre und Jahrzehnte andauern. Wichtig ist zudem, dass die Rollen nicht statisch besetzt sind, sondern höchst dynamisch oft hin und her wechseln. Letztlich endet die Dynamik aber mit unguten Gefühlen bei allen Beteiligten, ohne dass sich wirklich etwas verändert.

Diese Muster hemmen und blockieren Lernen und Entwicklung. Vor allem unter Stress greifen Menschen unbewusst auf »(überlebens-)bewährte« Denk- und Verhaltensmuster zurück, weil die möglichen Situationsauswirkungen dadurch erwartbarer und kalkulierbarer werden. Wie das Maschensystem die innere Dynamik beschreibt, so erklärt das Spielkonzept, was auf der sozialen Ebene stattfindet. Vor allem mit Hilfe des von Karpmann (Schlegel 1995, 147 f.) entwickelten Drama-Dreiecks lassen sich diese zwischenmenschlichen Beziehungs- und Kommunikationsmuster, auch gemeinsam mit den Schülern, analysieren und ergründen (s. Abb. 34 und 35).

In der Arbeit mit dem Drama-Dreieck versuchen wir immer wieder zu verdeutlichen, dass in konflikthaften Beziehungssituationen die Lösung nicht darin bestehen kann, von der Opfer-Rolle in die Verfolger- oder

Retter-Rolle zu wechseln, auch wenn sich dies kurzfristig durchaus »besser« anfühlt. Durch die Situationsdynamik in Konflikten, ist es letztlich nur eine Frage der Zeit, bis letztlich alle früher oder später immer wieder in der Opferposition landen. Für einen konstruktiven Umgang ist es wichtig, das zugrunde liegende Bedürfnis der jeweiligen Rollen anzuerkennen: Der **Verfolger** sieht Kritisches, hat aber nicht gelernt, dies konstruktiv zu vermitteln; der **Retter** will helfen, leistet aber keine Hilfe zur Selbsthilfe und missachtet den Ausgleich von Geben und Nehmen; das **Opfer** ist bedürftig, will aber die notwendige eigene Verantwortung nicht annehmen. Dieser Dynamik kann man zudem vorbeugen, indem man Aufgaben, Verantwortungen und Kompetenzen eindeutig definiert und z. B. durch Verträge festschreibt, d. h., klare Rahmenbedingungen für das Miteinander-Arbeiten, Miteinander-Umgehen und die Verteilung von Verantwortung schafft (vgl. Kap. 4.3.1).

---

## ! Übung Spiele 🖱

### Destruktive Gesprächs- und Beziehungsmuster (nach Gührs/Nowak 2003, 189 ff.)

Mit der folgenden Übung können Sie einem eigenen entwicklungshemmenden Beziehungs- und Kommunikationsmuster auf die Spur kommen und es analysieren.

1. Bearbeiten Sie dazu in Einzelarbeit oder mit Ihrem Lernpartner folgenden Fragebogen.
2. Was passiert Ihnen in von Ihnen als schwierig empfundenen Gesprächssituationen immer wieder, womit Sie unzufrieden sind?
3. Wie fängt es an?
4. Wie geht es weiter?
5. Wie endet es, und wie geht es Ihnen dann?
6. Wie, glauben Sie, geht es den anderen Beteiligten?
7. Was denken Sie dann
   - über sich selbst?
   - über die anderen Menschen?
   - über das Leben?

*Gewinner-Dreieck*

Für die Entwicklung von Alternativen im Denken, Fühlen und Verhalten hat sich der Einsatz des »Gewinner-Dreiecks« bewährt (Marker 2004, 16) (s. Abb. 36 und 37). Mit Hilfe dieses Modells können Lehrkräfte gemeinsam mit den Schülern akute Beziehungskrisen und -konflikte angehen und einer Lösung zuführen. Dadurch laden sie langfristig alle am Lehr-Lernprozess Beteiligten zu einer authentischen Auseinandersetzung zugunsten einer Beziehungsgestaltung ein, die von Offenheit und Echtheit geprägt ist.

Indem wir in Gesprächen immer wieder das Ziel im Auge behalten und uns in unseren Gesprächsbeiträgen nur auf dieses konzentrieren, d. h., den anderen notfalls auch wieder wertschätzend zum Thema zurückführen, laden wir unseren Gesprächspartner ein, mit den Rollen des Gewinner-Dreiecks (s. Abb. 36 und 37) zu kommunizieren. Nachfolgend sind in Anlehnung an Gührs und Nowak (1998) einige kommunikative Möglichkeiten des Ausstiegs aus den destruktiven Dynamiken des Drama-Dreieck aufgeführt.

Darüber hinaus benötigen Verhaltensänderungen Zeit (vgl. Menschliches Verhalten basiert auf Mustern, s. Kap. 3.1.1; Lebensskript, s. Kap. 3.1.2 und Vier Stufen des Lernens, s. Kap. 2.2). Es reicht daher i. d. R. nicht aus, auf der Grundlage eines Gesprächs zu erwarten, dass die gewünschte Veränderung sich im Anschluss umgehend einstellt. Zum einen ist es notwendig, konkrete Veränderungsvorhaben zu vereinbaren, die überprüfbar sind. Zum anderen sollten diese durch weitere Gespräche, die idealerweise im ersten Austausch bereits vereinbart werden sollten (»Lass uns doch in drei Wochen nochmals drauf schauen, wie es dir gelungen ist, die heute getroffenen Abmachungen einzuhalten«), begleitet werden. Diese Transfergespräche bieten zudem die gute Gelegenheit, Entwicklungsschritte mit positivem Feedback zu stärken.

*Spielausstiege (nach Gührs/Nowak 1998, 139 ff.)*

Die im Folgenden aufgeführten Beispiele stellen Anregungen für den eigenen Auseinandersetzungsprozess zur Findung von geeigneten und angemessenen Gesprächsmöglichkeiten zur Einladung in eine entwicklungsförderliche Beziehungsdynamik (Gewinner-Dreieck) dar. Sie sind keine Patentlösungen! Wichtig und notwendig sind Stimmigkeit bzw. Authentizität zur Person und Situation. Nicht alle Varianten eig-

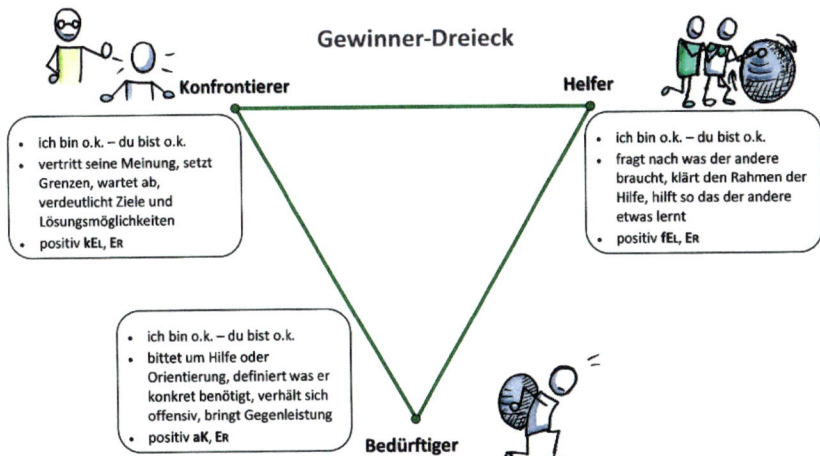

**Gewinner-Dreieck**

**Konfrontierer**
- ich bin o.k. – du bist o.k.
- vertritt seine Meinung, setzt Grenzen, wartet ab, verdeutlicht Ziele und Lösungsmöglichkeiten
- positiv kEL, ER

**Helfer**
- ich bin o.k. – du bist o.k.
- fragt nach was der andere braucht, klärt den Rahmen der Hilfe, hilft so das der andere etwas lernt
- positiv fEL, ER

**Bedürftiger**
- ich bin o.k. – du bist o.k.
- bittet um Hilfe oder Orientierung, definiert was er konkret benötigt, verhält sich offensiv, bringt Gegenleistung
- positiv aK, ER

Abbildung 36: Gewinner-Dreieck

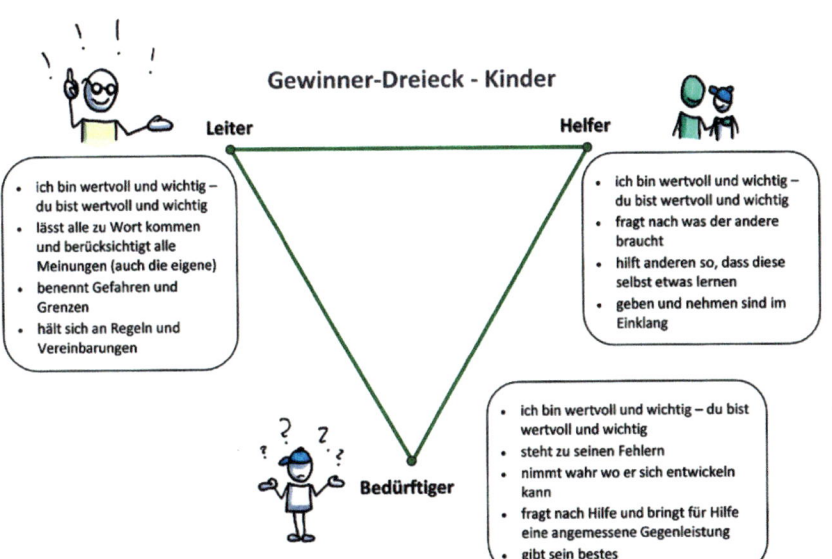

**Gewinner-Dreieck - Kinder**

**Leiter**
- ich bin wertvoll und wichtig – du bist wertvoll und wichtig
- lässt alle zu Wort kommen und berücksichtigt alle Meinungen (auch die eigene)
- benennt Gefahren und Grenzen
- hält sich an Regeln und Vereinbarungen

**Helfer**
- ich bin wertvoll und wichtig – du bist wertvoll und wichtig
- fragt nach was der andere braucht
- hilft anderen so, dass diese selbst etwas lernen
- geben und nehmen sind im Einklang

**Bedürftiger**
- ich bin wertvoll und wichtig – du bist wertvoll und wichtig
- steht zu seinen Fehlern
- nimmt wahr wo er sich entwickeln kann
- fragt nach Hilfe und bringt für Hilfe eine angemessene Gegenleistung
- gibt sein bestes

Abbildung 37: Gewinner-Dreieck für Schüler

nen sich für jede Situation und passen für jede Person. Die innere Haltung ist entscheidend! Lassen Sie sich nicht durch erste mögliche Misserfolge entmutigen und denken Sie an die »Vier Stufen des Lernens« (vgl. Kap. 2.2). Veränderungen brauchen ihre Zeit; und nicht an jedem Tag und gegenüber jedem Gesprächspartner fällt es uns leicht, Alternativen zu finden. Bereiten Sie sich vor! Es wäre vermessen, zu glauben, Ihnen fällt in der für Sie herausfordernden Situation gleich die gelingende Gesprächsvariante in Wort und Haltung ein. Auch bei Ihnen feuert die Amygdala bei Ärger oder Angst (s. Kap. 2.2 und 3.1.2) und es braucht viel Geduld wie auch wertschätzende Selbst- und Fremdakzeptanz. Zudem mag es sein, dass es Ihnen trotz aller erfolgsversprechenden Vorbereitung und konstruktiven Botschaften nicht gelingt, Ihre Gesprächspartner in eine entwicklungsförderliche Dynamik einzuladen.

– **Eine unerwartete Antwort geben**
Wenn jemand z. B. immer wieder nur über Schüler oder Eltern schimpft (damit möchte uns der Gesprächspartner unbewusst in ein sog. »Gerichtssaal-Spiel« einladen) oder sich aufregt, dass heute keiner mehr Leistung zeigt, könnte die Antwort lauten: »Wenn ich mir das so überlege, sind die ja irgendwie auch ziemlich schlau, wenn die es sich so einfach machen.«

– **Das Gespräch mit dem Er-Ich strukturieren**
W-Fragen ohne wertenden Unterton: »Wir haben jetzt viele Aspekte besprochen. Welche Möglichkeiten kannst du für dich nun konkret durchführen?« oder: »Was genau könnten nun deine nächsten Schritte sein?«

– **Gefühle, Bedürfnisse und Wünsche direkt ausdrücken, statt sie manipulativ zu verwenden**
Als Reaktion auf ein »Ja, aber …«-Spiel: »Du hast

mich um Hilfe gebeten und meine Vorschläge, die ich dir unterbreite, hast du bislang alle abgelehnt, ohne zu prüfen, ob sie dir nicht doch weiterhelfen. Das finde ich schade und ich merke, dass mich das auch ärgert. Was konkret brauchst du im Moment von mir?«

– **Fragen, welche Erwartungen der andere an uns hat, statt einfach zu reagieren**

»Was kann ich jetzt für dich tun?« oder: »Was erwartest du jetzt von mir?«

– **Mit dem Er-Ich auf die soziale (offene) Ebene eingehen und die verdeckte bewusst überhören**

»Was weißt du über die Hintergründe?« oder: »Nach meinen Informationen haben wir konkrete Maßnahmen vereinbart und bereits umgesetzt. Wie ist Ihr Informationsstand?«

– **Die psychologische Ebene wahrnehmen und thematisieren**

»Ich frage mich gerade, ob Sie mir die Schuld für das schlechte Abschneiden Ihres Kindes zuschreiben wollen.« oder: »Ich habe den Eindruck, dass ich ganz viele Ideen einbringe und Sie gar keine hören wollen.«

– **Auf die Metaebene und zum systemischen Perspektivwechsel einladen**

»Wie haben Sie bislang unser Gespräch erlebt?« oder: »Wie glauben Sie, wie ich das Gespräch bislang erlebt habe?« oder: »Wie würdest du an meiner Stelle handeln oder entscheiden?« oder: »Wie glaubst du, wie würden deine Klassenkameraden unser Gespräch bewerten?«

– **Zum Perspektivwechsel für die potenziell Betroffenen einladen**

»Was glaubst du, welche Auswirkungen hat dein Anliegen für die Klasse bzw. deine Mitschüler?«

Durch die Entwicklung hilfreicher Alternativen können die von den Konfliktbeteiligten häufig als unangenehm empfundenen Gefühlszustände (hilflos, ausgenützt, unterwürfig) überwunden werden. Stattdessen können die Beteiligten lernen, angemessen Verantwortung für ihr eigenes Denken, Fühlen und Verhalten zu übernehmen und das Opfer-Dilemma überwinden, indem gemeinsam Lösungen gesucht werden, von denen alle profitieren. Auch in Verbindung mit verschiedenen Methoden/Übungen, z.B. mit dem Klassenrat (s. Kap. 4.1), können Schüler lernen, zunehmend besser ihre Meinung zu vertreten ohne andere zu verletzten.

---

## Das Wichtigste

✓ Unsere Beziehungserfahrungen prägen die Entfaltung unserer Persönlichkeit und die Befriedigung unserer Beziehungsbedürfnisse beeinflusst in grundlegender Weise Lern- und Entwicklungsprozesse.

✓ Die Beziehungsbedürfnisse nach Erskine (2008) sind wichtige Orientierungspunkte pädagogischer Arbeit und bieten die Möglichkeit, pädagogische Interventionen so zu gestalten, dass sie gelingendes Lernen ermöglichen.

✓ Die Gesprächsführung ist ein zentrales Element pädagogischen Handelns und daher ist das Verständnis zwischenmenschlicher Kommunikation eine wichtige Grundlage pädagogischer Professionalität.

✓ Gerade das Verstehen von destruktiven Beziehungsmustern ist hilfreich, um Lern-, Entwicklungs- und Veränderungsprozesse gelingend zu begleiten und hilfreiche Interventionen anzuwenden.

---

### 3.3 Dritter Fokus – Wir: Gruppenentwicklung und -dynamik

*»Um ein Kind zu erziehen,*
*braucht es ein ganzes Dorf.«*[8]
Nigerianisches Sprichwort

Neben dem Wissen über den Aufbau der menschlichen Persönlichkeit und der Dynamiken zwischenmenschlicher Kommunikation gehören auch Kenntnisse über Dynamiken von Gruppenprozessen zu den zentralen Aspekten beim Einsatz handlungsorientierter Methoden, aber auch zur erfolgreichen Gestaltung von Lernprozessen. Viel zu wenig wird nach unserer Ansicht in der Schule darauf geachtet, dass die Kinder und Jugendlichen in ihren Klassen zu einer wirklichen Gruppe zusammenfinden. Gerade diesbezüglich bietet sich der Einsatz handlungsorientierter Übungen an, die der einzelnen Klasse helfen, verbunden mit entsprechendem Austausch, Reflexion und Transfer

(s. Kap. 4.2) diesen Prozess erfolgreich zu bewältigen und die kritischen Phasen der Gruppenfindung zu meistern. Dies ist vor allem vor dem Hintergrund bedeutsam, dass Schulklassen keine freiwillig zusammengesetzten Gruppen darstellen und daher Störungen, Widerstände und letztlich auch Konflikte umso wahrscheinlicher stattfinden können.

Gruppen haben für uns Menschen eine überlebenswichtige Bedeutung, denn ohne sie hätten wir in unserer gattungsgeschichtlichen Entwicklung nicht überlebt. Auch heute noch bestimmen sie unsere Zufriedenheit und unsere Gesundheit maßgeblich mit. Dabei ist das Verhältnis des Einzelnen zur Gruppe durchaus ambivalent. Zum einen ermöglicht die Kooperation in Gruppen die Umsetzung von Vorhaben, die ein einzelner Mensch nicht leisten könnte. Zum anderen sind mit der Zugehörigkeit zu Gruppen auch Ängste und Konfliktpotenziale verbunden. Gruppen unterstützen uns und fordern uns zugleich heraus. So hat jeder Mensch Bedürfnisse, die er in Gruppen befriedigt haben möchte, um darin kooperations- und arbeitsfähig zu sein. Zudem durchlaufen Gruppen bestimmte Phasen, in denen Menschen sich als Individuum zu einer Gruppe zusammenfinden und diese lassen sich aktiv (mit-)gestalten. Auch weil Schulklassen sich nicht freiwillig als Gruppe zusammenfinden, ist es für Lehrer wichtig, diese Gruppenprozesse zu kennen und Möglichkeiten der konstruktiven Gestaltung der Gruppenkultur zu nutzen.

### 3.3.1 Wie die Gruppe laufen lernt: Methodische und didaktische Überlegungen der Themenzentrierten Interaktion (TZI) zur Arbeit mit Gruppen

*»Lebendiges Lernen heißt: zu leben, während ich lerne.«*[9]
Ruth Cohn

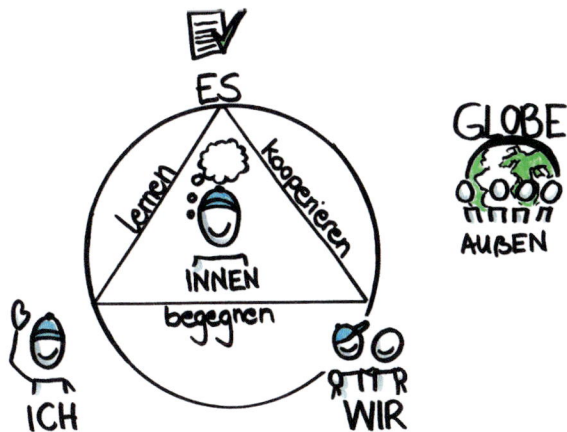

Abbildung 38: Vier-Faktoren-Modell der TZI

Bei der Themenzentrierten Interaktion (TZI) handelt es sich um ein ganzheitliches Konzept, das unter anderem hilft, Gruppen zu moderieren und zu leiten.

*Das Modell wurde von Ruth C. Cohn begründet, die 1912 in Berlin geboren wurde. Sie flüchtete als Jüdin 1933 vor dem Naziregime nach Zürich und emigrierte 1941 in die USA, wo sie als Psychoanalytikerin tätig war (Greving 2009; Spielmann 2009, 15 ff.*

Neben Anregungen und Orientierung auf didaktisch-methodischer Ebene zur Unterrichtsgestaltung bietet es Hilfen zur Gestaltung von Entwicklungs- und Veränderungsprozessen von Gruppen und Organisationen. Die prominenteste Darstellungsform der TZI stellt das 4-Faktoren-Modell dar (s. Abb. 38), was auch als Strukturmodell bezeichnet wird, das die dynamische Wechselbeziehung zwischen Individuum (z. B. Schüler und Lehrkraft) (ICH), den interaktionellen Geschehen zwischen diesen (z. B. Beziehungen und Dynamiken in Schulklassen oder im Kollegium) (WIR), der Aufgabe bzw. dem Sachanliegen (z. B. Unterrichts- und Lehrstoff) (ES) und dem diesen Faktoren umgebenden Umfeld (z. B. Schule und Bildungssystem, aber auch Curricula) (GLOBE) beschreibt. Die vier Faktoren sind gleichwertig, aber nicht in allen Situationen gleich bedeutsam. Wichtig ist durch die Vorstellung einer dynamischen Balance, dass die Förderung von Mitverantwortung und Entwicklung fokussiert, ein ausgeglichenes Verhältnis der Faktoren zueinander bewusst herzustellen. Mit dem Begriff des »Lebendigen Lernens« verbindet sich ein didaktisches Konzept, das folgende Merkmale besitzt (Stollberg/Schneider-Landolf 2009, 152 f.):

**Lebendiges Lernen basiert auf dem grundlegenden Vertrauen in die Lernbereitschaft des Menschen:**
»Wenn man Menschen lernen lässt, was sie interessiert, lernen sie von selbst.« (Stollberg/Schneider-Landolf 2009, 152)
**Lebendiges Lernen zielt auf selbstbestimmtes und eigenverantwortliches Lernen:**
Ausgehend von konkreten Lernanliegen sollte Lernen in Verbindung mit der aktuellen Lebenssituation stehen.
**Lebendiges Lernen ist erfahrungsorientiert:**
Erfahrungsorientierung in Lernprozessen kann sich in Bezug auf das Hier und Jetzt oder auf eine erfahrene, lebenspraktische Situation äußern.
**Lebendiges Lernen ist handlungsorientiert:**
Handlungsorientierung in Lernprozessen geschieht entweder durch Aufgreifen von Aufgaben aus dem

Alltag, dem Ausprobieren von Handlungsmöglichkeiten oder dem Üben und Experimentieren in der Lernsituation.

**Lebendiges Lernen nutzt die Gruppe als Lernquelle:** Notwendig und unterstützend für das Lernen sind Begegnung und Interaktion in unterschiedlichen Sozialformen. »In der Spannung zwischen Autonomie und Abhängigkeit wird durch die anderen die eigene Sichtweise unterstützt oder infrage gestellt, gefestigt oder verändert.« (Stollberg/Schneider-Landolf 2009, 152)

**Lebendiges Lernen ist emanzipatorisch:** In Lernprozessen ist darauf zu achten, die Eigenverantwortung des Lernenden für den Lernprozess zu fördern und die Abhängigkeit von der Lehrperson zugunsten der Themenzentrierung abzubauen.

**Die Lehrperson ist Fachexperte und zugleich Gruppenleitung:** Als Fachexperte lehrt sie, und als Gruppenleitung nimmt sie Einfluss auf den Gruppen- und Lernprozess.

**Lebendiges Lernen besteht aus Planung und Prozess:** Planung und Prozess stehen in einem positiven Spannungsverhältnis. Dabei wird eine bestehende Planung stets dem Prozess angepasst. Entsprechend ist Lebendiges Lernen nur partiell vorhersagbar.

**Lehrende sind immer auch Lernende:** Änderung und Variation sind feste Bestandteile lebendigen Lernens.

Wir finden den Ansatz des lebendigen Lernens als didaktisches Konzept für unsere pädagogische Arbeit bereichernd, weil er mit einer Haltung verbunden ist, die den bereits zuvor von uns benannten Aspekten zum Menschenbild und zur inneren Haltung entspricht (s. Kap. 3.1.1). Zudem ist er ganzheitlich, weil er Intellekt, Emotionalität und Körper, Denken, Fühlen und Handeln berücksichtigt und daher auch den zuvor beschriebenen Vorstellungen zum menschlichen Lernen entspricht (s. Kap. 2.2).

»Lebendiges-Miteinander-Lernen« ist emotionales oder soziales Lernen, mit den Zielen: Ich-Kompetenz, emotionale Kompetenz und Sozialkompetenz (Stollberg/Schneider-Landolf 2009, 148). Dabei wird ein zentraler Aspekt menschlichen Lernens deutlich: die Bedeutung der Begegnung und der Beziehung (Löhmer/Standhardt 1995, 15). Cohn (1989, 16) selbst drückt es so aus: »Etwas aus der Begegnung mit Dir zu lernen bedeutet, etwas von Dir in mir zu behalten [...] stellen wir uns zum Beispiel vor: Wir schauen beide einem Maler zu, der ein Bild malt. Dann sind mindestens drei Vorstellungen von diesem Bild im Raum: die des Malers, Deine und meine. Der Austausch unserer Eindrücke vergrößert unser aller Drei Wissen über uns als Person und über das Bild.«

In der TZI wird anhand von drei Axiomen das Verständnis von gelingenden Lern- und Entwicklungsprozessen deutlich. Neben Bezogenheit (1. Axiom), Wachstum und Entscheidung in Verantwortung (2. Axiom) besteht die Annahme, dass Lernen, Entwicklung und Veränderung innerhalb von bedingenden Grenzen möglich ist und diese Bedingungen ggf. modifiziert werden müssen (3. Axiom) (Cohn/Farau 1984, 357–359). Die Axiome verdeutlichen, dass es in diesen Prozessen darum geht, zwischen den autonomen und allbezogenen Anteilen (1. Axiom), zwischen dem Leben allgemein und Wertbezogenheit bzw. Humanem (2. Axiom) sowie zwischen freier Entscheidung und der Akzeptanz der Realität (3. Axiom) immer wieder ein angemessen ausbalanciertes Verhältnis herzustellen (vgl. Reiser/Lotz 1995, 16 ff.)

Darüber hinaus verdeutlicht die TZI mit dem *Chairperson-Postulat,* dass es für erfolgreiche Lernprozesse wichtig ist, dass die Beteiligten angemessen Verantwortung für sich selbst übernehmen und diese bei anderen fördern und einfordern. Es basiert auf der Annahme, dass der Mensch grundsätzlich dazu fähig ist, sich selbst zu leiten, für eigene Interessen und das persönliche Wohlergehen Verantwortung zu übernehmen und dabei gleichzeitig die Bedürfnisse anderer sowie die äußeren Gegebenheiten im Blick zu haben (Röhling 2009, 95 ff.). Mit dem *Störungspostulat* werden wir eingeladen, Hindernisse und Widerstände als wichtige Elemente im Entwicklungs- und Lernprozess anzusehen. Dadurch wird deutlich, dass die Arbeitsfähigkeit von Gruppen nicht etwas von vornherein Gegebenes darstellt, sondern immer wieder aktiv hergestellt und gestaltet werden muss (Hoffmann 2009, 101 ff).

Mit den beiden Postulaten werden die Lernenden grundlegend zur Mitgestaltung ihres Lernprozesses und damit auch zur Mitverantwortung für diesen Prozess aufgerufen (Stollberg/Schneider-Landolf 2009, 151).

### TZI als Planungshilfe – Leitfragen zur Reflexion von Gruppensituationen und -prozessen

Neben der Möglichkeit der fortlaufenden situativen Reflexion des Prozessverlaufs im Hinblick auf die dynamische Balance der vier Faktoren (Ich, Wir, Es und Globe) nutzen wir die TZI als Planungshilfe. Die notwendige Entscheidung bei der Planung mit dem 4-Faktoren-Modell lautet: Welchem Faktor geben wir unter Beachtung der Ausgewogenheit zu welchem Zeitpunkt welche Gewichtung? Folgende Leitfragen unterstützen uns in diesem Prozess:

**Impulse zum Faktor GLOBE – Umwelt, Rahmenbedingungen, Werte und Normen**
- Welche Rahmenbedingungen bestimmen das Handeln in der Klasse? (Ressourcen, Raum …)
- Welche Verantwortung hat die Klasse bzw. die Schule gegenüber den Rahmenbedingungen und Ressourcen?
- Welche Anforderungen von der Außen- und Umwelt gilt es zu berücksichtigen (Lehrpläne, Vorgaben des Ministeriums …)?
- Was braucht es, um erfolgreich zu sein?
- Was unterscheidet aus meiner Sicht die Klasse bzw. die Schule von anderen?
- Wie wird die Klasse bzw. die Schule von außen wahrgenommen?

**Impulse zum Faktor ES – Tätigkeit**
- Was ist mein (pädagogischer) Auftrag?
- Was ist mein Ziel? Was sind die Ziele der Schüler, Eltern, der Lehrkräfte? Was sind unsere gemeinsamen Ziele?
- Welche Anforderungen müssen bei der Aufgabenstellung berücksichtigt werden (Lehrplan, Eltern, Leitbild der Schule …)?
- Habe ich bzw. haben wir die richtigen Kompetenzen, um die Aufgaben erfolgreich zu bewältigen?
- Habe ich bzw. haben wir das Gefühl, dass wir das tun, was wir am besten können?
- Was könnte oder sollte aus meiner bzw. unserer Sicht verändert werden?

**Impulse zum Faktor ICH – Person**
- Welche Erwartungen, Bedürfnisse und Ziele haben ich und die einzelnen Klassen- oder Kollegiumsmitglieder?
- Was sind individuelle Kompetenzen und Entwicklungsfelder?
- Wie lauten die individuellen Ziele in der Klasse bzw. dem Kollegium und wie können uns die Schule und die leitenden Gremien bei der Verwirklichung unterstützen?
- Wie hoch ist die Motivation oder Arbeitszufriedenheit der einzelnen Klassen- und Kollegiumsmitglieder auf einer Skala von 1 bis 10? Was könnten Faktoren und Aspekte sein, die diesen Wert erhöhen?
- Was glaube ich, reizt bzw. könnte die einzelnen Klassen- und Kollegiumsmitglieder daran reizen, gerade hier zu lernen bzw. zu arbeiten?
- Welche Impulse oder Anregungen könnten Anreiz für die Entwicklung jedes Einzelnen sein?
- Wie kann jeder seine private und berufliche Rolle zufrieden leben?

**Impulse zum Faktor WIR – soziales Gefüge**
- Welche Bilder oder Metaphern fallen mir für das Klima und den Umgang in der Klasse bzw. im Kollegium oder in der Schule ein?
- Wie verändert sich dieses Bild, wenn alle Potenziale und Stärken optimal genutzt werden?
- Wie gestalten sich die Beziehungen und die Kooperationen in der Klasse bzw. im Kollegium oder in der Schule? Und wo liegen noch ungenutzte Potenziale?
- Wie geht die Klasse, das Kollegium oder die Schule mit Störungen und herausfordernden Situationen um? (Bezogen auf Kultur, Normen, Werte, Beziehungen …)
- Wie schätze ich die Stimmung auf einer Skala von 1 bis 10 in der Klasse, im Kollegium oder in der Schule ein?

Darüber hinaus spielen die Verbindungen zwischen den einzelnen Faktoren (sog. Achsen) eine wichtige Rolle. Auch hierzu einige Anregungen zur Auseinandersetzung.

**Impulse zur Achse GLOBE – DREIECK:**
**Verantwortung**
- Welche Bewertungsprozesse und -kriterien nutzen wir?
- Wie beeinflusst der Globe alle anderen Faktoren?
- Welche Gestaltungsspielräume gibt es und wie lassen sich diese nutzen?

### Impulse zur Achse ES – Wir: Kooperation

- Welche Kooperationen sind notwendig in der Klasse bzw. im Kollegium, um die Aufgabenstellung zu bewältigen?
- Wie gestalten sich die Qualität und das Ausmaß der Kooperation?
- Wer trägt für das Ergebnis die Verantwortung?

### Impulse zur Achse ES – ICH: Entwicklung/Veränderung

- Welche Kompetenzen, Fähigkeiten und Ressourcen sind beim Einzelnen bezogen auf die Anforderungen der Aufgabe vorhanden? Inwieweit werden diese bereits genutzt?
- Was sind die Lernfelder und Entwicklungsnotwendigkeiten des Einzelnen bezogen auf die Aufgabenstellung?
- Welche Chancen und Risiken sind damit verbunden?
- Was braucht es, um Entwicklung bzw. Veränderung zu ermöglichen?

### Impulse zur Achse ICH – WIR: Begegnung

- Was ist das aktuelle Maß an Vertrautheit in der Klasse bzw. dem Kollegium und was ist notwendig, um ein angemessenes »Wir-Gefühl« in der Klasse bzw. dem Kollegium zu entwickeln?
- Wie gehen die einzelnen Mitglieder der Klasse bzw. des Kollegiums miteinander um?
- Wie gestalten sich aktuell die Kommunikationsstrukturen und deren Qualität in der Klasse bzw. dem Kollegium?
- Was sind Möglichkeiten, Begegnung zwischen den einzelnen Mitgliedern der Klasse bzw. des Kollegiums zu ermöglichen?

### 3.3.2 Grundbedürfnisse in Gruppen

In der TZI werden zudem Grundbedürfnisse beschrieben, die Menschen in Gruppen erfüllt haben möchten, damit sie ihre Potenziale und Kompetenzen voll und ganz zur Geltung bringen können (vgl. Klein 2012, 11 ff.). Für unsere pädagogische Arbeit ist neben der Berücksichtigung der zuvor beschriebenen Beziehungsbedürfnisse die Beachtung der Grundbedürfnisse in Gruppen vor allem für die Gestaltung und Durchführung von Gruppenprozessen, z. B. in handlungsorientierten Übungen, wichtig. Dadurch helfen wir den Gruppen und Klassen, ihre Arbeitsfähigkeit herzustellen und zu erhalten.

*Bedürfnis nach Sicherheit*

Um dieses Bedürfnis zu stillen, ist es hilfreich, die Regeln, Normen und das akzeptierte Verhalten in einer Gruppe zu kennen. Hierzu sollten die Erwartungen der Gruppenmitglieder offengelegt und ein gemeinsames Verständnis geschaffen werden, damit jedes Gruppenmitglied sich klar orientieren kann. Als Methode bietet sich hier die Vertragsarbeit der Transaktionsanalyse an (s. Kap. 4.3.1).

*Bedürfnis nach Zugehörigkeit*

Dieses Bedürfnis wird dadurch befriedigt, indem ich von den anderen Gruppenmitgliedern akzeptiert und gemocht werde. Jeder möchte in seiner Art der Weltsicht, in seinem Denken, Fühlen und Verhalten

für die anderen bedeutsam sein. Nach Hüther (2007) ist das Gefühl des Aufgehobenseins in Gemeinschaften bedeutsam für ein gesundes Leben und Lernen (s. Kap. 2.2). Durch das Wissen über die verschiedenen Phasen der Gruppenentwicklung und deren Beachtung können wir durch die Dynamik der Gruppenfindung sowie durch die Auswahl und Gestaltung entsprechender Kooperationsaufgaben (s. Kap. 4.3; dem Moorhuhnspiel oder dem Team²) dahingehend Impulse setzen, dass jedes Gruppenmitglied seinen Platz in der Gruppe finden kann.

*Bedürfnis nach Anerkennung*

Unser Leben ist ganz entscheidend von dem Bedürfnis nach Anerkennung bestimmt. Dies wird z. B. von Berne (2006) mit dem Strokekonzept verdeutlicht.

*Mit der Vorstellung von Strokes beschreibt Berne (2006) das existenzielle Bedürfnis des Menschen nach Anerkennung und Beachtung. Er unterscheidet negative von positiven Strokes sowie personenbezogene (unbedingte) von verhaltensbezogenen (bedingte) Strokes.*

Zur Bedürfniserfüllung müssen wir in einer Gruppe Wirkung erzielen können und bedeutungsvoll sein, wir müssen Einfluss haben und eine positive Rückmeldung (Feedback) bekommen (s. Kap. 4.1, Abschnitt *Gegenseitiges Feedback* und 4.2.2; Erlaubnisse oder Klassengesamtauswertung).

### 3.3.3 Gruppenstruktur und Führerschaft, Gruppentheorie nach Berne

Als Pädagogen ist es bedeutsam, zu wissen, dass sich Gruppen bilden, um bestimmte Aufgaben zu erfüllen und dass sie alles tun, um die hierzu dienliche Aktivität aufrechtzuerhalten. Wenn die Gruppe ihre Aktivität nicht mehr erfüllen kann, ist ihre Existenz infrage gestellt. Aus der Transaktionsanalyse ist ein einfaches Gruppenmodell bekannt, das uns dabei hilft, in unserer Arbeit auf Faktoren zu achten, die die Herstellung und Erhaltung der Arbeitsfähigkeit unterstützten. Nach Berne besitzt jede Gruppe eine Minimalstruktur, die sich vor allem durch zwei Hauptgrenzlinien beschreiben lässt (s. Abb. 39).

*Berne benennt in seinem Gruppenmodell auch sog. »Nebengrenzlinien«, die aus Gründen der Übersichtlichkeit hier nicht beschrieben werden.*

**Äußere Hauptgrenze**: Thema Zugehörigkeit (Umgebung – Gruppe)
**Innere Hauptgrenze**: Thema Führerschaft (Gruppenmitglieder – Führungsbereich)

Diese beiden Strukturelemente beachten wir bei der Planung und Gestaltung von Gruppenprozessen und sie sind zudem bei der Analyse von Störungen und Konflikten hilfreich. Sie machen deutlich, dass solange nicht klar ist, wer einerseits zur Gruppe gehört und was die von allen akzeptierten Regeln bzw. Normen sind, und andererseits wer die Gruppe in der jeweiligen Aufgabensituation leitet, die Gruppe nicht fähig ist, die an sie gestellten Aufgaben bestmöglich zu meistern. Stattdessen wird die Gruppenaktivität auf die Fragen »Wer gehört zu uns und verhält sich entsprechend unserer Gruppenkultur?« und/oder »Wer hat hier wem was zu sagen?« fokussiert.

Eine zentrale Aufgabe von Führung ist die Aufrechterhaltung der Gruppenaktivität. Darüber hinaus ist sie für die Schaffung klarer Strukturen verantwortlich, um den Gruppenmitgliedern Halt und Orientierung zu geben und den Vertrauensaufbau innerhalb der Gruppe zu fördern, z.B. indem Gruppenregeln und -kultur mit den entsprechenden Verhaltensweisen offen und gemeinsam geklärt werden. Es ist wichtig, dass die Führung für die Gruppenmitglieder klar wahrnehmbar ist. Dabei muss sich der Führungsstil an der jeweiligen Gruppenaktivität ausrichten und dieser angemessen sein. Führung benötigt immer Autorität, die nicht mit »autoritär sein« zu verwechseln ist. Konflikte oder Störungen an der inneren Hauptentwicklungslinie sind auf Seiten der Leitung häufig Kohäsion (Macht bzw. Unterdrückung) und auf der der Mitglieder Agitation (Regelverstöße). Bei Konflikten oder Störungen an der äußeren Hauptentwicklungslinie, z.B. durch einen Angriff oder eine Konfrontation von außen, wird zugleich immer auch die Führerschaft herausgefordert.

Für Berne ist es eine Illusion, dass eine Gruppe ohne Leitung oder Führung auskommt. Ab einer Personenzahl von drei bis vier Personen entsteht fast zwangsläufig die Frage, wer die Gruppe leitet und führt. Es ist daher vielmehr ein Naturgesetz von Gruppen, dass es einen Führungsbereich gibt. Jedoch ist die Art und Weise des Umgangs mit der Übernahme und dem Abgeben von Führung verschieden und kulturabhängig. Zum Beispiel zeigen die Aborigines, dass Führerschaft kenntnis- oder aufgabenbezogen wechseln kann und nicht, wie es in unserem Kulturkreis vielfach immer noch üblich ist, dass die Führungsrolle dauerhaft von einer Person besetzt wird. Gerade vor dem Hintergrund der aktuellen komplexeren Herausforderungen in der Arbeitswelt sollte sich das Bild von Führerschaft grundlegend verändern. So wandelt sich die Aufgabe einer Führungskraft in agilen Kontexten vom »Entscheider« zum »Mentor«, der Entscheidungen durch seine Mitarbeiter ermöglicht und begleitet.

Diese Aspekte sind Gefahr und Chance zugleich. Denn werden diese beachtet und findet ein konstruktiver Umgang damit statt, wächst die Gruppe an dieser Erfahrung und ein offener und ehrlicher Umgang der Gruppenmitglieder untereinander wird gefördert. Letztlich sind wir der Überzeugung, dass sich eine Gruppe an und durch Konflikte entwickeln und daran reifen kann. Wie bereits mit dem Störungspostulat der TZI beschrieben (vgl. Kap. 3.3.1), ist es wichtig, Konflikte fruchtbar zu machen. Jede Gruppe muss dabei ihre Vitalität auch innerhalb eines Konflikts aufrechterhalten. Dabei haben die Konflikte bzw. Themen an den beiden hier beschriebenen Hauptentwicklungslinien besondere Bedeutung und sollten entsprechend berücksichtigt werden. Die Bedeutung und

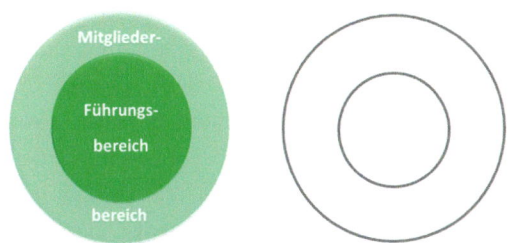

Abbildung 39: Gruppenmodell, eig. Darstellung nach Berne 1979

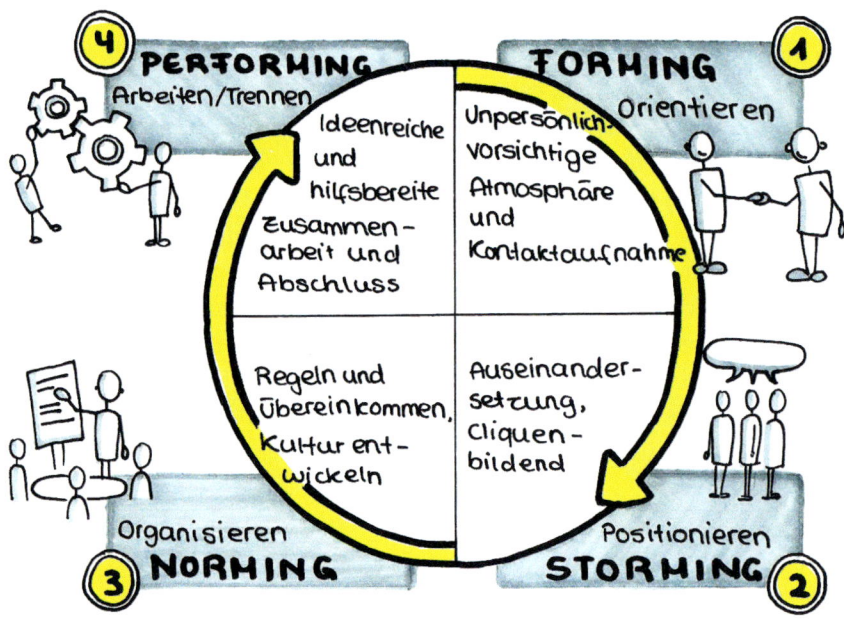

Abbildung 40: Teamentwicklungsuhr des Teamprozesses, eig. Darstellung nach Tuckman 1965

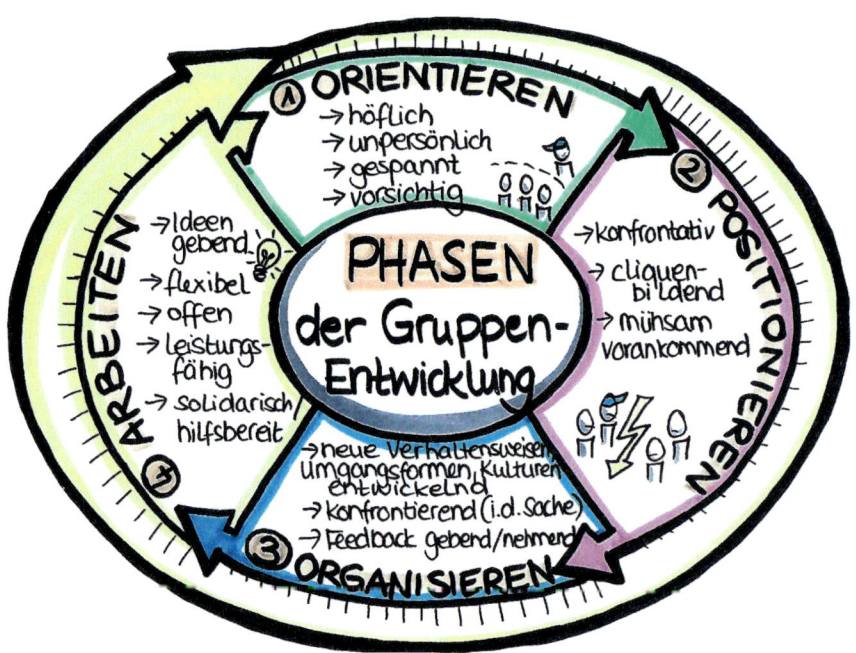

Abbildung 41: Spiralmodell der Teamentwicklung

notwendige Beachtung dieser Aspekte werden auch durch den nachfolgend beschriebenen Phasenverlauf der Gruppenentwicklung aus einer anderen Perspektive nochmals deutlich.

### 3.3.4 Vier Phasen der Gruppenentwicklung: Von Team- und Gruppenentwicklungsprozessen

Ein zentrales Merkmal unserer Arbeit ist es, dass Schüler lernen und die Kompetenz erwerben, mit jedem anderen zielgerichtet Aufgaben erledigen zu

können. Gruppenprozesse sind ein wichtiges Element für gelingende Lern- und Entwicklungsprozesse und die Qualität der Gruppenkultur trägt erheblich dazu bei, dass Menschen ihr Potenzial, ihre Kreativität und ihre Kompetenz entfalten können. Zudem lassen sich durch eine Atmosphäre von Akzeptanz und Wertschätzung Ausgrenzung und Mobbing präventiv vermeiden. Gruppenprozesse durchlaufen verschiedene Phasen, die es zur Entwicklung einer lernförderlichen Gruppenkultur zu berücksichtigen gilt (s. Abb. 40 und 41). Gruppenprozesse lassen sich lenken. Ein gelingender Gruppenprozess ist die Voraussetzung für eine gelingende Integration aller Klassenmitglieder. Nach unserer Erfahrung ist es für uns Pädagogen wichtig und hilfreich, um die einzelnen Phasen der Gruppenentwicklung zu wissen und entsprechende phasenspezifische Handlungs- und Interventionsmöglichkeiten zu kennen. Die Prozessphasen können dabei sowohl auf den Gruppenprozess einer Klasse insgesamt bezogen werden, also z. B. von Klasse fünf bis zur Abschlussklasse, als auch für jedes Schuljahr oder die Unterrichtsphasen zwischen den Ferien bzw. in der Woche oder am Tag. Darüber hinaus ist die Beachtung der Phasen hilfreich bei der Planung und Gestaltung von handlungsorientierten Übungen. Die Übergänge zwischen den einzelnen Phasen sind fließend und es ist eher die Regel, dass zwischen den Phasen hin und her oszilliert wird. Auch können Phasen übersprungen werden, um zu einem späteren Zeitpunkt die Dynamiken dieser Phase zu aktivieren. Dies trifft nach unserer Erfahrung vor allem auf die zweite Phase zu. Wir werden im Folgenden den Gruppenentwicklungsprozess idealtypisch darstellen. Hierzu veranschaulichen zunächst zwei Schaubilder sowohl den Gruppenentwicklungsverlauf als auch die entsprechenden Gestaltungsmöglichkeiten und -aufgaben der Gruppenleitung (s. Abb. 40, 41 und 42).

### Teamentwicklungsuhr (Tuckman 1965) bzw. die Teamentwicklungsspirale

Genau genommen handelt es sich beim Modell der Phasen der Teamentwicklung aus unserer Sicht um einen spiralförmigen Entwicklungsverlauf, der im Idealfall zwar die einzelnen Phasen der Gruppenentwicklung wiederholt, jedoch auf einem jeweiligen höheren Niveau. Entsprechend haben wir das Modell als Spirale dargestellt (s. Abb. 41).

Vor Beginn jeder Maßnahme ist es zunächst hilfreich, in einer ersten Phase Hypothesen aufzustellen, die dann durch Beobachtungen und Austauschgespräche bestätigt, verworfen oder modifiziert werden. Gerade hierbei kann der Einsatz von handlungsorientierten Übungen hilfreich sein, da im geschützten Rahmen in diesen Übungen Muster des Schul- bzw. Klassenalltags zum Vorschein kommen. Hierzu sollten die Übungen hinsichtlich des zuvor hypothetisch benannten Themas ausgewählt und inszeniert werden, um eine größtmögliche Alltagsparallelität zu erreichen (s. Kap. 4.3.1, Abschnitt *Isomorphie*).

### Phase 1: Forming – Orientierung geben (Vorbereitung, Einstieg und Kontakt)

In der ersten Einstiegs- und Findungsphase gilt es, erste Unsicherheiten ab- und Vertrauen aufzubauen. Sofern sich die Gruppe neu zusammenfindet (z. B. wenn eine Klasse neu gebildet wurde – z. B. in Klasse 1 oder 5 – oder zu Beginn des Schuljahres), herrscht zunächst viel Unsicherheit. Alle sind auf der Suche nach hilfreichen Informationen zu den Aktivitäten, Zielen und die an sie gestellten Anforderungen. In der Gruppe wird die Individualität betont und die Gruppenmitglieder sind mehr mit sich selbst beschäftigt. Hilfreich für die Leitung ist eine angemessene Vorbereitung, denn damit fördert sie den Prozesserfolg und unterstützt die Gruppe bzw. Klasse in ihrem Prozess ein »Wir« zu bilden. In unserer Arbeit fokussieren wir hierfür vier Aspekte:

**organisatorisch:** Zeitpunkt und Zeitrahmen, Ort- und Raumgestaltung, Sozialform, Medien

**inhaltlich:** Auftragsvorgaben und Zielsetzung, Vorbereitung auf die Gruppenmitglieder (Alter, Entwicklungsstand, Vorwissen und Vorerfahrungen, Anzahl)

**methodisch:** Variabler Ablaufplan als Grobkonzept mit möglichen Alternativen, Methoden und Medieneinsatz

**persönlich:** Innere Haltung, Umgang mit Stress, körperliche und geistige Einstimmung, Einstiegssatz bzw. -sequenz

Wie wir bereits im Zusammenhang mit einem konstruktiven Umgang in herausfordernden Gesprächssituationen dargelegt haben (s. Kap. 3.2.2), ist der Ein-

Abbildung 42: Teamentwicklungsuhr: Aufgaben der Leitung, eig. Darstellung nach Tuckman 1965

stieg eine wichtige und entscheidende Phase für jeden weiteren Prozessverlauf. Dabei ist der Einstieg gut planbar und bietet die Möglichkeit, den Gruppen- bzw. Klassenmitgliedern, z. B. durch einen entsprechend formulierten Eröffnungssatz, Orientierung zu geben und Ängste oder (Grusel-)Phantasien (vgl. Kap. 3.1.2, Maschensystem) aufzulösen. Gerade in dieser Phase bietet es sich an, neben dem persönlichen Kennenlernen erste Ziele zu nennen bzw. zu klären.

Beispiele für Eröffnungssatz/Einstiegssequenz:
- »Wir wollen in den nächsten Wochen gemeinsam erfolgreich bestimmte Lernfortschritte machen, bei denen ich euch begleiten werde. Mir ist es wichtig, dass wir eine gute Arbeitsgrundlage miteinander schaffen und daher möchte ich mit euch nach einem kurzen Kennenlernen unsere gegenseitigen Erwartungen klären.«
- »Das Schuljahr liegt vor uns. Einige der Inhalte in diesem Schuljahr sind herausfordernd und ich bin zuversichtlich, dass wir das gemeinsam hinbekommen. Da wir die Grundlagen für weitere Schuljahre legen, lohnt es sich, aktiv mitzumachen. Ich freue mich auf unsere Zusammenarbeit und lade euch ein, den Unterricht aktiv mitzugestalten. Stellt Fragen und benennt, was ihr braucht, um gut und erfolgreich zu lernen. Mir ist es wichtig, dass ihr am Ende des Schuljahres erfolgreich seid.«
-

Diese Phase verlangt in besonderer Weise unsere Präsenz und Führung (s. Abb. 42). Unsere Aufgabe besteht darin, Sicherheit zu vermitteln und die Kommunikation anzuregen. Für uns ist zunächst wichtig, den Beziehungsaufbau der Gruppenmitglieder untereinander zu fördern und bewusst den gegenseitigen Umgang in den Blick zu nehmen. Hier haben wir mit dem Einsatz handlungsorientierter Übungen besonders gute Erfahrungen gemacht, da sie auf spielerische Weise den Schülern helfen, wichtige bislang unbekannte Facetten und Potenziale voneinander kennenzulernen und Blockaden aufzulösen sowie Vorurteile abzubauen. Dadurch kann der Aufbau einer vertrauensvollen Atmosphäre in der Gruppe unterstützt werden. In dieser Phase braucht die Gruppe eine klare Struktur und aktive Steuerung durch die Leitung, um den Weg zur Arbeitsfähigkeit gelingend zu beschreiten. Von zentraler Bedeutung in dieser Phase ist die Frage: Wer bin ich in der Gruppe? Wichtig ist auch, darauf zu achten, dass getroffene Vereinbarungen von allen Gruppenmitgliedern ernst genommen werden. Dies verlangt immer wieder ein Fingerspitzengefühl, da es ebenso wichtig ist, nicht zu viel Dominanz als Leitung im Gruppenprozess auszuüben.

*Auswahl an Methoden zum Kennenlernen*
- Soziogeometrische Aufstellung zu Wohnort, Alter, Namen
- Namensball
- Der Balanceakt (aus dem Seil laufen) bzw. Der schmale Steg
(s. Kap. 4.1 und 📌)

### Phase 2: Storming – Positionieren (Auseinandersetzung, Streit, Konflikt)

In dieser Phase kommt es nicht selten zu Auseinandersetzungen. Kinder und Jugendliche wollen in dieser Phase ihre Möglichkeiten und Grenzen austesten. Der Gruppenprozess ist durch kritisches Hinterfragen und Widerstände gekennzeichnet. Unterschwellige und offene Konflikte um Macht, Interessen, Rollen und Status sind wahrnehmbar. Die Kommunikation ist oft sehr ungleichmäßig im Team verteilt und es bilden sich Koalitionen und Cliquen. Das zuvor vorgestellte Spielkonzept und das Drama-Dreieck (s. Kap. 3.2.2) beschreiben sehr anschaulich die mögliche Dynamik in dieser Phase. In der Führungsrolle müssen wir nun klar und flexibel sein (s. Abb. 42). Es ist wichtig, die Konflikte, die auftreten, zuzulassen und zu bearbeiten. Daher muss die Leitung auf Kritik eingehen und den damit verbundenen Prozess moderieren. Herausfordernd ist es nicht selten, den Zeitpunkt für das Eingreifen zu erkennen. Das Modell des Gewinner-Dreiecks beschreibt gut die hilfreichen Rollen, die wir zur erfolgreichen Begleitung dieser Phase nutzen können. Wir sind gefordert, mehr als Beobachter (vgl. Erwachsenen-Ich-Zustand) mit ein wenig Abstand zu agieren und mit entsprechenden Interventionen (s. Kap. 3.2.2) den Klärungsprozess voranzutreiben, ohne uns in die Konfliktdynamik hineinziehen zu lassen. Diese Phase ist trotz aller konflikthaften Dynamiken auch eine gute Gelegenheit, um schrittweise Vertrauen in der Klasse aufzubauen. Hierzu bedarf es immer wieder auch klarer Grenzen. Dabei ist es vor allem hilfreich, mit den informellen Führern in der Klasse bzw. Gruppe eine konstruktive Koalition einzugehen. Eine wichtige Ausnahme, stellen jedoch laufende Mobbingprozesse dar.

*Auswahl an Methoden zum Positionieren und zur Erwartungsklärung*
- Thematische Aufstellungen (Viel – Wenig)
- Turmbau
- MeBoard
- Zürcher Ressourcen Modell ZRM
- Erwartungsklärung (Vertragsarbeit)
(s. Kap. 4.1, 4.3 und 📌)

*Phase 3: Norming – Organisieren*
*(Regeln, Kultur entwickeln)*

In der Gruppe bzw. Klasse gibt es nun gesicherte offene und verdeckte Spielregeln, wie mit den Anforderungen und der Gruppenaktivität umgegangen werden soll. Nachdem die Rollenverteilung geklärt ist, rückt nun die inhaltliche Arbeit in den Fokus. In dieser Phase geht es um die Festigung der gemeinsam vereinbarten Gruppen- bzw. Klassenregeln. Akzeptanz und Wertschätzung sind wichtige Faktoren. Weiterhin geht es um die Schaffung einer lernunterstützenden Gruppenkultur, damit die Klasse ein Wir-Gefühl entwickeln kann. In dieser Phase können wir uns als Leitung zunehmend aus dem Gruppenbildungsprozess zurückziehen, ohne uns jedoch völlig zu verabschieden. Es gilt, Freiräume zu schaffen, damit die Gruppe ihre ganz eigene Kultur des Miteinanders (s. Kap. 4.1 und Methode des Regelbarometers) selbstständig entwickeln kann. Hierfür sind vorhandene Kompetenzen und Ressourcen in der Klasse zu identifizieren bzw. diese aufzubauen.

In dieser Phase kann es jedoch immer wieder, z.B. durch Meinungsverschiedenheiten gepaart mit Rechtfertigungs- und Anschuldigungsdynamiken, dazu kommen, dass die Klasse in ihrem Entwicklungsprozess zurückschreitet und nochmals in die Dynamiken der zweiten Entwicklungsphase zurückfällt. In diesem Fall ist unsere Präsenz und Intervention gefragt, um das Geschehen nicht eskalieren zu lassen.

*Auswahl an Methoden zur Arbeitsphase*
– Kooperationsübungen: CultuRallye
– Problemlöseaufgaben
– Moderationstechniken: z.B. Open Space, Walt Disney-Methode, Zukunftswerkstatt
– Stimmungsbarometer und Punktabfrage
– Wertearbeit
(s. Kap. 4.1, 🖊 und 🖱)

*Phase 4: Performing – Arbeiten und Trennen*
*(Zusammenarbeit und Abschluss)*

Im Idealfall ist eine Gruppe bzw. Klasse nun dazu in der Lage, weitgehend selbstreguliert zu arbeiten. Die Gruppenmitglieder kooperieren miteinander und jeder bringt sich mit seinen Möglichkeiten und Kompetenzen in den Prozess ein. Die Gruppenmitglieder übernehmen Verantwortung und unterstützen sich gegenseitig. Ein Wir-Gefühl ist entstanden und gegenseitige Wertschätzung und Anerkennung ist wahrnehmbar. Die Gespräche sind von Offenheit und Vertrauen geprägt und lassen sich der Dynamik des Gewinner-Dreiecks zuordnen (s. Kap. 3.2.2). Für die

Leitung ist es wichtig, die Lernziele und die jeweiligen Lernfortschritte kritisch zu überprüfen. In dieser Phase haben Sie die Möglichkeit, individuelle Förderungen anzubieten. Die Aufgabe als Leitung besteht nun weitestgehend im »Loslassen« und der Sorge um optimale Rahmenbedingungen (s. Abb. 42). Zudem benötigt jeder Gruppenprozess einen angemessenen Abschluss. Dieser kann auch als Übergang für einen weiteren anschließenden Prozess dienen. Es geht darum, die Ergebnisse zu sichern und in den Alltag zu transferieren. Zudem bietet sich die Chance, den Gruppenprozess und die Erfahrungen gemeinsam zu reflektieren, das Geleistete zu bewerten bzw. zu honorieren und Perspektiven für den nächsten Schritt zu erarbeiten.

Auch hier gilt wieder, wie in den vorangegangenen Phasen: Rückschritte sind jederzeit möglich. Diese können aber letztlich immer auch zur Stärkung der Gruppenkultur genutzt werden, sofern es gelingt, gemeinsam mit der Klasse konstruktiv mit Störungen umzugehen.

*Auswahl an Methoden zur Arbeits- und Abschlussphase*
– Das Klassensoziogramm
– Kooperationsübungen: das Moorhuhn-/Eisschollenspiel
– Transfersicherung
– Reflexion: Erfüllung der Erwartungen, Zufriedenheit mit Ergebnis und Prozess
– Ritualisierter Abschluss: Blitzlichtrunde
(s. Kap. 4.2, 🖊 und 🖱)

1  Zit. nach Schmidt Dirk (2011): Motivation. 88 Strategien, Impulse und Tipps für eine hohe Selbstmotivation. Wiesbaden, 159.

2  Gandhi Arun (2019): Wut ist ein Geschenk. Das Vermächtnis meines Großvaters Mahatma Gandhi. Köln, 15.

3  Zit. nach https://www.zeit.de/2012/50/Jonathan-Steinberg-Biografie-Otto-von-Bismarck (Zugriff am 14.06.2020).

4  Recknagel Marion/Rohmann-van Wüllen, Heike (2007): Clever kommunizieren: Schwierige Gespräche souverän meistern. Offenbach, 53.

5  Dieser Abschnitt basiert inhaltlich auf dem Artikel von Erskine 200, 287 ff.

6  www.berühmte-zitate.de/die-schwierigkeit-liegt-nicht-so-sehr-den-neuen-gedanken-als-der-befreiung-von-den-alten-john-maynar (Zugriff am 14.06.2020).

7  Das Egogramm wurde von Dusay (1977) entwickelt.

8  Zit. nach Stamer-Brandt Petra (2020): Professionell leiten. Erfolgreich und gelassen den Kita-Alltag gestalten. Freiburg i. Br., 95.

9  Löhmer Cornelia/Standhardt Rüdiger (Hg.) (1995): Pädagogisch-therapeutische Gruppenarbeit nach Ruth C. Cohn. Stuttgart, 13.

## Das Wichtigste

✓ Gruppen haben für uns Menschen eine existenzielle Bedeutung und da wir viel Lebenszeit darin verbringen, bestimmen sie maßgeblich die Zufriedenheit und Gesundheit des Einzelnen, besonders im Kontext Schule.

✓ Die Kenntnis über die Dynamik von Gruppenprozessen ist bedeutsam für den gelingenden Einsatz von handlungsorientierten Methoden ebenso wir für die Gestaltung von Lernprozessen in der Schule.

✓ Die Themenzentrierte Interaktion von Ruth Cohn (1989) ist mit ihrer Vorstellung vom lebendigen Lernen ein ganzheitliches didaktisches Konzept, das Gruppenleitungen dabei unterstützt, Gruppen zu moderieren und zu leiten.

✓ Die Gruppenstrukturvorstellung von Berne (1979) und die Phasen der Gruppenentwicklung nach Tuckman (1965) sind hilfreich für die Planung des Einsatzes handlungsorientierter Methoden in Gruppen ebenso wie für die situations- und teilnehmerangemessene Gestaltung dieses Prozesses.

# 4 Ganzheitlichkeit und Handlungsorientierung

*»Schenke mir keine Fische, sondern zeige mir, wie man fischt.«*[1]
Indianische Weisheit

Nachdem wir Selbstauseinandersetzung, Beziehungskompetenz und Kooperationsfähigkeit als Fundament pädagogischer Professionalität thematisiert haben, stellen wir nun in diesem Abschnitt Aspekte zum Einsatz handlungsorientierter Methoden vor. Für viele stellen diese Übungen immer noch lediglich eine Möglichkeit dar, einen Methodenwechsel vorzunehmen oder mit den Schülern »etwas zu spielen«. Diese Haltung nutzt jedoch, unserer Ansicht nach, nicht das volle Potenzial dieser Methoden.

Lernen als individueller und selbstbestimmter Prozess ist weit mehr, als Wissen anzuhäufen. Menschen lernen vernetzt mit allen Sinnen. Im Gehirn wirken Gedanken, Emotionen und körperliche Abläufe ineinander (Paffrath 2001, 4 f.). Gerade die neurowissenschaftlichen Forschungen belegen zunehmend die große Bedeutung von Emotionen und Handlungen für ein gelingendes menschliches Lernen (Bauer 2006). Emotion und Kognition hängen eng zusammen und bedingen sich wechselseitig. Lernen ist eine ganzheitliche Tätigkeit, deren Erfolg ganz wesentlich von der Art und dem Ausmaß der beteiligten Gefühle ebenso wie von Handlungen und Bewegung bestimmt wird. Je mehr Eingangskanäle benutzt werden und je tiefer die emotionale Beteiligung reicht, umso größer ist die Wahrscheinlichkeit des Behaltens (Paffrath 2001, 7). Die im Menschen wirksamen emotionalen Systeme bewirken, dass wir vor allem nach solchen Erkenntnissen, Konzepten und Zusammenhängen suchen, die für uns hilfreich und sinnvoll für unser Lernen und Handeln sind. In unseren Gehirnen wird vor allem das gespeichert, was für uns lebensbedeutsam ist. Für gelingendes Lernen bedeutet dies, dass Lernherausforderungen so gestaltet sein müssen, dass darin in grundlegender Weise ein Zusammenhang zum realen Leben junger Menschen erkennbar sein muss und deren Lebenssinn und Interessen berücksichtigt werden (Paffrath 2001, 5). Zudem werden neue Inhalte besser gelernt, je besser und sinnvoller sie in bereits bestehende Lebenszusammenhänge eingeordnet werden können (Gilsdorf 1999, 22). Nachhaltig erfolgreiches Lernen vollzieht sich vor allem durch Erfahrungen. Der Mensch benötigt für seine Gesundheit und sein Wohlbefinden eigene Erlebnisse, die alle seine Sinne ansprechen. Daher wird neben dem aktuell noch privilegierten kognitiv-intellektuellen Lernen die Berücksichtigung körperlicher sowie affektiv-emotionaler Aspekte zunehmend bedeutsamer. Lernen muss ganzheitlich betrachtet werden und gelingendes Lernen ist Lernen mit allen Sinnen, Lernen mit Verstand, Gemüt und Körper. Aurobindo (1993, 81 ff.) beschreibt drei Wege, um sich dem Wesen der höchsten Wirklichkeit zuzuwenden: den Weg des Intellekts oder des Wissens, den Weg des Herzens oder der Liebe und den Weg des Willens oder der Tat. »Die mächtigste Wirkung wird erzielt, wenn diese drei Wege miteinander verbunden und gleichzeitig beschritten werden.« (Aurobindo 1993, 85) Lernen in der Schule sollte daher sinnstiftend, lebensnah, lebensbedeutsam, lebensbewältigend und lebensentdeckend sein. Die Inhalte sollten vor allem für die aktuelle und zukünftige Lebensbewältigung der Schüler nützlich sein.

Handlungsorientierte Aufgaben sprechen alle Sinne und alle Ebenen des menschlichen Seins an. Sie erfüllen die Anforderungen der Ganzheitlichkeit durch einen Wechsel von Anstrengung und Entspannung sowie sprachlicher und nicht-sprachlicher Interaktionen. Sie sind ganzheitlich, wenn sie auf die Lebenszusammenhänge des jungen Menschen zurückgreifen und diese als Sinnganzes erfassen und behandeln. Da Lernen und Entwicklung immer an Grenzen sattfindet, braucht es in grundlegender Weise Vertrauen zu sich selbst, seinen Mitmenschen und der Welt. Dieses Vertrauen ist vergleichbar einer Pflanze oder einem Bankkonto und benötigt Investitionen, Pflege oder Einzahlungen, um wachsen zu können. Die Herausforderungen müssen daher für ein langfristig erfolgreiches Lernen immer wieder auch bewältigbar sein. Wichtig ist ein grundlegend ressourcen- und lösungsorientiertes Vorgehen, das auf belastbaren Beziehungen fußt. Gemeinsam gilt es, in Schulen langfristig daran zu arbeiten, ein Umfeld zu schaffen, in dem sich junge Menschen gut entwickeln können und neben ihren Lernthemen vor allem auch ihre Stärken fokussieren und nutzen. Lernen beinhaltet immer auch Fehler machen. Wir lernen nicht ausschließlich, aber viel über Fehler (vgl. Kap. 2.2, Vier Stufen des Lernens). Wenn wir Fehler als wichtigen Aspekt gelingender Lernprozesse verstehen, braucht es für gelingende Lernprozesse eine hohe Fehlertoleranz von Seiten der Lehrenden. Anstatt z. B. junge Menschen zu korrigieren und zu sanktionieren, sollten Lehrer vielmehr mit Lob und Anerkennung für erwünschtes Verhalten arbeiten. Auch die Würdigung und Anerkennung von Erfolgen trägt zur Entwicklung intrinsischer Motivation bei.

Als Menschen handeln wir vielfach musterhaft. In den handlungsorientierten Aufgaben ist es immer wieder erstaunlich, wie schnell sich diese Alltagsmuster zeigen. Wir sehen einen großen Nutzen beim Einsatz von handlungsorientierten Übungen darin, dass in einem geschützten Rahmen diese Muster bewusst gemacht werden können. Dabei lässt sich der Lebenszusammenhang durch eine isomorphe Gestaltung, Anwendung und Auswertung der Übungen herstellen und dadurch deren Wirkung erhöhen (s. Kap. 4.3.1). Zu einer angemessenen Vorbereitung zählt daher, dass bei der Auswahl und Gestaltung der Übung darauf zu achten ist, dass diese die Lebenswelt und die aktuelle Fragestellung der Schüler bzw. der Klasse metaphorisch widerspiegelt. Darüber hinaus gibt es unterschiedliche Varianten und Formen der Reflexion. Durch unterstützende Interventionen, z. B. durch zirkuläre Fragen oder Methoden wie dem Klassenrat (s. Kap. 4.1) oder dem Einsatz des Drama- und Gewinner-Dreiecks (s. Kap 3.2.2), lassen sich die Erkenntnisse der jungen Menschen über die Dynamiken und Muster ihrer Persönlichkeit und Beziehungsgestaltung fördern. Diese können gemeinsam reflektiert, auf ihre Sinnhaftigkeit überprüft und wo notwendig weiterentwickelt und optimiert werden. Damit bieten handlungsorientierte Aufgaben gute Gelegenheiten, Wahrnehmungs-, Denk-, Gefühls- und Verhaltensänderungen auszuprobieren oder solche einzuüben, die als sinnhaft für die aktuelle Situation erachtet werden. Schließlich kann der Transfer dieser Veränderung in den Alltag mit Hilfe entsprechender Methoden, wie z. B. Visualisierungen des Zielbildes oder von Änderungsvorhaben, gelingend unterstützt werden (z. B. ZRM Kap. 4.1 und Kap. 4.2). Neben der Chance, die veränderten Handlungsweisen in weiteren Aufgaben zu erproben, benötigt es, vor allem im »normalen« Schulalltag, von Erwachsenen ein gutes Gespür, um destruktive Handlungsweisen bzw. alte Muster zu erkennen und diese zu konfrontieren bzw. dazu einzuladen, die in den Übungen gemachten konstruktiven Handlungsalternativen anzuwenden. Daher ist es aus unserer Sicht unabdingbar, dass die Übungen im schulischen Kontext immer gemeinsam mit bzw. in Begleitung von Lehrkräften durchgeführt werden, damit diese im Schulalltag die

Erfahrungen und Erkenntnisse gezielt in entsprechenden Situationen aufgreifen und nutzen können.

Kinder und Jugendliche lernen vor allem spielerisch und in Bewegung. Aus unserer Erfahrung regen handlungsorientierte Aufgaben Kinder und Jugendliche auf spielerische und kreative Weise dazu an, sich mit sich selbst, ihren Mitmenschen und der Natur ganzheitlich mit allen Aspekten des Lebens und ihres menschlichen Daseins auseinanderzusetzen. Diese Übungen laden junge Menschen zu ganzheitlichen Erfahrungen ein, in denen alle Sinne angesprochen sind. Wahrnehmen, Denken, Fühlen und Handeln sind gefordert, um die Herausforderungen bewältigen zu können. Die dabei gemachten Erfahrungen und gewonnenen Erkenntnisse unterstützen sie dabei, soziale und emotionale Kompetenz zu entwickeln. Unterschiedliche Studien belegen die Bedeutung dieser Kompetenzen für ein gesundes und gelingendes Leben. Durch eine entsprechende Rahmung und Gestaltung der Übungen (s. Kap. 4.3.1), bieten sie einen unmittelbaren Lebensweltbezug. Selbstgesteuerte Erfahrungen mit vielfältigen Entscheidungs- und Gestaltungsmöglichkeiten fordern von Kindern und Jugendlichen die Übernahme angemessener Verantwortung. Per se tragen handlungsorientierte Übungen den Aspekten und Attributen gelingenden Lernens Rechnung (vgl. Kap. 2.2). Mit jedem Entwicklungsfortschritt und zunehmendem Alter werden die Aufgaben anspruchsvoller und die Eigenverantwortung höher.

Sie können sicherlich eines der zahlreichen Bücher zur Hand nehmen und daraus, ohne sich groß im Vorfeld Gedanken zu machen, einzelne Übungen in ihrem Alltagskontext einsetzen und vielleicht dadurch schon einen wichtigen Impuls zur konstruktiven Entwicklung einer Klasse setzen. (s. Literaturempfehlungen)

Gewohnte und »bewährte« Muster ändern sich aber häufig nicht durch eine Übungssequenz. Das

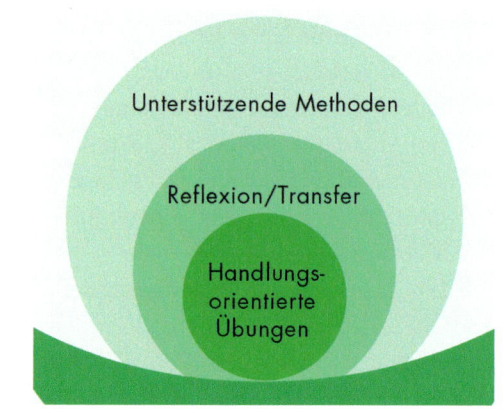

Abbildung 43: Drei Methoden-Ebenen

menschliche Gehirn ist nutzungsabhängig, und so muss die neu gewonnene Erkenntnis nicht selten wiederholt eingeübt und gefestigt werden. Einen höheren Wirkungsgrad erreichen Sie, wenn Sie die Übung isomorph gestalten und in ein Gesamtkonzept mit Vor- und Nachbereitungsphasen einbetten (s. Kap. 4.1 und 4.3.1). Noch viel mehr lässt sich erreichen, wenn Sie die Übungen in einem Curriculum verorten, das den Entwicklungsstand des Einzelnen und der Gruppe berücksichtig und diese konstruktiv in ihrer Weiterentwicklung fördert. Sie finden hierzu einen Vorschlag im Kap. 4.4. Und noch einen Schritt weiter können Sie gehen, wenn es darüber hinaus gelingt, diese in ein Gesamtschulkonzept einzubinden, in dem die Übungen dazu dienen, in den jeweiligen Schulstufen sozial-kommunikative, gruppendynamische, emotionale Potenziale zu fördern und Ressourcen zu aktiveren.

Wir unterscheiden daher beim Einsatz handlungsorientierter Übungen verschiedene Methoden, die das Potenzial dieser Übungen für das emotionale und soziale Lernen der Schüler erst wirklich zur Entfaltung bringen. Durch die Berücksichtigung von drei Methoden-Ebenen, kann das Potenzial handlungsorientierter Übungen voll genutzt werden (s. Abb. 43):

1. Unterstützende Methoden
2. Reflexions- und Transfermethoden
3. Handlungsorientierte Übungen

**Für die Praxis**

Projekthafter Unterricht:
Unterbrechen von eingeübten Lernerfahrungen durch projektorientiertes Lernen – Lernalltag verändern durch gemeinsame Lernerfahrungen von Schülern unterschiedlichen Alters

Abbildung 44: Für die Praxis

## Das Wichtigste

✓ Menschen lernen vernetzt mit allen Sinnen und der Lernerfolg ist maßgeblich von der Art und dem Ausmaß der beteiligten Gefühle abhängig ebenso wie von Handlungen und körperlichen Bewegungen.
✓ Handlungsorientierte Methoden sprechen alle Sinne und alle Ebenen des menschlichen Seins an und erfüllen die Anforderungen nach Ganzheitlichkeit.
✓ Handlungsorientierte Aufgaben und Übungen regen junge Menschen dazu an, sich auf spielerische und kreative Weise mit sich selbst, ihren Mitmenschen und der Natur auseinanderzusetzten.
✓ Wichtig erscheint es, den Einsatz von handlungsorientierten Methoden in ein schulisches Gesamtkonzept einzubetten, das zudem andere Methoden und Techniken integriert und nutzt.

### 4.1 Unterstützende Methoden und Modelle

*»Es ist nicht genug zu wissen –*
*man muss auch anwenden;*
*es ist nicht genug zu wollen –*
*man muss auch tun.«*[2]
Johann Wolfgang v. Goethe

In diesem Abschnitt möchten wir Ihnen Methoden vorstellen, die die Wirksamkeit von handlungsorientierten Übungen erhöhen. Sie rahmen die in den Übungen gewonnenen Erkenntnisse und Erfahrungen, indem sie diese in einen zeitlich größeren Gesamtprozess einbetten. Sie können an unterschiedlichen Stellen des Prozesses eingesetzt werden und schaffen Klarheit über die Ziele und Erwartungen im Umgang miteinander, geben Orientierung und bieten Austauschmöglichkeiten für aktuelle Anliegen. Neben den klassischen Reflexions- und Transfermethoden helfen sie, im Alltag soziale Lernprozesse zu gestalten, und unterstützen die Veränderungs- und Transferprozesse.

Wir haben weitere ausgewählte Methoden im Downloadmaterial (Sammlung weiterführender Übungen und Methoden) genauer beschrieben.

#### Soziometrische Aufstellungen
Diese Methode verwenden wir gerne zu Beginn eines Prozesses. Sie ist eine spielerische Form des Kennenlernens. Dabei werden die Schüler gebeten, sich zu unterschiedlichen Fragen im Raum zu positionieren. Dabei gibt es verschiedene Grundkonstellationen und Fragen der Aufstellung:

*Imaginäre Landkarte auf dem Boden*
- Wo bin ich geboren?
- Wo wohne ich?

*Gruppen*
- Welche Hobbys habe ich?
- Was mache ich gerne in meiner Freizeit?
- Was sind meine Lieblingsfächer?

*Linie/Reihe (von A nach Z oder von jung nach alt)*
- Alter
- Klassenzugehörigkeit
- Namen

### Stimmungsabfrage

Gerade zum Einstieg in einen Prozess oder auch in den Tag ist es ein schönes und nützliches Ritual, die aktuelle Stimmung des Einzelnen in der Gruppe zu erfragen. Hierzu nutzen wir die Stimmungsabfrage. Zum Beispiel als Smiley-Runde oder als Punktabfrage können die aktuelle Befindlichkeit oder die Stimmungslage erhoben werden. Mögliche Fragen sind:
- Wie geht es dir heute?
- Mit welcher Schlagzeile würde ich meine aktuelle Situation beschreiben?
- Was glaube ich, würde ein guter Freund hier erzählen, wie es mir heute geht?

Auch können sich die Schüler besser bzw. in anderen Facetten kennenlernen oder Ressourcen und Stärken benannt bzw. aktiviert werden. Mögliche Fragen hierzu sind:
- Was sind deine Stärken?
- Was kannst du besonders gut?
- Was kannst du heute Positives einbringen/beitragen, damit der Tag gut verläuft?
- Was würde ein guter Freund sagen, was du besonders gut kannst?

### »Viel – Wenig« als IST-Zustandsanalyse

Ähnlich wie bei den soziometrischen Aufstellungen wird die Gruppe eingeladen, sich zu unterschiedlichen Fragen im Raum zu positionieren. Jedoch gibt es hier zwei Pole »viel« und »wenig«, die an den jeweiligen Raumenden ausgelegt werden. Die »Viel – Wenig«-Abfrage dient hier zur Ist-Zustandsanalyse für die Schüler und Lehrer. Mit den durch die Aufstellung zu den Fragen entstehenden Bildern von der aktuellen Befindlichkeit der Gruppenmitglieder kann nonverbal verdeutlicht werden, wie die aktuelle Situation in der Klasse ist. Erkenntnisreich ist der Einsatz von Foto-

aufnahmen der jeweils entstehenden Aufstellungsbilder, die dann gemeinsam betrachtet werden. Beispiele für Zuordnungs-Aussagen sind:

*In dieser Klasse habe ich … (viel oder wenig)*
- Angst
- Vertrauen in andere
- Freunde

*In dieser Klasse gibt es … (viel oder wenig)*
- Streit
- Gegenseitige Hilfe und Unterstützung
- Lob und Anerkennung
- Schimpfworte und Beleidigungen

Während der Durchführung werden die Schüler lediglich eingeladen, immer wieder bezogen auf die Fragen den eigenen Standpunkt und den ihrer Mitschüler wahrzunehmen. Erst anschließend werden die Schüler in Kleingruppen gebeten, über die in der Aufstellung gemachten Erfahrungen und Erkenntnisse zu reflektieren und daraus Lern- und Entwicklungsthemen für die Klasse zu formulieren. Mögliche Fragestellungen sind:
- Wie zufrieden bzw. unzufrieden bist du mit der aktuellen Situation in der Klasse?
- Welche Veränderungswünsche und -anliegen hast du?

### Gruppenstrukturanalyse: Das Klassensoziogramm

Das Klassensoziogramm ist eine besondere Variante einer offenen Befragung von Schülern zur Klassenstruktur. Es ist ein aufdeckendes und darstellendes Verfahren, das die zwischenmenschlichen Beziehungen zwischen den einzelnen Schülern in der Klasse verdeutlicht (s. Abb. 45). Als Situationsanalyse erhalten Lehrer wie Schüler mit dem Klassensoziogramm wichtige Anhaltspunkte zur Wahrnehmung der aktuellen Situation in der Klasse bezogen auf Zusammenarbeit und Zugehörigkeit. Bei der Erstellung des Soziogramms finden folgende Fragen Anwendung:
- Wer ist in der Klasse dein bester Freund?
- Mit wem in der Klasse würdest du gerne mehr Kontakt haben?
- Mit welchen Mitschülern arbeitest du viel zusammen?
- Mit wem in der Klasse pflegst du einen respektvollen Umgang?

Mit der dadurch angeregten Kommunikation in der Gruppe lernt der einzelne Schüler sich selbst und sei-

Abbildung 45: Beispiel Klassensoziogramm

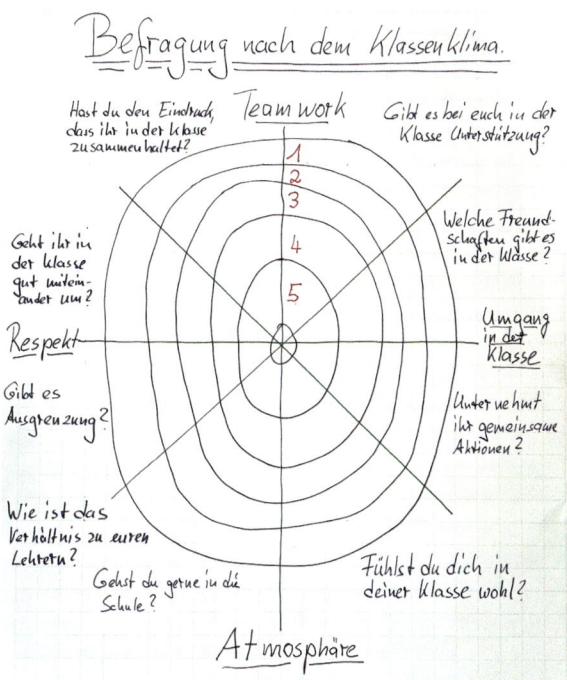

Abbildung 46: Befragung – Klassenklima

ne Mitschüler besser einzuschätzen, um seine eigene Wahrnehmung zu erweitern und gewohnte Vorstellungen und Haltungen zu flexibilisieren. Mit der Gruppenstrukturanalyse sollen die Beziehungen untereinander transparenter gemacht werden. Sie zeigt, wie die Schüler in Beziehung zueinander treten und was an Veränderungen gemeinsam, z. B. bei Mobbing, getan werden kann. Dabei werden die Ressourcen und Lösungspotenziale der Schüler mit dem Ziel genutzt, mit veränderten konstruktiven Verhaltensweisen zu experimentieren bzw. neues Verhalten auszuprobieren. Mit dem Soziogramm kann aber auch die Leistungsfähigkeit in Richtung Teamfähigkeit gesteigert werden (Seiß 2004, 52).

### Befragung der Klasse nach dem Klima

Mit Hilfe des Tools der Abbildung 46 (🖱) lässt sich das aktuelle Klima in der Klasse erheben. Die Schüler werden gebeten, sich entweder durch Aufstellung im Raum oder an einem Wandbild mit Klebepunkten zu den vorgegebenen Aussagen zu positionieren bzw. eine Bewertung abzugeben.

Anschließend werden die Schüler eingeladen, sich, ähnlich der »Viel-Wenig«-Abfrage, über das aktuelle Klimabild in der Klasse auszutauschen und ihre Zufriedenheit bzw. Unzufriedenheit mit der aktuellen Situation einzuschätzen. Daraus lassen sich Veränderungs- und Entwicklungswünsche gemeinsam ableiten.

Leitfragen für diesen Prozess könnten sein:
– Was sind die wichtigsten Gründe für deine Entscheidung, bei diesem Thema zu stehen?
– Was ist dir bei diesem Thema wichtig?
– Was läuft gut und was müsste sich aus deiner Sicht verändern?

### Das Regelbarometer

Beim Regelbarometer wird das gewünschte konstruktive soziale Verhalten in einer Gruppe durch Regeln vereinbart und später gemessen. Hierzu werden mit den Schülern Verhaltensregeln gemeinsam erarbeitet. Dabei ist es wichtig, darauf zu achten, dass die Regeln positiv formuliert werden, dass sie sich auf beobachtbares Verhalten beziehen und umsetzbar sind. Eine Leitfrage könnte sein:
– Was müsst und wollt ihr tun, um eine gute Klassengemeinschaft zu bekommen?

Aus dem gemeinsamen Austausch werden zwei bis drei Regeln der Klasse in das Regelbarometer übertragen (s. Abb. 47 und 48,🖈). Wir haben es als unterstützend erlebt, wenn dazu von den Schülern aus einer Bildkartei (vgl. MeBoard oder ZRM, s. dieses Kap.), die auf dem Boden ausgelegt wird, zu den Regeln passende Bilder ausgesucht und zusammen mit dem Barometer im Klassenzimmer aufgehängt werden. Die Umsetzung der Regeln in der Klasse sollte regelmäßig reflektiert werden. Hierzu können auch handlungsorientierte Übungen zum Einsatz kommen. Gemein-

Abbildung 47: Vorlage – Regelbarometer (blanko, 🖊)

| Regelbarometer | Wie hat folgende Regel geklappt? |  |  |
|---|---|---|---|
|  | 😃 | 😐 | ☹️ |
| 1. |  |  |  |
| 2. |  |  |  |
| 3. |  |  |  |
| 4. |  |  |  |
| 5. |  |  |  |
| 6. |  |  |  |

Abbildung 48: Beispiel – Regelbarometer

sam wird besprochen, wo die Schüler ihr Verhalten ändern und auf was sie achten können und sollten. Dabei sollte von Lehrerseite weniger unerwünschtes Verhalten ermahnt und kritisiert, als vielmehr erwünschtes Verhalten gelobt werden.

### Gefühle erkennen und richtig deuten

Im Rahmen der Projekte »Faustlos« und »Max Besser«, die an Grundschulen durchgeführt werden, lernen Kinder, Gefühle bei sich und anderen zu identifizieren. Für Goleman (2013, 328) ist es für die Schulung der Gefühle wichtig, dass die Spannungen und Traumata der Kinder in Schulen zum Thema gemacht werden, und die Lehrer dazu in der Lage sind, die wirklichen Probleme anzusprechen. Über Fotos lernen die Kinder, die menschlichen Grundgefühle zu erkennen und zu deuten. Anschließend können sie z.B. lernen, diese Gefühle in Rollenspielen zu benennen bzw. herauszufinden, welche Gefühle in welchen Lebenssituationen stimmig sind und was sie uns vermitteln möchten. So können die Kinder den Umgang mit Gefühlen bei sich selbst und in Beziehungen lernen. Darüber hinaus lernen sie Gefühlsimpulse zu steuern und nach kreativen Lösungen für unangenehme emotionale Zustände zu suchen. Neben Fotos von Gefühlen hat sich der Einsatz

von Kreisgesichtssymbolen bewährt (vgl. Kleinewiese 1999). Die Gefühle lassen sich beim Einsatz handlungsorientierter Übungen thematisieren und dadurch z.B. die Wahrnehmung und Deutung von Gefühlen schulen.

*Grundgefühle im Sinne der Transaktionsanalyse (nach Ekmann 2010) und ihre Bedeutung*
- Freude – zeitloses Grundgefühl
- Angst – Zukunftsperspektive: Umgang mit Herausforderung, Finden der angemessenen Herausforderung (Stichwort Lernzone, s. Lernzonenmodell in diesem Kaptiel)
- Wut/Ärger – Aktuelle Situation: Umgang mit Grenzverletzungen und Bedrohungen
- Trauer – Vergangenheitsperspektive: Umgang mit Verlusten

*Weitere Grundgefühle*
- Ekel
- Verachtung
- Überraschung
- Interesse/Neugier
- Erregung
- Verlegenheit

Die ersten drei genannten weiteren Grundgefühle sind zusammen mit den vier Grundgefühlen der Transaktionsanalyse nach Ekmann (2010) kulturübergreifend. Jedoch konnte die These, dass diese am Gesichtsausdruck überall auf der Welt erkannt werden können, bislang nicht wissenschaftlich bestätigt werden. Daher werden die drei letztbenannten Gefühle ebenfalls diskutiert.

### Arbeit mit Bildkarteien – Zürcher Ressourcen Modell und MeBoard

Häufig sind Schüler durch einen rein sprachlichen und kognitiven Zugang zu Themen überfordert. Gerade jüngeren Schülern fehlen nicht selten die Begrifflichkeiten, um sich auszudrücken (vgl. Meier-Winter 1994). Eine gute und wirksame Alternative und Hilfe bieten assoziative Verfahren und Methoden, wie sie z. B. von Maya Storch oder aber auch von Ben Fuhrmann entwickelt wurden. Mit Hilfe von Fotos werden die Schüler eingeladen und angeregt, sich über bestimmte Themen auszutauschen. Nachfolgend stellen wir einige Varianten für den Einsatz von Bildern dar. Bezogen auf handlungsorientierte Aufgaben bieten diese Methoden unterschiedliche Einsatzmöglichkeiten.

*Zielbildentwicklung nach dem Zürcher Ressourcen Modell ZRM*

Als integrierendes Modell besitzt das ZRM neben der Berücksichtigung grundlegender neurobiologischer Erkenntnisse eine Ressourcen- und Transferorientierung. Der Selbstmanagementansatz berücksichtigt dabei die für Entscheidungsprozesse grundlegend bedeutsamen Emotionen und die damit verbundenen körperlichen Begleiterscheinungen. Auf der Grundlage des Rubikon-Prozesses haben Storch und Krause (2007) mit dem ZRM ein fünfphasiges Modell entwickelt, dessen Ausgangspunkt die Arbeit mit Bildern und somatischen Markern ist.

*»Das Konzept der ›somatischen Marker‹ des Neurowissenschaftlers Damasio besagt, dass jeder Mensch über ein emotionales Bewertungssystem verfügt, das unterhalb der Bewusstseinsschwelle arbeitet.«* (Storch/ Krause 2007, 161)

Damit möchten sie Menschen helfen, aktuelle (Lebens-)Themen auf assoziativem Wege einer Klärung näherzubringen.

Unser Gehirn arbeitet unablässig in Bildern. Diese Bilder wirken wie Leitbilder, die uns Orientierung bieten. Entsprechend nutzen wir diese Bilder, um eine Vorstellung einer gelungenen Zukunft zu entwickeln. Dies kann in Einzelsitzungen als auch in einer Gruppe für den Einzelnen, als auch für die Gesamtgruppe entwickelt werden. Durch dieses Vorgehen bieten wir Orientierung für das Handeln im Hier und Jetzt, um diese gewünschte Zukunft anzustreben. Dabei legen wir wie Storch und Krause (2007) den Fokus auf Ressourcen und somatische Marker, die aus transaktionsanalytischer Perspektive, die für eine nachhaltige Entscheidung so wichtige Beteiligung des Kind-Ich-Zustandes anzeigen (s. Kap. 3.1.2). Das ZRM geht davon aus, dass jeder Mensch die Ressourcen, die er zur Erreichung seiner Ziele benötigt, in sich trägt. Dabei

wird mit den Bildern symbolisiert, dass von »echtem Wollen« zum »Handeln im Alltag« neue Verhaltensweisen in der Klasse trainiert werden müssen.
– Wo wollen wir hin?
– Wie wollen wir das Leben in unserer Klasse bzw. an unserer Schule gestalten, beeinflussen bzw. weiterentwickeln?
– Wie können wir unsere Wünsche und Visionen erfolgreich in Handlungen umsetzten?

Im weiteren Prozessverlauf entwickeln wir auf der Grundlage der von den Schülern ausgewählten Bilder konkrete Handlungsstrategien, wie diese gewünschte Zukunft verwirklicht werden kann. Zudem dienen die Bilder als wichtige Transfer- und Erinnerungshilfe (Storch/Krause 2007). Sie finden Arbeitsblätter zur Arbeit mit dem ZRM im Downloadmaterial.

*Möglicher Prozessverlauf*
1. Ziel- und Themensuche
2. Konkretisierbarkeit der Ziele
3. Zielhierarchie
4. Prüfung der Realisierbarkeit
5. Zielentscheidung
6. Durchsetzung der Ziele
7. Zielüberprüfung

*Fred arbeitet an seiner Zukunft*

*MeBoard*

Das MeBoard bietet in Schulklassen einen niederschwelligen Zugang zu wichtigen Themen im Klassenverbund. Mit der Methode können wichtige Ziele der Klasse visualisiert werden. Durch Bilder können Schüler ihre Ziele und Visionen in konkrete Schritte im Schulalltag übertragen. Die Bilder schaffen einen Zugang zu Emotionen und sie können Ressourcen (Fähigkeiten) der Klasse benennen. Das MeBoard hat verschiedene Bereiche. Im inneren Bereich werden die ausgewählten Bilder verschiedenen Themenbereichen zugeordnet (z. B. »aktuelle Situation«, »Ressourcen«, »Hindernisse«, »Ziel«) und Begriffe formuliert. Im äußeren Rand erarbeiten wir mit der Klasse zwei bis drei wichtige Regeln für den Schulalltag (erste Schritte für den Transfer). Wichtig für einen gelingenden Prozess ist die Entwicklung und Erarbeitung von ein bis zwei positiven Zielbildern der Klasse. Als Erinnerungshilfe und Orientierung erhalten die Schüler ihr persönliches »MeBoard« als Plakat für das Klassenzimmer. Dort hängt es, bis das gewünschte Ziel erreicht ist (Beispiel s. Abb. 49).

Abbildung 49: Beispiel MeBoard

*Arbeit mit Kraftfiguren zur Persönlichkeitsentwicklung*

*Fred malt sich seinen Drachen*

Bei den Konzepten »Kleiner Drache«, und »Ich schaffs!« geht es um die Persönlichkeitsentwicklung des einzelnen Schülers. Dabei werden bestimmte Persönlichkeitsbereiche gefördert und trainiert. Während das Konzept »Kleiner Drache« in Grundschulklassen Einsatz findet und auf die Entwicklung von ressourcenorientierten Eltern-Ich-Zuständen zielt (Blank 1996, 25–58), soll das von Furmann entwickel-

te 15-Schritte-Programm »Ich schaffs!« junge Menschen ressourcenorientiert durch Kraftfiguren dabei unterstützen, spielerisch und praktisch Herausforderungen zu überwinden und neue Fähigkeiten zu erwerben (Furman 2013). Beide Konzepte nutzen die Kraft innerer Ressourcenbilder und entwickeln daraus ein Programm, das junge Menschen Lösungen finden und Fähigkeiten fokussieren lässt und ihnen hilft, ihre Persönlichkeit selbstgesteuert weiterzuentwickeln und das Potenzial der Gruppe zu nutzen.

Sie können z. B. als Programmrahmen genutzt werden, innerhalb dessen mit handlungsorientierten Übungen Entwicklungsschritte unterstützt und verdeutlicht werden (z. B. besser den Klassenkameraden zuhören oder bei Meinungsverschiedenheiten ruhig bleiben). Möglich ist aber auch, die Kraftfiguren als Reflexionstool einzusetzen. Z. B.

– Was würde der Drache/die Kraftfigur sagen, was du gut gemacht hast?
– Was hätte der Drache/die Kraftfigur dir in der Situation geraten, was du hättest tun können?

*Der Klassenrat*

Abbildung 50: Beispiel Klassenratssituation

Der Klassenrat ist ein lebendiges Selbstbestimmungsprogramm, an dem die Schüler einer Klasse gleichberechtigt teilnehmen. Sie lernen, ihr Anliegen selbst in die Hand zu nehmen. Er kann genutzt werden, um Störungen sowie Unstimmigkeiten früh in der Klasse anzusprechen und gemeinsam nach Lösungen zu suchen (s. Beispiel Abb. 50). Auf vorgefertigte Zettel können die Schüler notieren, was sie stört oder belastet. Sie lernen dadurch Konfliktfähigkeit und lösungsorientiertes Verhandeln, statt sich gegenseitig Schuld zuzuschreiben. Der Klassenrat bietet einen wichtigen

Rahmen zur Thematisierung und Bearbeitung von Konflikten und dient als nachhaltiges Instrument für die Gewaltprävention. Durch die gemeinsame Lösungsentwicklung und deren Erprobung verändert sich das Klassenklima und der Umgang miteinander. Langsam entwickelt sich so ein »Wir-Gefühl«. Wichtig

bei der Durchführung ist, dass er regelmäßig und verbindlich stattfindet und bestimmte Regeln, Prinzipien und Prozessschritte berücksichtigt werden (s. Abb. 51). Unserer Erfahrung nach sollte der Klassenrat idealerweise wöchentlich zu einer festen Stunde durchgeführt werden.

Abbildung 51: Klassenratssitzung

### Gegenseitiges Feedback

Durch gegenseitiges Feedback lassen sich die dem Menschen eigenen persönlichen »blinden-Flecken« sukzessive auflösen und es lässt sich ein stimmigerer Abgleich zwischen Selbst- und Fremdbild vornehmen. Durch die offene Rückmeldung bezogen auf Verhaltensweisen kann sich der Einzelne persönlich weiterentwickeln. Wichtig sind dabei die Einhaltung von Feedback-Regeln und das Einüben der Methode. Auch für die Klassengemeinschaft zeigen sich positive Effekte, und bei »richtiger« und angemessener Anwendung verbessert sich das Klima und der Umgang untereinander in der Klasse. Daraus kann sich ein »Wir-Gefühl« entwickeln. Varianten des Feedbacks:
Ich wünsche mir von Dir
Mehr von …
Gleiches von …
Weniger von …

Oder:
Mir gefällt bei dir …/Dafür möchte ich dir Anerkennung schenken …
Ich wünsche mir …
Damit tue ich mir schwer …

Oder:
Das hat mir gut gefallen, dafür möchte ich dich loben/ dir Anerkennung schenken …
Das könntest du aus meiner Sicht verbessern bzw. weiterentwickeln und das könnte ich mir als Hilfe/Unterstützung vorstellen …

Oder:
Ich habe wahrgenommen/gesehen …
Das wirkte auf mich, hat bei mir ausgelöst …
Ich wünsche mir …

*Feedbackregeln*

Diese können schriftlich oder mündlich vermittelt und besprochen werden. Folgende Punkte können als Orientierung dienen:

- Mir darüber klar sein, dass meine Rückmeldung subjektiv ist.
- So rückmelden, dass der/die andere etwas damit anfangen und für sich nutzen kann. Das heißt z. B., mehr von der Zukunft als von der Vergangenheit sprechen.
- So viel rückmelden, dass der/die andere es aufnehmen kann (d. h., nur den für mich wichtigsten Punkt benennen),

### Komfortzonenmodell

Um den Umgang mit dem Gefühl »Angst« und Herausforderungen angemessen einzuschätzen zu lernen, ist das Modell der Komfortzone hilfreich (s. Abb. 52). Es beschreibt mit seinen drei Zonen sehr gut, dass wir in Lernprozessen immer wieder auch Grenzen überwinden müssen. Dabei spielt der konstruktive Umgang mit Ängsten eine zentrale Rolle. Aus der Motivationspsychologie ist bekannt, dass Menschen im Laufe ihres Lebens gelernt haben, Herausforderungen entweder erfolgsmotiviert oder misserfolgsmotiviert anzugehen. Während erstere ein inneres Gefühl entwickelt haben, das Maß der Herausforderung so zu wählen, dass sie diese immer wieder bewältigen können, vermeiden misserfolgsmotivierte Menschen entweder neue Herausforderungen oder aber überfordern sich, weil sie nicht gelernt haben, im konstruktiven Kontakt mit ihrer Angst die Herausforderung so zu wählen, dass sie sie mit hoher Wahrscheinlichkeit bewältigen können.

Abbildung 52: Erfolgsmotivierte Entwicklung – Komfortzonenmodell

Für erfolgreiches Lernen ist es eine wichtige Kompetenz, das Maß an Herausforderung so zu wählen, dass diese bewältigbar ist. Da nichts erfolgreicher ist als der Erfolg, benötigen Kinder Hilfe und Unterstützung, diese Zusammenhänge zu verstehen und über einen guten Zugang zu den eigenen Ängsten und Gefühlen selbstbestimmt immer wieder erfolgreiche Lernprozesse zu gestalten. Es ist daher Teil unserer Arbeit, die Schüler mit dem Komfortzonenmodell vertraut zu machen und sie in unterschiedlichen Lern- und Erfahrungskontexten immer wieder einzuladen, sich damit und mit den eigenen Ängsten konstruktiv auseinander zu setzen. Frankl (2000) regt an, unsere Ängste willkommen zu heißen und im Dialog mit ihnen zu erfahren, was sie uns sagen möchten. Der Schlüssel zur erfolgreichen Bewältigung von »großen« Aufgaben liegt in der Fähigkeit, sie in kleine, bewältigbare Teilaufgaben zu unterteilen und diese dann Schritt für Schritt anzugehen und zu erfüllen. Das heißt, immer wieder in die persönliche Lernzone zu kommen. Leitfragen im Umgang mit Herausforderungen können sein:

- Ist die Herausforderung für mich bewältigbar?
- Was kann ich tun, bzw. wie können mich andere unterstützten, damit ich in die Lernzone komme bzw. dort bleibe?
- Was könnte ein erster bewältigbarer Schritt auf dem Weg zur Bewältigung der Aufgabe sein?
- Was könnte der nächste Schritt sein usw.?

Aus unserer Erfahrung ist es wichtig, dass Kinder Hilfe und Unterstützung bei der Auswahl des bewältigbaren Lernschrittes bekommen, da sie häufig in ihrer kindlichen Art grandios sind und dazu neigen, sich zu überfordern, d. h. Lernschritte auszuwählen, die sie nicht erfolgreich bewältigen können.

### Arbeit mit Symbolen

*Kreisgesichtssymbole Transaktionsanalyse – Ich-Zustände, Gefühle: Möglichkeit sich symbolisch auszudrücken*
Da Kinder von ihrer Entwicklung her nicht dazu in der Lage sind, rein über Sprache ein Verständnis von der Welt zu erlangen, ist es hilfreich, vor allem in den unteren Klassenstufen mehr mit Bildern und Symbolen zu arbeiten. In der Transaktionsanalyse hat Kleinewiese (1999) Kreisgesichtssymbole entwickelt, mit denen sich die Ich-Zustände und die vier Grundgefühle symbolisch darstellen lassen. Mit diesen lassen sich sowohl Gefühle und ihre Bedeutung thematisieren als auch persönliche und zwischenmenschliche Dynamiken symbolhaft erklären.

*Märchen Kuscheltücher: Lob- und Anerkennungskultur*
Mit dem Märchen von den Kuscheltüchern (Steiner 1998, 131 ff.) lässt sich die Lob- und Anerkennungskultur in einer Klasse und zwischen den Schülern thematisieren. In dieser Geschichte gibt es Kuscheltücher (positive Zuwendung und Anerkennung), die sich die Menschen gegenseitig schenken, bis zu dem Zeitpunkt, als eine Hexe sie glauben macht, dass die Kuscheltücher in ihrer Anzahl begrenzt sind. Da die Menschen, die daraufhin sehr sparsam mit den Kuscheltüchern umgehen, krank werden und sogar sterben, gibt die Hexe den Menschen nun als Ersatz Nesselfetzen (negative Zuwendung) zum Verteilen. Nach dem Lesen der Geschichte und des symbolischen Herumreichens von Kuscheltüchern (weiche Felle) und Nesselfetzen (rauer Stoff) wird gemeinsam mit den Kindern die aktuelle Situation in der Klasse in Bezug auf die Verteilung von Kuscheltüchern und Nesselfetzen besprochen. Diese Symbole dienen auch als Auswertungshilfe:

– Wie viele Kuscheltücher oder Nesselfetzen hast du heute/im Verlauf der Übung verteilt bzw. erhalten?
– Welche Kuscheltücher hast du heute gehört bzw. erhalten?
– Wie haben sich diese angefühlt?
– Welche haben dich erfreut, welche überrascht?

### Impact-Techniken

Die von Beaulieu (2013) entwickelten Impact-Techniken sind strategisch geplante Inszenierungen, die einen bleibenden Eindruck hinterlassen. Sie nutzen kreative Bilder, Symbole und Metaphern über alle Sinneskanäle. Sie helfen, die Konzentration von Schülern auf ein bestimmtes Thema zu lenken. Ohne erhobenen Zeigefinger findet eine gedankliche Anregung, eine Ankersetzung und Motivationsstärkung statt. Sie ermöglichen jungen Menschen, schneller und dauerhafter bedeutsame Erkenntnisse zu gewinnen. Durch Verwendung von Erinnerungstechniken (Memotechniken), die alle Sinne ansprechen, haben junge Menschen die Möglichkeit, Zusammenhänge zu verstehen und Erkenntnisse zu gewinnen, die sie mit rein verbalen Methoden nicht gewinnen können.

Beispiel:
Wir laden einen Schüler auf ein kleines Experiment ein. Der Schüler wird gefragt, was er gerne in seiner Freizeit unternimmt. Daraufhin muss der Schüler mit zwei Hobbys antworten. Die zwei Hobbys werden auf ein Stück Papier geschrieben. Der Anleiter schreibt zusätzlich »Schule« auf ein Plakat. Neben den drei Plakaten wird ein Glas hingestellt. Mit einer Flüssigkeit, welche als Metapher für Lebensenergie steht, z. B. Wasser, bekommt der Schüler nun die Aufgabe, diese Lebensenergie auf die drei Gläser zu verteilen.

Wie man auf der Grafik zu Freds persönlicher Zeitstrukturierung erkennen kann, wurde am wenigsten Lebensenergie auf die Schule verteilt. Da würde sich die Frage anbieten, ob der Schüler denkt, dass er mit dieser Energie die Schule gut absolvieren kann. Des Weiteren könnte man die Aufgabe auf das reale Leben beziehen. Man könnte z. B. fragen, wie sich die Lebensenergie für Schule erhöhen lässt und wer ihn dabei unterstützen kann.

*Mnemotechnische Prinzipien der Impact-Methode*
1. Multisensorisches Lernen
2. Abstrakte Konzepte konkret machen
3. Nutzen der bereits bekannten Informationen
4. Emotionen auslösen
5. Interesse wecken
6. Lust und Spaß im Unterricht bzw. am Lernen
7. Einfach ist einfacher!
8. Wiederholen, wiederholen …, doch ohne Zwang

Dabei kommen unterschiedliche Materialien und Techniken zum Einsatz. Wir haben weitere ausgewählte Methoden im Downloadmaterial (🖱 *Impact-Techniken*) genauer beschrieben.

*Schüler mit Kuscheltuch und Nesselfetzen*

*Freds persönliche Zeitstrukturierung*

## 4.2 Reflexions- und Transfermethoden

*»Alle Dinge beginnen mit einer Vision. Sie haben ihren Ursprung in einer Vision, müssen dann auch noch ins Werk umgesetzt werden.«[3]*
Indianische Weisheit

Beim Einsatz handlungsorientierter Methoden gilt es, die dabei gemachten Erfahrungen zu reflektieren und für den Alltag nutzbar zu machen. Wenn aus einem Erlebnis eine nutzbringende Erkenntnis werden soll, benötigt es der kognitiven und emotionalen Reflexion der gemachten Erfahrungen. Hierfür bieten sich unterschiedliche Prozessschritte und Methoden an. Aus unserer Sicht besitzt der Austausch mit anderen und die Teilhabe an deren Erfahrungen einen qualitativ höherwertigen Nutzen, als lediglich für sich selbst darüber zu reflektieren. Die Tiefe emotionaler Erfahrungen kann häufig nur durch eine innere Verarbeitung entdeckt werden. Auch hierzu sind der Aus-

tausch und die Teilhabe in einer Gemeinschaft hilfreich und nützlich.

Grundlegend folgt die Gestaltung handlungsorientierter Maßnahmen nach dem Prinzip von Aktion und Reaktion, das sich mit der sogenannten Abenteuerwelle grafisch veranschaulichen lässt (vgl. Abb. 53).

*Die Abenteuerwelle*

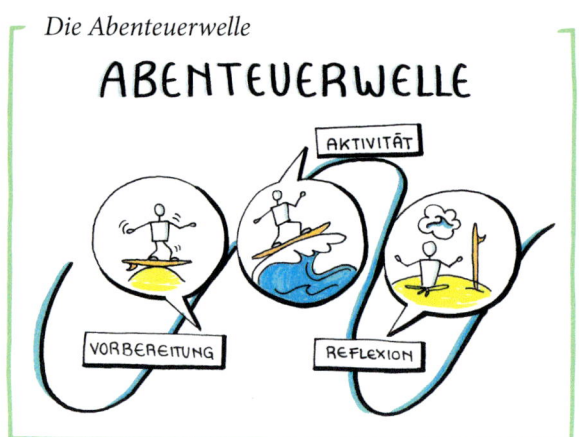

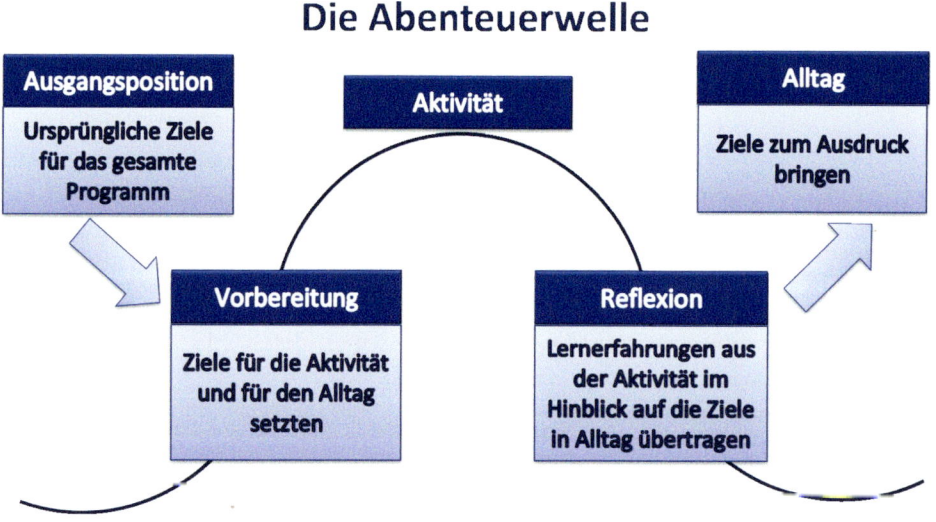

Abbildung 53:
Die Abenteuerwelle mit Fokus auf einen Zyklus, eig. Darstellung nach Rehm 1996[4]

Reflexions- und Transfermethoden unterstützen den Erkenntnis- und Veränderungsprozess über die unmittelbare Situation hinaus. Verhaltensänderungen benötigen Zeit. Die Bewusstwerdung von Wahrnehmungs-, Denk-, Gefühls- und Verhaltensmustern ist dabei ein erster wichtiger und notweniger Schritt. Darüber hinaus braucht es aber fortlaufende Impulse und Erinnerungshilfen, um die eingefahrenen Bahnen wirklich zu verlassen und neue entwicklungsförderliche Handlungsweisen zu etablieren.

Die gemeinsame Reflexion liefert wichtige Impulse für die Weiterentwicklung des Einzelnen wie der

Gruppe (s. Abb. 54). Jedoch sollte sie sinnhaft und keinesfalls inflationär eingesetzt werden. Immer wieder gilt es, die Bedürfnisse der Gruppe im Hinblick auf das gewünschte Ziel einzuschätzen und zu entscheiden, wann sie erforderlich und sinnhaft ist und wann auch nicht. Hierzu gilt es, die handlungsorientierten Aktivitäten so zu gestalten, dass es auch tatsächlich etwas zu reflektieren gibt.

Dabei kann es z. B. hilfreich sein, möglichst viele Entscheidungen durch die Gruppenmitglieder treffen zu lassen und darauf zu achten, dass mit der Aufgabe die Komfortzone verlassen wird, ohne in die Pa-

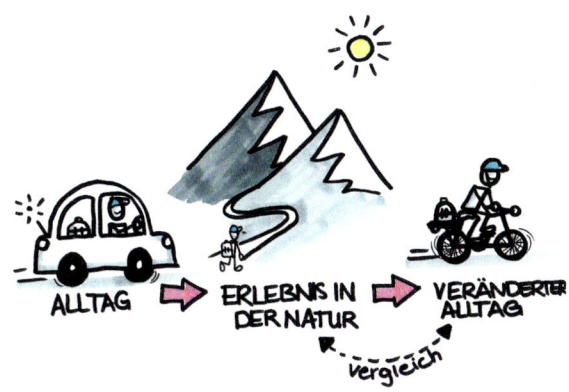

Abbildung 54: Erlebnispädagogisches Reflexionsmodell, eig. Darstellung nach Schad 1993, 49 ff.

Abbildung 55: The Mountains Speaks for Themselves-Modell, eig. Darstellung nach Schad 1993, 50

nikzone zu kommen (s. Kap. 4.1, Abschnitt *Komfortzonenmodell*). Reflexionen sind vor allem dann wertvoll, wenn sie die Schüler dazu anregen, neue Perspektiven und Sichtweisen einzunehmen. Dabei ist eine Teilnehmerorientierung, z. B. durch die Auswahl angemessener Methoden und Fragestellungen auch in Reflexionsphasen, sehr wichtig und geboten (s. Kap. 4.2.2). In weiteren Schritten können die im Reflexionsprozess gewonnenen Erkenntnisse und Ideen durch entsprechende handlungsorientierte Aufgaben in ihrer (Alltags-)Tauglichkeit ausprobiert und eingeübt werden. Darüber hinaus geht es darum, die Lernerfahrung und Handlungsalternativen Schritt für Schritt in das Alltagshandeln der Schüler zu übertragen und zu integrieren. Hierzu braucht es fortlaufender Impulse und Erinnerungshilfen im schulischen Alltag (s. Kap. 4.1, ZRM).

Aus der Erlebnispädagogik sind unterschiedliche Formen der Reflexion bekannt, die sich in Anpassung an die Gegebenheiten und Rahmenbedingen der jeweiligen Zeit entwickelt haben. Darüber hinaus gibt es zahlreiche Methoden, Reflexionsprozesse anzuleiten. Eine Auswahl stellen wir Ihnen im Anschluss vor.

### 4.2.1 Modellentwicklung der Reflexion in der Erlebnispädagogik

**The Mountains Speaks for Themselves**
Da sich die erlebnispädagogischen Maßnahmen bis etwa zum Ende der sechziger Jahre über längere Zeiträume erstreckten, wurde aufgrund der Dauer und Intensität der Erfahrungen davon ausgegangen, dass die Aktivitäten in der Natur unmittelbar ein verändertes Verhalten im Alltag bewirken, ohne dass über die gemachten Erfahrungen gesondert reflektiert wird (Schad 1993; s. Abb. 55). Die Aufgabe der Leitung bestand darin, für die physische Sicherheit zu sorgen sowie Räume und Zeiten für Erfahrungen bereitzustellen (Reiners 1995, 60). Auch heute noch kann aus unserer Sicht dieses Reflexionsmodell punktuell im Verlauf eines Gruppenprozesses immer wieder auch angewendet werden. Jedoch sind die Fähigkeiten der Selbsterkenntnis und die Zugänge zu den »Selbstheilungskräften« von jungen Menschen heute vielfach sehr verkümmert, sodass es zunächst der Anleitung und Begleitung derartiger Maßnahmen bedarf, um das ihr innewohnende Lern- und Entwicklungspotenzial auch tatsächlich für den Einzelnen wie die Gruppe nutzbar werden zu lassen.

**Outward Bound Plus-Modell**
Heute ist es üblich, handlungsorientierte Aktivitäten durch eine Reflexionsphase zu ergänzen, um dadurch den Transfer und letztlich eine Verhaltensänderung im Alltag zu initiieren (Kölsch/Wagner 1998, 20; s. Abb. 56). Mit diesem Vorgehen wird das Erlebnis kognitiv und emotional ausgewertet und damit neben der Aktion die reflexive und kognitive Aufarbeitung betont. Die Leitung hat die Aufgabe, die Teilnehmer dabei zu unterstützen, die Bedeutung und Relevanz der gemachten Erfahrung für sich zu erarbeiten und in den Alltag zu übertragen. Obwohl sich Gefühle und Erfahrungen nur bedingt kognitiv verarbeiten lassen, stellt die sprachlich-kognitive Aufarbeitung vor, während und nach dem Erlebnis eine wichtige Säule für einen gelingenden Transfer der handlungsorientierten Erfahrungen in den Alltag dar und hat sich inzwischen als fester Bestandteil handlungsorientierter Maßnahmen etabliert.

Durch die Reflexion können zusätzliche, bislang ungewohnte Perspektiven und Sichtweisen angeregt werden, die helfen, das Erlebte neu und anders einzuordnen, sowie zu lernen, flexibler und offener im eigenen Wahrnehmen, Denken, Fühlen und Handeln zu werden. So können die Schüler z. B. die unterschiedlichen Sichtweisen ihrer Klassenkameraden kennenlernen und damit erfahren, dass es unterschiedliche Wirklichkeiten gibt. Der Einzelne kann dadurch seinen Bezugsrahmen erweitern, »blinde Flecken« können erkannt werden und bedeutsame Erfahrungen ins Bewusstsein gehoben werden.

Abbildung 56: Outward Bound Plus-Modell, eig. Darstellung nach Schad 1993, 50

Durch unterschiedliche Methoden und Fragestellungen kann die Leitung die Teilnehmer zum Nachdenken anregen und so aktiv an der Umsetzung der gemachten Erfahrungen beteiligen. Fragen wie:

–  Was war der Schlüssel zum Erfolg?
–  Welche konstruktiven und unterstützenden Handlungsweisen konntet ihr in der Übung wahrnehmen?
–  Was hat den gelingenden Verlauf blockiert und was würdet ihr beim nächsten Mal anders machen?
–  Wie ist es euch im Verlauf der Übung ergangen? Welche Gefühle und Empfindungen konntet ihr zu welchem Zeitpunkt bei euch selbst und bei euren Mitschülern wahrnehmen?
–  Was sind die (zwei) wichtigsten Punkte, die ihr aus der Erfahrung gelernt habt?
–  Kennt ihr vergleichbare Situationen aus eurem Alltag?

führen dazu, die Potenziale der Erfahrungen selbst zu entdecken. Im Sinne der Transaktionsanalyse wird dabei der Erwachsenen-Ich-Zustand angeregt (s. Kap. 3.1.2 und 3.2.2). Die vorrangige Aufgabe der Leitung besteht darin, diesen Prozess durch das Auf-

greifen entsprechender von den Schülern benannter Aspekte zu strukturieren und im Hinblick auf das zuvor gemeinsam benannte Ziel zu unterstützen.

### Metaphorisches Modell

Das metaphorische Modell geht noch einen Schritt weiter und verbindet die Erfahrung in der handlungsorientierten Aktion mit der Zukunft. »Beim Metaphorischen Modell bieten die Aktivitäten in der Natur die Möglichkeit, ein anderes Verhalten auszuprobieren als jenes, das sonst in Alltagssituationen mit einer ähnlichen Struktur angewandt wird. Durch den vielleicht unbewussten Vergleich der alternativen Verhaltensweisen bietet sich die Chance, auch im zukünftigen Alltag zwischen verschiedenen Verhaltensdispositionen wählen zu können.« (Kölsch/ Wagner 1998, 20)

Dadurch ergibt sich ein grundlegend anderes Vorgehen: Wurden bei den vorherigen Modellen die Erfahrungen im Nachhinein ausgewertet, werden jetzt die möglichen und gewünschten Entwicklungsrichtungen bereits vor der Aktivität thematisiert und fließen dadurch mittels praktischer Erprobung in die Aktivität ein (s. Abb. 57). Dabei können folgende Aspekte angesprochen werden:

**Rückblick:** Was wurde bei den vergangenen Aktivitäten erreicht/gelernt?
**Bezug:** Was kann bei der folgenden Aktivität gelernt werden?
**Motivation:** Warum ist diese Erfahrung wichtig, welchen Bezug hat sie zum Alltag?
**Funktionsweise:** Welches Verhalten bringt voraussichtlich den größten Erfolg?
**Hindernisse:** Welches Verhalten wird eher hinderlich/ kontraproduktiv sein?

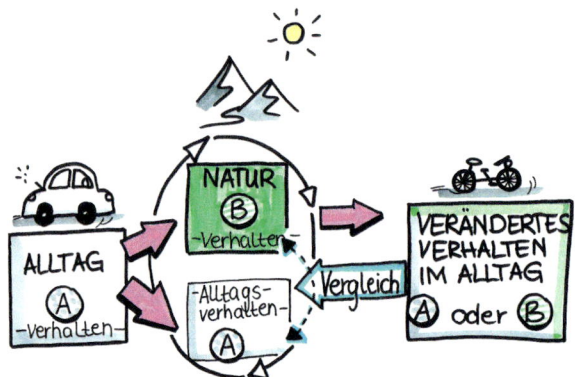

Abbildung 57: Metaphorisches Modell, eig. Darstellung nach Schad 1993, 51

Die Leitung führt bei diesem Modell nicht nur in die Aktivität ein, sondern regt darüber hinaus schon im Vorfeld durch entsprechende Fragestellungen und Isomorphien an, sich im Hinblick auf die gemeinsamen Ziel- und Entwicklungsrichtungen in der Gruppe auszutauschen und Brücken in den Alltag zu planen. Fragen könnten z. B. sein:

– Was könnte man aus dieser Aktivität lernen?
– Warum ist es wichtig, dies zu lernen?
– Welche Vorteile bringen die Erfahrungen für die Zukunft?

### 4.2.2 Spezielle Reflexionsmethoden
*Wahrnehmungsunterschiede schaffen*
Der Ausgangspunkt all unseres Denkens, unserer Gefühle und letztlich unseres Verhaltens ist die Art und Weise, wie wir uns, unsere Mitmenschen und die Welt wahrnehmen. Im Sinne Batesons (1987) stellen Wahrnehmung und die komplexe Verarbeitung von Information in einem Organismus die Grundbedingung jedweder Kommunikation dar. Systemisch betrachtet, beruht eine Information auf einem Unterschied, einer Differenz, die zwischen zwei Systemzuständen besteht und etwa zeitlich erfasst werden kann. Ebenso wichtig wie dieser Unterschied ist der Umstand, dass jemand diese Differenz wahrnimmt, beobachtet. Nur wenn Daten dem verarbeitenden System auf irgendeine Weise interessant oder wichtig vorkommen, wird es sich intensiver mit ihnen beschäftigen – und genau in diesem Moment sind aus Daten Informationen geworden. Damit aus Daten Informationen werden, braucht es Wahrnehmungsunterschiede. Erst dann machen Informationen einen Unterschied, die im Sinne Batesons (1987) einen Unterschied machen. Fragen an die Schüler könnten daher sein:

– Was glaubst du, hat ein außenstehender Beobachter in der Übung wahrgenommen?
– Was hast du in der Übung wahrgenommen?
– Was war für dich stimmig? Was hat dich irritiert oder verunsichert?
– Was war für dich gut bzw. nicht so gut?
– Wie würdest du die Stimmung in der Gruppe vor der Übung beschreiben und wie war sie in der Übung und wie erlebst du sie jetzt? Welche Begriffe fallen dir zu den Stimmungen ein?

Hilfreich sind auch hier zirkuläre Fragen (s. nachfolgend). Unter der Zuhilfenahme der Analogie des Lichtschalters, der »an« oder »aus« sein kann, können die Unterschiede für die Schüler deutlich gemacht werden. In der anschließenden Auswertung der Übungen ist es wichtig, aus einer Metaperspektive zu fragen:

– Wie habe ich die Situation in der Klasse vor der Übung erlebt, wie in der Übung und wie erlebe ich sie danach? Fallen mir zentrale Assoziationen dazu ein?
– Welche Hypothesen haben sich erfüllt?
– Was nehme ich, was nehmen wir aus den Erfahrungen in der Übung für den Alltag mit?

Dabei ist für die Gestaltung der Übung die Frage wichtig:

– Welche Inszenierung der Übung könnte einen noch größeren Wahrnehmungsunterschied schaffen? Wie hat sich z. B. das Kommunikationsverhalten untereinander verändert?

Die Wahrnehmungsveränderung muss für die Schüler erkennbar sein, damit aus Daten eine relevante Information wird, die im Sinne Batesons (1987) einen Unterschied macht. Diese Punkte werden an der Tafel oder Flipchart festgehalten. Folgendes Vorgehen hat sich dabei bewährt:

1. Anknüpfen – Was ist in der Übung gelaufen? Feedback einholen.
2. Bewusstsein schaffen – Sinn stiften. Warum mache ich diese Übung mit euch?
3. Rahmen setzen – Worüber unterhalten wir uns?
4. Emotionales Erleben – Wie war die Beteiligung der Schüler? Wie habt ihr euch gefühlt?
5. Verdichten – Reflektieren, z. B. mit einer Kartenabfrage (jeder Schüler schreibt seine Erfahrungen auf und hängt sie an einer Pinnwand auf).

*Mit Fragen arbeiten*
Fragen sind ein wichtiges Element bei der Reflexion und Auswertung von handlungsorientierten Aufgaben. Wer fragt, der führt; und mit Fragen richten wir den Blick auf Aspekte, von denen wir glauben, dass sie wichtig und bedeutsam sind. Wir laden mit Fragen die Schüler bzw. die Gruppe ein, ihre Aufmerksamkeit auf bestimmte Themen zu legen. Zudem aktivieren wir mit Fragen den Erwachsenen-Ich-Zustand, sofern diese nicht mit einem entwertenden Unterton gestellt werden, und legen den Fokus auf das Hier und Jetzt. Daher ist es bedeutsam, bestimmte Frageformen zu kennen und diese zu verschiedenen Zeitpunkten des Übungsverlaufs anzuwenden.

## Offene Fragen

In den Reflexionen werden häufig »große Begriffe« genannt, wie z. B. »Teamwork«. Was genau verbirgt sich dahinter? Was macht eine Zusammenarbeit zum »Teamwork«? Es ist wichtig, konkreter herauszuarbeiten, welche Handlungsweisen dazu beitragen bzw. dazu beigetragen haben, dass »Teamwork« stattgefunden hat. Mit offenen Fragen versuchen wir, Themen und Sachverhalte zu konkretisieren. Wir zeigen zudem unser Interesse mit Fragen, die mit wie, wo, was, wer, wann beginnen.

*Beispiele:*

- Was habt ihr getan, damit ihr jetzt sagen könnt: »Wir haben als Team zusammengearbeitet«?
- Wie habt ihr das konkret gemacht?
- Was habt ihr zum Erfolg beigetragen?
- Wer war durch welche Handlung am Erfolg beteiligt?
- Wann genau habt Ihr gemerkt, dass Ihr die Übung bewältigen könnt?
- Wo und an welcher Stelle sind wichtige Entscheidungen getroffen worden?

## Unterscheidende Fragen

Mit unterscheidenden Fragen können wir differenzieren sowie Sachverhalte und Zusammenhänge noch konkreter klären. Es geht darum, noch genauer herauszuarbeiten, was z. B. dazu beigetragen hat, dass eine Übung erfolgreich bewältigt werden konnte und diese zu differenzieren.

Beispiele:

- Ist es eher so … oder eher so …?
- Wann habt ihr es so erlebt, wann war es anders?
- Was hat konkret den Unterschied bewirkt?

## Zirkuläre Fragen

Hierunter werden Fragen verstanden, die zu einem Perspektivwechsel einladen oder dazu, eine Beobachterposition einzunehmen. Die Schüler werden angeregt, ihre Vermutungen über Wünsche, Bedürfnisse, Meinungen, Beziehungen zu äußern. Dadurch werden sie zu neuen und veränderten Denkprozessen eingeladen, was Entwicklung ermöglicht.
Beispiele:

- Wenn ein Zuschauer euch beobachtet hätte, was würde der über das sagen, was er gesehen hat?
- Was glaubst du würde … dazu sagen?
- Angenommen ihr hättet die Übung gemeistert, was würdet ihr sagen, wäre der Schlüssel zum Erfolg gewesen?

## Gruppenmethoden
*Kleingruppenarbeit, World-Café, Fishbowl*

*World-Café*

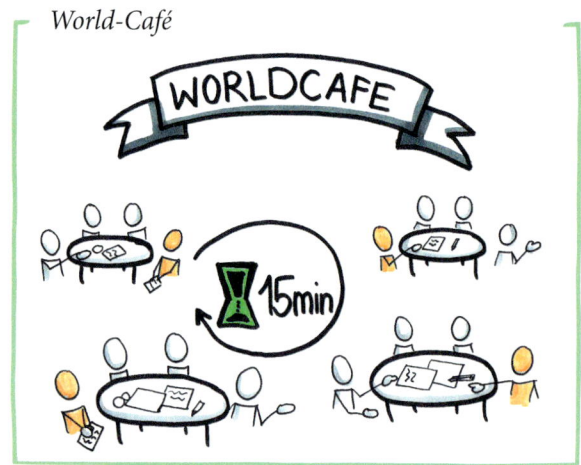

Mit diesen Methoden lassen sich Austauschprozesse in Großgruppen sinnhafter und nachhaltiger organisieren. Die Beteiligung der Einzelnen ist höher und dennoch können durch Rückmeldungen in der Großgruppe Gesamtperspektiven sichtbar gemacht werden. Da diese Methoden entsprechend Zeit benötigen, sehen wir ihren Einsatz vor allem für Schlussauswertungen am Ende von Maßnahmen. Sie finden eine detailliertere Beschreibung dieser Methoden in zahlreichen Büchern, wie z. B. in Baumann und Gordalla (2020).

### Zahlen- oder Daumenauswertung

Mit Hilfe einer Zahlenskala können die Schüler ihre Erfahrungen einordnen und zugleich durch entsprechende Fragen dazu angeleitet werden, nächste Entwicklungsschritte zu benennen.

Beispiel:

»Auf einer Skala von 1 bis 10, wenn 1 (sehr) schlecht, unangenehm und 10 (sehr) gut, angenehm bedeutet: Wie schätze ich aktuell unser Ergebnis der Übung ein oder wie habe ich mich im Verlauf der Übung gefühlt?« Wenn die Aussage getroffen wurde, kann der Rückmeldende eingeladen werden, sich zu überlegen, was hätte passieren müssen, damit der benannte Wert um einen Zahlenwert steigt.

Eine Variante besteht darin, dass auf »drei« alle Gruppenmitglieder mit ihren Fingern einen Zahlenwert bezogen auf eine Aussage für alle sichtbar zeigen. Danach können alle oder bestimmte Gruppenmitglieder nach den Hintergründen ihrer Einschätzung gefragt werden, z. B. die niedrigsten und höchsten

*Auswertung mit Aussagen*

*Viel – Wenig-Auswertung*

Einschätzungen. Eine andere Möglichkeit ist es, dass die Gruppenmitglieder per Daumenanzeige (hoch – runter) eine Einschätzung zu einer bestimmten Frage vornehmen und diese öffentlich machen.

### Aufstellung mit Aussagen

Bei dieser Methode werden die Teilnehmer gebeten, Aussagen zu den Erfahrungen oder Erkenntnissen in der Übung zu machen (z. B. »in der Übung haben wir uns gegenseitig optimal unterstützt«). Dabei tritt die sprechende Person in die Mitte des Kreises und die anderen Gruppenmitglieder positionieren sich nach dem Grad ihrer Zustimmung oder Ablehnung zu dieser Aussage näher oder weiter entfernt von der Person in der Mitte. Der Prozess wird dann mit weiteren Aussagen von anderen Gruppenmitgliedern entsprechend fortgeführt.

### Viel – Wenig als Auswertung

Die »Viel – Wenig-Aufstellung« (vgl. Kap. 4.1) zur Ist-Zustands-Analyse lässt sich auch bei der Reflexion von Übungen anwenden. Lediglich die Fragen haben einen anderen Fokus.

Wiederum wird die Methode zunächst nonverbal durchgeführt. Anschließend findet ein Austausch über die gemachten Erfahrungen in Kleingruppen oder auch mit der ganzen Klasse statt.

Beispiele für Aussagen:
*In dieser Übung habe ich (mich) … (viel oder wenig)*
- unterstützt gefühlt.
- Angst gehabt.
- alleine gelassen gefühlt.

*In dieser Übung haben wir uns … (viel oder wenig)*
- gegenseitig geholfen.
- aufeinander verlassen können.
- gestritten.

### Auswertung mit Symbolen

Durch die Verwendung unterschiedlicher Symbole können Austausch- und Gesprächsprozesse in der Klasse angeregt werden. Hierzu legt man unterschiedliche Symbole (z. B. Landkarte, Sonnenbrille, Karabinerhaken, Augenbinde) in die Mitte und bittet die Schüler, sich jeweils ein Symbol auszuwählen, dass z. B. zur aktuellen Befindlichkeit passt oder das symbolisch die Erfahrung aus der Übung widerspiegelt.

*Symbole und ihre Bedeutung*

Eine andere Möglichkeit besteht darin, dass die Lehrkraft ein Symbol auswählt, das den Fokus der Austauschrunde beschreibt (z. B. *Glühbirne*: Folgende Erkenntnis habe ich gewonnen …/*Herz*: Diese Gefühle habe ich in der Übung gehabt …). Das Symbol wird in der Runde herumgereicht und jeder Schüler kann sich entsprechend der Frage äußern. Wichtig ist aus unserer Sicht die Freiwilligkeit der Beteiligung, d. h., wir zwingen niemanden etwas zu äußern. Wer sich enthalten möchte, darf dies tun.

### 4.3 Handlungsorientierte Aufgaben und Übungen

*»[…] der Mensch spielt nur, wo er in voller Bedeutung des Worts Mensch ist, und er ist nur da ganz Mensch, wo er spielt.«[5]*
Friedrich Schiller

Handlungsorientierte Übungen und Aufgaben können zu unterschiedlichen Zeitpunkten des Gruppenprozesses und zu unterschiedlichen Gruppenthemen eingesetzt werden (s. Abb. 58). Ein aus unserer Sicht zentraler Aspekt dieser Übungen ist, dass sie die Lerninhalte auf ganzheitlicher Art vermitteln. Dabei sehen wir hier noch vielfach unentdecktes Potenzial, denn neben der Entwicklung persönlicher und sozialer Kompetenzen könnten mit Hilfe entsprechender Übungen auch Lerninhalte aus unterschiedlichen Fächern ganzheitlich vermittelt werden. Beispiele könnten sein, mathematische Gleichungen mit Hilfe des Eisschollenspiels/Leonardos Brücke[6] einzuüben oder geografische bzw. geschichtliche Daten mit der Methode RealityCheck! Ein anderes Beispiel wäre, dass Gemeinschaftsschüler am Thema Zuwanderung arbeiten und zu ausgebildeten Mentoren werden. Dieses Wissen setzen sie für jüngere Migrantenkinder an der Schule ein. Damit wird schulisches Wissen auf praktische Anwendbarkeit überprüft und Schüler übernehmen Verantwortung, z. B. dass diese neuen Mitschüler schneller in die Gemeinschaft aufgenommen werden.

Klassische Anwendungen dieser Übungen sind jedoch die Stärkung der Gemeinschaft und des Wir-Gefühls, Weiterentwicklung der Gesprächs- und Sozialkompetenz, Rücksichtnahme sowie Austauschprozesse in der Gemeinschaft zu gestalten. Die Komplexität der Übungen sollte alters- und kompetenzangemessen gestaltet sein und kann sowohl im Schuljahresverlauf als auch für die Klassenstufen angepasst werden. Wie zuvor bereits erwähnt, sollte vor allem in den unteren Klassenstufen zunächst noch viel symbolhaft gearbeitet werden. So können z. B. durch den Einsatz der Kuscheltierjonglage die Grundaspekte für eine gelingende Kommunikation verdeutlicht werden: Aufmerksamkeit, Blickkontakt, Aufnahmefähigkeit meines Gesprächspartners usw. Die Kuscheltiere stehen hier symbolisch für die gesprochenen Worte, die ich aussende und von denen ich möchte, dass sie beim anderen auch ankommen.

Nach der Durchführung der Übung können die dabei gewonnenen Erfahrungen und Erkenntnisse im Unterricht in der Form genutzt werden, dass die Lehrkraft, z. B. wenn das Kind mit seiner Aufmerksamkeit nicht am Unterrichtsthema teil hat, Hinweise gibt: »Mein Eindruck ist, dass mein Kuscheltier im Moment gar nicht bei dir ankommt.« Oder die Anfrage: »Was brauchst du im Moment, damit mein Kuscheltier bei dir landen kann?« Die in der Übung gewonnenen Zusammenhänge von Aufmerksamkeit und Abwarten bis der andere zuhört, können so in den (Unterrichts bzw. Schul-) Alltag übertragen werden.

Wie bereits erwähnt, haben handlungsorientierte Übungen immer mit Bewegung und Kontakt zu tun. D. h., man benötigt eine entsprechende körperliche Konstitution für den gelingenden Einsatz der Übungen und Aufgaben. Dies ist auch aus sicherheitstechnischer und versicherungsrechtlicher Sicht relevant.

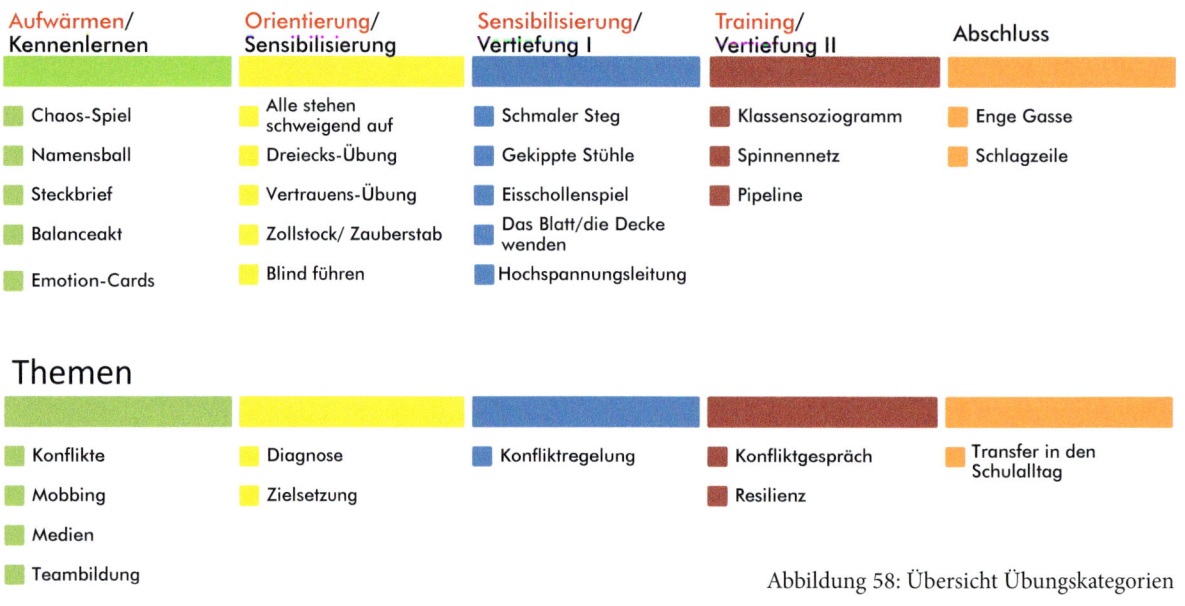

Abbildung 58: Übersicht Übungskategorien

Wir nutzen vor diesem Hintergrund vor allem Aufgaben und Übungen, die nicht mit besonderen körperlichen Beanspruchungen oder Risiken verbunden sind. Dennoch bleibt auch beim Einsatz dieser Methoden ein gewisses Restrisiko, wie bei allen körperlichen Aktivitäten. Wer sich diesbezüglich absichern möchte, sollte den Gesundheitszustand der Teilnehmer berücksichtigen oder abfragen. Es geht dabei um größtmögliche Transparenz, um die Selbstverantwortung der Teilnehmer zu aktivieren. Bei aller Vorsicht ist es ratsam, Erste-Hilfe-Material parat zu haben und diese auch leisten zu können.

Wir werden im Folgenden einige Aspekte zur Gestaltung und Rahmung von Übungen benennen, anschließend stellen wir Ihnen verschiedene Kategorien von handlungsorientierten Übungen und Methoden vor, um schließlich drei von ihnen hier exemplarisch ausführlicher zu beschreiben (weitere Übungen s. 📌).

### 4.3.1 Gestaltung und Rahmung

Handlungsorientierte Übungen sind in ihren Gestaltungsmöglichkeiten sehr vielfältig. Die Art der Gestaltung hängt von unterschiedlichen Faktoren ab, wie der Umgebung bzw. der Örtlichkeit, in dem die Übung durchgeführt wird oder dem Alter und der Kompetenz der Teilnehmer. Auch werden Übungen danach unterschieden, zu welchem Zeitpunkt im Gesamtprozess sie eingesetzt werden (s. Kap. 4.3.2). Übungen lassen sich zudem so miteinander verknüpfen, dass der Grad an Herausforderung stetig steigt und sich die Teilnehmer kontinuierlich in der Lernzone aufhalten können (s. Kap. 4.1), oder auch das Vertrauen untereinander stetig wachsen kann.

### *Auftrags- und Erwartungsklärung*

Zur Aktivierung der Selbstverantwortung und Schaffung von Transparenz beginnen wir den Prozess mit einer gemeinsamen Auftrags- und Erwartungsklärung. Zur Schaffung eines positiven Arbeitsklimas ist es wichtig, möglichst in der Anfangsphase des Prozesses die gegenseitigen Anliegen und Erwartungen zu klären, sowie Möglichkeiten, Grenzen und Verantwortlichkeiten für einen gelingenden Prozess zu verdeutlichen. Eine gute Auftragsklärung sichert nach unserer Erfahrung den Erfolg einer Maßnahme. Ziele in der Auftragsklärung können sein:
– Andocken an das und sich vertraut machen mit dem System Schule und den relevanten Personen (Schülern, Lehrern)
– Entwicklung eines realisierbaren Auftrags: Was ist realisierbar?

– Einführen meiner Kompetenzen und Ideen: Wie möchte ich mit der Klasse, den Schülern arbeiten?
– Benennung von gegenseitigen Erwartungen und zu beachtenden Grenzen

Die Auftragsklärung vollzieht sich auf unterschiedlichen Ebenen und ist für Klassenexterne wie Schulexterne mit unterschiedlichen Personen durchzuführen. Auf der Ebene der Klasse oder in der Einzel- oder Konfliktberatung laden wir durch klare und transparente Beziehungs- und Arbeitsvereinbarungen die Schüler dazu ein, ihren Kompetenzen entsprechend Verantwortung für den eigenen Lern- und Entwicklungsprozess zu übernehmen. Unseres Erachtens lassen sich so auf lange Sicht zeit- und energieraubende Auseinandersetzungen, die auf unterschiedlichen und im Vorfeld nicht geklärten Erwartungshaltungen basieren, reduzieren und vermeiden. Auf Grund der in Abschnitt 3.1.5 beschriebenen Musterhaftigkeit menschlichen Verhaltens, benötigt Veränderung Zeit und immer wieder auch Impulse oder auch wertschätzende Konfrontation. Geklärte Erwartungen bieten die Möglichkeit bei Verletzung der Vereinbarungen, die Schüler immer wieder mit Verweis auf die zuvor getroffenen Vereinbarungen zum gewünschten Verhalten einzuladen. (Beispiel: »Wenn ich dich/euch in deinem/eurem Verhalten wahrnehme, habe ich den Eindruck, dass für dich/euch die gemeinsam getroffenen Vereinbarungen, wie wir miteinander umgehen nicht mehr gelten. Das irritiert mich, da ich davon ausgegangen bin, dass wir eine klare Vereinbarung getroffen haben. So möchte ich nicht mit dir/euch arbeiten. Müssen wir den Umgang miteinander nochmals klären, bevor wir mit unserer Zusammenarbeit fortfahren?«) Der Erwartungsklärungsprozess ist daher vielmehr ein fortlaufender offener Austausch über die Kultur des Umgangs miteinander und der Zusammenarbeit zwischen den beteiligten Parteien (Schüler und Schüler, Schüler und Lehrer und ggf. auch mit den Eltern) über:

**Rahmenbedingungen**: Arbeitsrahmen und Bedingungen (z. B. Zeitplan, Pausen/Verpflegung, Dokumentation, Ressourcen und Kompetenzen)

**Inhalte**: Anliegen der Gruppenmitglieder im Abgleich zum Ziel der Lehrer, ihrem pädagogischen Auftrag, dem Lehrplan oder der Problemdefinition. Zudem Klärung der Kompetenzen, Klarheit über Rollen und Intention, Methoden und gemeinsame Zielsetzung (Stichwort: Attraktives Zielbild!)

**Beziehungsgestaltung:** Merkmale und Art der Beziehungsgestaltung

Damit schaffen wir eine angemessene und realistische Erwartungshaltung bei den Schülern ebenso bei den Lehrern. Folgende Fragen sollen Ihnen Anregungen geben und sind aus unserer Sicht bedeutsam:
- Wenn ihr an das Ende des Trainings denkt, was muss passiert sein, damit ihr sagen könnt »es hat sich gelohnt«?
- Was wird nach dem Training anders sein?
- Woran werden andere (Mit-)Schüler und/oder Lehrer merken, dass die Maßnahme wirksam war?
- Welche Grenzen und Rahmenbedingungen gilt es zu beachten?
- Was passiert, wenn nichts passiert?

Meistens stellen wir nach einem ersten Kennenlernen und der altersgemäßen Abfrage der Anliegen der Schüler und deren Sicht auf die aktuelle Situation nachfolgend aufgeführte Punkte unter den Überschriften »Was wir bieten …« und »Was uns wichtig ist …«, z. B. auf einem Plakat, vor. Je älter die Schüler sind, umso mehr beteiligen wir sie selbst an der Benennung von Erwartungen. Dabei können sowohl die Methoden MeBoard oder die ZRM-Bildkartei zum Einsatz (siehe Kap. 4.1) kommen als auch zur Bewusstwerdung der aktuellen Situation in der Klasse die Aufstellung mit Aussagen oder in der Variante »Viel – Wenig« (s. Kap. 4.1). Uns ist wichtig, dass wir am Ende dieses Prozessschrittes eine verbindliche Vereinbarung mit den Schülern eingehen, die wir durch eine symbolische Handlung z. B. kopfnickendes Zustimmen bestätigen lassen.

*Beispiel für Erwartungsklärung*
*Was wir/ich biete(n) …*
- Spannende und herausfordernde Aufgaben und Übungen
- Schutz, Anregungen, Lob und Rückmeldungen
- Sicherheit
- Möglichkeit, sich selbst und die Mitschüler neu/anders kennenzulernen
- Möglichkeit, die eigene Komfortzone zu erweitern
- Gelegenheit, die Klassengemeinschaft zu stärken

*Was mir/uns wichtig ist …*
- Sich auf Neues einlassen
- Respektvoller Umgang
- Sicherheit geht vor – »Stopp« lässt jede Übung einfrieren!

- Störungen ansprechen
- Fehler und Grenzen als Chance verstehen
- Ich-Sätze statt unverbindlich mit Man-Sätzen erklären
- Vertraulichkeit/Schweigepflicht
- Pünktlichkeit

*Inszenierung*
Wir hatten bereits erwähnt, dass handlungsorientierte Übungen vor allem dabei hilfreich sind, Wahrnehmungs-, Denk-, Gefühls- und Verhaltensmuster in einem geschützten Rahmen bewusst zu machen, und dass durch eine Gestaltung und Inszenierung die Alltagsähnlichkeit der Übungen verstärkt werden kann. Entsprechend ist eine gute Inszenierung bzw. Einstimmung der Schülergruppe auf ihre zu lösende Aufgabe sehr bedeutsam. Dadurch werden die Motivation und die Sinnhaftigkeit bei der Lösung der Aufgabe erhöht. Zudem wird bei den Schülern eine entsprechende Erwartungshaltung erzeugt. Auch hier spielt die Beachtung der Isomorphie, auf die wir nachfolgend noch ausführlicher eingehen, eine bedeutende Rolle. Darüber hinaus gilt es, die Übung selbst, z. B. durch eine Geschichte, einzuführen. Wichtige Aspekte, die es hierbei zu beachten gilt, sind:
- Welche Materialien stehen zur Verfügung?
- Welche Regeln muss die Gruppe einhalten?
- Was ist Ziel der Aufgabe?
- Welche Interessen und Ziele hat die Klasse bei der Bewältigung der Aufgabe?
- In welcher Zeit muss die Aufgabe gelöst werden?
- Welche Lösungshilfen streue ich im Verlauf der Übung ein?
- Welche Bilder verwende ich?
- Welche Sprachmuster, die zur Kooperation anregen, biete ich an?

Wichtig ist es, eine ressourcenorientierte, motivierende und kooperative Sprache zu nutzen und die Schüler zu den Erfahrungen einzuladen. Dadurch können die Neugier und das Interesse der Schüler an der Durchführung der Übung ebenso wie der Auswertung der dabei gemachten Erfahrungen signifikant erhöht werden.

*Isomorphie (Strukturgleichheit)*
Unter Isomorphie oder der Kunst des Maßschneiderns wird die methodische Gleichgestaltigkeit verstanden Bei isomorph gestalteten handlungsorientierten Aufgaben geht es darum, zwischen der »Lernwelt« und der »realen Welt« eine möglichst große Übereinstimmung herzustellen. Dadurch können die Erfah-

rungen in den Übungen leichter in den Alltag übertragen werden. Eine Leitfrage lautet: Was steckt in der Übung als Metapher für den Alltag?

**Isomorphie (Strukturgleichheit)**

Die Lernsituation in der Übung zeigt eine größtmögliche Ähnlichkeit zur Lebensrealität der Teilnehmer, z. B. durch Beispiele, Geschichten und Metaphern.
Die Übung und deren Gestaltung bildet die Realität der Zoelgruppe und deren Aufgabenstellung im Alltag ab.

Abbildung 59: Isomorphie

Abbildung 60: Kreisförmige Anordnung mit Emotion-Cards

Entsprechend gilt es, die Übungen so auszuwählen, zu gestalten und zu reflektieren, dass der Prozess eine größtmögliche Strukturähnlichkeit mit der Alltagssituation besitzt. Die Herausforderungen und Themen des Alltags müssen sich in der Übung widerspiegeln. Entsprechend kann es kein Standardprogramm geben, da jede Klasse und jede Situation anders ist. (Beispiel Isomorphie bei den Übungen Moorhuhn und Turmbau, s. nachfolgenden Abschnitt und Abb. 67)

### 4.3.2 Übungskategorien
*Übungen zum Einstieg und Kennenlernen*
Initiativübungen können zum Einstieg oder zum Beginn einer Maßnahme dazu genutzt werden, um sich selbst besser bzw. anders kennenzulernen bzw. um Vertrauen aufzubauen. Auch dienen entsprechende Methoden, wie z. B. die Aufstellung Viel – Wenig (s. Kap. 4.1) dazu, Bewusstheit über die aktuelle Situation und mögliche Anliegen der Beteiligten zu erlangen.

Eine gute Einstiegsmöglichkeit ist die Arbeit mit den **Emotion-Cards**. Die Karten können in unterschiedlicher Art und Weise im Klassenzimmer ausgelegt werden:
– Kreisförmige Anordnung im Klassenzimmer (s. Abb. 60)
– Zufällig im Raum verteilte Karten (s. Abb. 61)
– Zusammen mit Kraftfiguren in der Mitte (s. Abb. 62)

Abbildung 61: Zufällige Anordnung mit Emotion-Cards

Abbildung 62: Anordnung mit Emotion-Cards und Kraftfiguren

In einem ersten Schritt wählt jedes Gruppenmitglied ganz in Ruhe eine Karte aus, ohne sich diese gleich zu nehmen. Erst wenn alle ein für sich passendes Bild gefunden haben, können die Schüler die Karte vom Boden nehmen. Dabei können unterschiedliche Leitfragen die Schüler in ihrer Auswahl anleiten:

– Wie bin ich heute da? Oder Wie geht es mir aktuell?
– Mein Anliegen für den heutigen Tag? Oder Was ist mir in der gemeinsamen Zeit wichtig?
– Meine Ressourcen, die ich heute nutzen möchte?
– Wo sehe ich unsere gemeinsame Herausforderung?

Mit der Inszenierung wird ein persönlicher Bezug jedes Einzelnen zur aktuellen Situation möglich. Auch können sich die Schüler stimmiger und umfassender ausdrücken und verständlich machen, denn ein Bild sagt eben mehr als viele Worte. Der Austausch in der Gruppe wird durch die Bilder erleichtert und Hemmungen werden abgebaut. Die unterschiedlichen persönlichen Erwartungshaltungen bei den Schülern werden sichtbar. Nach unserer Erfahrung erhöht sich zudem der Motivations- und Energielevel in der Gruppe.

Die von den Schülern ausgewählten Bilder werden nun gegenseitig vorgestellt und ggf. kreisförmig an der Tafel angehängt. Dabei kann die Aufstellung durch Tierfiguren ergänzt werden. Das Tier symbolisiert die Eigenschaften und Fähigkeiten, die die Schüler selbst bei sich sehen, dabei ist es wichtig, dass die Schüler diese Eigenschaften selbst benennen, d. h., es ist maßgeblich, was der Schüler an Eigenschaften mit dem Tier verbindet.

Weitere Übungen für den Einstieg sind:

*Aufwärmen, Ankommen und Kennenlernen*
Die Maßnahme unterbricht den Schulalltag und lädt dazu ein, in einer von Wertschätzung und Respekt geprägten Atmosphäre in Kontakt mit sich selbst und seinen Mitschülern zu kommen. Neben der Anregung zu einer veränderten Wahrnehmung werden Erwartungen und Wünsche der beteiligten Personen geklärt und erste »Aha«-Erkenntnisse im Wissen von- und übereinander sind möglich. Dadurch entsteht in der Regel mehr Verständnis füreinander, Gemeinsamkeiten und Verbindendes untereinander werden deutlich. Hierzu lassen sich folgende Übungen nutzen:
– Das Sortieren oder Der schmale Steg
– Die soziogeometrische Aufstellung
– Die Viel – Wenig-Aufstellung
– Das Chaos-Spiel
– Der Steckbrief
– Der Balanceakt/Die Seilübung
– Das Fingerfangen
– Die Brain-Gym-Übungen (Überkreuzübungen)
– Ballon/Papierflieger
(s. Kap. 4.1, 📌 und 🌱)

*Orientierung und Sensibilisierung*
Den Schülern soll bewusst werden, dass die Veranstaltung auf ein »Miteinander« ausgerichtet ist. Hierzu wird eine Beteiligung aller Schüler ermöglicht, und die gemeinsame Ausrichtung auf ein Ziel steht im Vor-

dergrund. Räume für gemeinsame Veränderungen im Schulalltag werden vorbereitet. Folgende Methoden bieten sich an:
– Namensball oder die Kuscheltierjonglage
– Das Moorhuhn-/Eisschollenspiel
– Blind Führen/Blinde Raupe
– Die enge Gasse
– Alle stehen schweigend auf
– Das Regelbarometer
– Die gekippten Stühle/Stangentanz
– Das Blatt wenden
(s. Kap. 4.1, 📌 und 🌱)

*Problemlöseaufgaben und Kooperationsübungen*
Problemlöseaufgaben oder Kooperationsübungen sind in ihrer Aufgabenstellung komplexer und benötigen die Kooperation in der Gruppe, um gelöst zu werden. In der Literatur werden zudem Aktivitäten im alpinen Bereich, auf dem Wasser oder mehrtägige Aktivitäten in der Natur genannt (s. Literaturempfehlungen und 📌).

In den Kooperationsübungen liegt der Fokus auf der Weiterentwicklung und Verbesserung der sozialen und emotionalen Fähigkeiten von Schülern und auf dem Erlernen eines gewaltfreien Miteinanders. Mit Hilfe dieser Übungen lassen sich Verhaltensregeln, die für das gelingende Miteinander wichtig sind, auf spielerische Art bewusst machen und einüben. Zudem erhöht sich die Verantwortungsübernahme des Einzelnen, gerade auch in herausfordernden Beziehungssituationen.

Eine Übung, die wir gerne anwenden, ist die Moorhuhnübung, bei der die Kinder mit Hilfe von Teppichfliesen einen Parcours gemeinsam bewältigen müssen (s. Abb. 63). Dabei sind die Teppichfliesen begrenzt und können bei Unachtsamkeit verloren gehen. Symbolisch kann hier eingeführt werden, dass die Gruppe als Klasse einen gemeinsamen Weg beschreitet. Das grundlegende Thema lautet: »Wir sind als Klasse gemeinsam unterwegs, wir nehmen Rücksicht aufeinander, wir schauen, dass alle mitkommen, jeder hat Verantwortung, dass wir unsere Ressourcen nutzen und nicht verschwenden, nur miteinander schaffen wir die Aufgabe.« Jeder soll am Ziel (z. B. Schuljahresende) gut ankommen, niemand soll zurückgelassen werden. In der anschließenden Auswertung kann die Erfahrung auf den Alltag übertragen werden und gemeinsam reflektiert werden, was die Schüler in der Klasse tun können, damit alle die Schulzeit oder das Schuljahr erfolgreich bewältigen können. Daraus können dann z. B. Klassenregeln entwickelt werden, indem die Schüler benennen, welchen Umgang sie sich miteinander wünschen und was ihnen hilft, sich in ihrer Klasse wohlzufühlen.

Abbildung 63:
Schüler auf einer
Teppichfliese bei der
Moorhuhnübung

Eine andere Übung, die wir gerne nutzen, ist das Lernprojekt **Turmbau**, bei dem die Teamarbeit und die Kommunikationskultur in der Gruppe im Fokus stehen. Dabei kann durch den Einsatz dieser Übung den Schülern ein Zugang zu Ressourcen einer gelingenden Kooperation und Kommunikation aufgezeigt werden.

Bei der Übung werden bis zu acht Bauteile aus Holz mit Hilfe eines Krans aufeinandergestellt. Die Holzklötze haben hierzu entsprechende Einkerbungen. Die Bauteile dürfen nicht mit der Hand berührt werden. Ziel ist es, möglichst viele Bauteile gemeinsam mit Hilfe des Krans aufeinanderzustellen (s. Abb. 64). Hier lautet das Thema: »Wir ziehen alle an einem Strang, nur gemeinsam schaffen wir die Aufgabe, jeder hat Verantwortung für das Gelingen.«

Die Auswertung der Übung kann auf drei Ebenen geschehen (s. Abb. 65):

*Fred baut mit seinen Mitschülern einen Turm*

Abbildung 64: Durchführung der Übung Turmbau –
Ausgangssituation

1. Sammeln: In der ersten Phase der Auswertung nach der Übung, werden die Eindrücke der Schüler gesammelt.
- Wie ging es euch bei der Übung?
- Wie schätzt ihr eure Zusammenarbeit ein?
- Was habt ihr erlebt?
- Woran habt ihr gemerkt, dass ihr zufrieden/unzufrieden wart?
- Wie seid ihr mit Fehlern umgegangen?

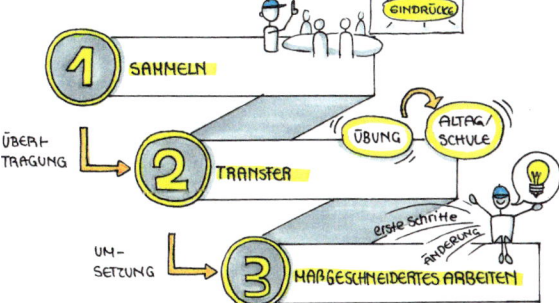

Abbildung 65:
Auswertung Turmbau auf drei Ebenen

2. Transfer – In der zweiten Phase findet ein Transfer in den Alltag statt.
- Wie realistisch ist die Übertragung in die echte Welt?
- Welche Auswirkungen hat diese Erfahrung auf eure Schulwelt?
- Kennt ihr so etwas aus eurem Schulalltag?

3. Maßgeschneidertes Arbeiten – In der dritten Phase werden die Dinge im Alltag geübt.
- Wer entwickelt den Maßnahmenplan?
- Was genau soll umgesetzt werden?
- Wie sehen eure ersten Schritte aus?
- Was müsst ihr ändern, damit es sich umsetzen lässt?

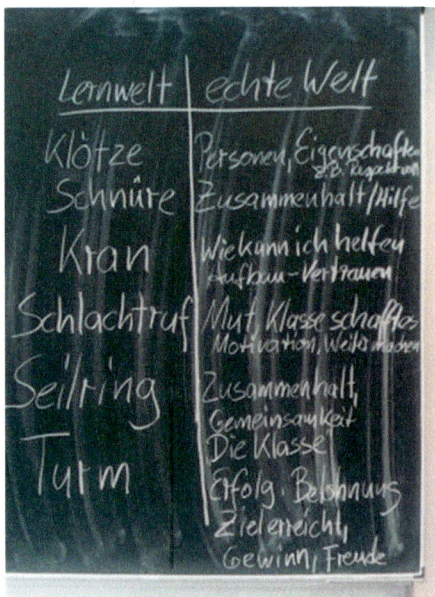

Abbildung 66: Isomorphie zur Übung Turmbau

*Fred läuft über die Brücke in seinen Alltag*

Weitere Kooperationsübungen (🌱) sind:

- Orientierungswanderung
- Zollstock/Zauberstab
- Blindes Seil oder Seilquadrat
- Die Dreiecksübung
- Der schnelle Ball
- Das Blatt wenden
- Blind führen/Blinde Raupe
- Der schmale Steg
- Das Moorhuhn-/Eisschollenspiel
- Pipeline
- Labyrinth
- Team²
- CultuRallye
- Stocktanz oder gekippte Stühle
- Besenstiel
- Die Hochspannungsleitung
- Das Spinnennetz
- Leonardos Brücke

### Auswertungen – Brücken in den Alltag

In dieser Phase werden Ressourcen für den Schulalltag gefunden, Regeln, Ziele und eine gemeinsame Ausrichtung für den Schulalltag werden erarbeitet. Die Verantwortungsübernahme für den Alltag wird gesichert. Eine »Brücke in den Schulalltag« wird gebaut.

Damit sich die Ergebnisse im Schulalltag nachhaltig festigen können, ist es hilfreich, verschiedene Methoden des Transfers und der Auswertung zu nutzen (s. Kap. 4.2):

- Lernpartnerschaften (Scout, Freund erinnert mich an die gemachten Vereinbarungen)
- Anker (visualisiertes Feed-Back: Ein Bild oder Gegenstand erinnert mich an die Vereinbarung vgl. ZRM Kap. 4.1))
- Wächter (Personen in der Gruppe werden bestimmt, die die Gruppe oder Einzelne auf die Vereinbarungen hinweisen)
- Ritualisiertes Reflektieren (regelmäßige gemeinsame Reflektion der Situation und Entwicklung mit einfachen Leitfragen und einem zukunfts- und ressourcenorientierten Vorgehen)
- Teambild (z. B. eine Flipchart, ein Mandala, Mobile oder Bild im Klassenzimmer als visueller Anker, das die Klasse an die Vereinbarungen erinnert (vgl. Kap. 4.1, MeBoard)

### Abschluss- und Transferübungen

Schließlich gibt es auch Übungen, die sich anbieten, um Prozesse abzuschließen, um ein Resümee zu ziehen oder einen gelingenden Transfer in den Alltag zu unterstützen.

In dieser Phase sollen die Schüler wichtige Themen (Verhaltensregeln, Vorgehen in konflikthaften Situationen) in ihren Schulalltag übertragen und einüben. Bei der gemeinsamen Auswertung steht im Vordergrund, das gemeinsame Engagement zu stärken und den Schülern Mut für ein gelingendes Miteinander zu vermitteln.

- Gemeinsames Mandala malen oder Mobile mit Naturmaterialien gestalten
- Die Klassen-Gesamtauswertung
- Schlagzeile
- Brief aus der Zukunft
- Viel – Wenig-Aufstellung als Auswertung
- Blitzlichtrunde

(s. Kap. 4.2, 🌱 und 🌱)

*Prozessmoderation*

Nachfolgend stellen wir Ihnen eine Tabelle zur Prozessmoderation vor, mit der wir Ihnen die einzelnen Prozessschritte vorstellen (s. Abb. 67).

PROZESSMODERATION – INTERVENTION – UMSETZUNG

| | **1** ANKOMMEN IN DER KLASSE<br><br>Gruppengeist stärken – Was kommt da auf mich zu? | **2** ERSTE ERFAHRUNG MIT DEN ANDEREN<br><br>Orientierung geben – Gegenseitige Wertschätzung | **3** GEMEINSCHAFT IN DER KLASSE ERLEBEN<br><br>Entwicklung von Klassenklima | **4** VOM „ICH" ZUM „WIR"<br><br>Beziehungskultur entwickeln | **5** KLASSENGEMEINSCHAFT GESTALTEN UND DEFINIEREN<br><br>Verantwortungsübernahme |
|---|---|---|---|---|---|
| Übung/Methode | Bilderkarten Emotionscards | Blind führen Seilübung | Tower of Power Der schmale Steg | Gekippte Stühle Enge Gasse | Klassensoziogramm MeBoard |
| Unterrichts- bzw. Lernziel | Kennenlernen | Vertiefung | Teamwork | Konfliktmanagement | Verantwortungsübernahme |
| Erwartete Schülerleistung | Schüler nehmen sich in der Gruppe wahr und die anderen als Teil der Gruppe | Schüler lernen Vertrauen und Rücksichtnahme, tauschen sich über ihre gemachten Erfahrungen aus. | Schüler unterstützen sich im Schulalltag. Das „Zuarbeiten" wird eingeübt. | Sich auf andere einstellen. Gemeinsam etwas gestalten. Konfliktbearbeitung. | Gemeinsame Handlungsfelder entstehen. |
| Anmerkungen zur Vorgehensweise | Gruppe entwickelt ihre eigene Dynamik (z.B. Vielredner, Ruhige) Diese haben eine wichtige Bedeutung für Lernprozesse. Daher ist es wichtig, die Auswahl der Übungen auf die einzelnen Gruppenphasen- und Situationen abzustimmen.<br><br>Klasse Struktur geben.<br><br>Führungsstil: Neue Autorität Haim Omer | Gruppe erarbeitet sich gemeinsame Regeln.<br><br>Maßnahmekatalog bei Regelverstößen | Klasse setzt sich ein gemeinsames Ziel. | Erste Konflikte entstehen.<br><br>Lösungsorientierte Erarbeitung von Regeln in Konfliktsituationen. | Gruppe übernimmt gemeinsame Vorhaben und Unternehmungen.<br><br>Regeln überprüfen/ändern. |

Abbildung 67: Übersicht Prozessmoderation

## 4.4 Curriculum und Evaluation

Wir beschreiben im Folgenden einen idealen Prozessverlauf für die Entwicklung eines Curriculums (s. Abb. 69). Jedoch gibt es viele Varianten und Schwerpunkte, wie die Übungen eingesetzt werden können.

Für die Erarbeitung und Umsetzung eines Sozialcurriculums braucht es die Bereitschaft aller an der Schule tätigen Menschen. Nach Olweus (2006) müssen bei der Erstellung eines Curriculums verschiedene Ebenen berücksichtigt werden (s. Abb. 68):

Folgende Leitfragen können dabei für den Auseinandersetzungsprozess auf der jeweiligen Ebene hilfreich sein.

**Schul- und Kollegiumsebene:**

Was haben wir für eine pädagogische Grundhaltung zum Thema Gewalt und Prävention?

**Klassenebene:**

Welche Regeln und Werte leiten unser Verhalten und unseren Umgang miteinander?

**Schülerebene (Individuum):**

Welche Kompetenzen sind vorhanden und was braucht es an Unterstützung und Hilfestellung?

**Das pädagogische Konzept orientiert sich an dem Präventionsforscher Dan Olweus (2006).**

Schulebene
→ Päd. Grundhaltung zu Prävention

Klassenebene
→ Klassenregeln

Schülerebene
→ Niederschwellige Hilfestellung

Abbildung 68: Pädagogisches Konzept nach Olweus (2006)

Das Land Baden-Württemberg setzt unterstützend Präventionsbeauftragte ein, die der Schule bei der Anpassung eines Curriculums helfen. Wie die Situation in anderen Bundesländern diesbezüglich ist, müsste von den Schulen bei den jeweiligen Kultusministerien erfragt werden.

| Koordinationsstelle Prävention | Polizei |
|---|---|
| **Grundschule** | |
| **Klassenstufe 1-4** | **Klasse 1** |
| • Soziales Kompetenztraining (mit Klassenrat) | • Gefährdungen und Hilfsangebote |
| • MAX BESSER | **Klasse 2** |
| • MAX und MAXI – „was geht" (Theaterstück) | • Polizei und ihre Aufgaben |
| | **Klasse 3** |
| | • Eigentum achten |
| | **Klasse 4** |
| | • Umgang miteinander |
| **Weiterführende Schulen** | |
| **Klassenstufe 5** | |
| • Soziales Kompetenztraining (mit Klassenrat) | • Erlebniswelt Schulbus |
| **Klassenstufe 6** | |
| • Aufbau Soziales Kompetenztraining | • Opferverhalten |
| • Gewaltprävention/Waldpädagogik (2-tägiges Seminar) | |
| **Klassenstufe 7** | |
| • Mobbing-Prävention | • Ladendiebstahl |
| • Sexuelle Gewalt | |
| **Klassenstufe 8** | |
| • Initiative Gewaltprävention | |
| **Klassenstufe 9** | |
| • Streitschlichter | |
| • Schülermentoren | • Jugendschutz |
| • Lehrerfortbildungen/Coaching | • Elternabend |
| • Elternabend | |

Abbildung 69: Curriculum Koordinationsstelle Prävention – Polizei

## 4.5 Ablauf soziales Kompetenztraining

*Soziales Kompetenztraining – Von der Klasse zum Team – Ein Trainingskonzept für die Schule*
Mit der Durchführung des sozialen Kompetenztrainings soll zivilcouragiertes und prosoziales Handeln aufgebaut und gefördert werden, sowie eine persönliche Verantwortungsübernahme und der Gerechtigkeitssinn in der Klasse unterstützt werden. Das Konzept ist schüler- und lösungsorientiert, vor allem aber zukunftsorientiert. Die Klasse soll ihre Ressourcen erkennen und stärken.

Das Training »Von der Klasse zum Team« ist ein Angebot für Schulklassen im primärpräventiven Bereich. Es wird in der Grundschule und an weiterführenden Schulen in Klasse 5 und 6 angeboten. Das Training ist auf drei Ebenen aufgebaut:
1. Ich-Stärkung
2. Gemeinschaftsfähigkeit
3. Umgang mit Konflikten

In den altershomogenen Klassen sollen wieder Formen des sozialen Umgangs mit den Schülern erarbeitet werden. Bereits im Vorfeld von verbaler Aggression, dem lächerlich machen anderer, mangelnder Hilfsbereitschaft und die Unfähigkeit, Konflikte zu lösen, bedarf es geeigneter, erlernbarer und im eigenen Alltag konkret umsetzbarer Handlungsalternativen für Schüler und Schüler.

*Inhalte des Trainings*
**Phase 1:**
– Einstieg ins Thema mit der eigenen Vorstellung: »Was möchte ich – was nicht, was möchte ich mit der Klasse erreichen?« Ganz persönliche Auseinandersetzung mit dem Thema (Ich-Stärkung)
– Aufbau von Teamarbeit durch Teamübungen. Was funktioniert gut, wo muss noch etwas verändert werden?
– Gemeinsames Erarbeiten von Klassenregeln (Wir-Gefühl)
– Einführung des Klassenrates (s. Kap. 4.1)

**Phase 2:**
– Erstellen eines Klassensoziogramms (s. Kap. 4.1 und 📍)
– Aufdecken von Störungen in den Klassen, die die Gemeinschaft betreffen
– Die Schüler sollen gemeinsam Lösungen entwickeln
– Entwicklung von Regeln zum Umgang miteinander

**Phase 3:**
– Überprüfung dessen, was sich bisher verändert hat
– Gemeinsam mit den Schülern und der Klassenlehrkraft erarbeiten, was die Klasse in dieser Phase an Unterstützung von außen braucht

**Dauer**
– Vier Vormittage durch Trainer von außen über zwei Schuljahre
– Kontinuierliche Weiterführung durch die Klassenlehrkraft mit Klassenrat und Kooperationsübungen

**Maßnahmenbeschreibung**
**Methode/Didaktik**
– Pädagogischer Tag
– Fortbildung der Lehrkräfte
– Kooperation Lehrkräfte – Eltern
– Informationsaustausch mit allen Beteiligten

### Evalution des Trainings

Das Soziale Kompetenztraining wird regelmäßig auf Effekte und Veränderungen anhand eines Fragebogens überprüft und verändert.

### Zusammenfassung

Ziel des Programms ist es, den Lehrern vor Ort Impulse zu geben, das Miteinander in der Klasse prosozial und nachhaltig zu stärken.

Die Schüler lernen mit Misserfolgen umzugehen, sehen dies als Herausforderung und Motivation zu neuen Ufern. Gefragt sind Kreativität, Durchhaltevermögen und Entwicklung von Team- und Führungsqualitäten, um später auch den Anforderungen im Berufsleben gerecht zu werden.

1 www.aphorismen.de/zitat/90544 (Zugriff am 14.06.2020).

2 Goethe, Johann Wolfgang von (1829): In: Noch Curt (Hg.): Goethes sämtliche Werke, Bd. 41. Berlin, 395.

3 Zit. nach Ziegler Werner (2012): Mehr als nur Sprüche. Ein Wegweiser durch die Woche. Norderstedt, 54.

4 Mit freundlicher Genehmigung von Michael Rehm. http://www.erlebnispaedagogik.de/grafiken/gif/adwdl.gif (Zugriff am 14.06.2020).

5 https://www.friedrich-schiller-archiv.de/zitate-schiller/der-mensch-spielt-nur-wo-er-in-voller-bedeutung/ (Zugriff am 14.06.2020).

6 Anwendung für den Mathematikunterricht, s. Thaller Bernhard/Guggenberger Ingrid (2009): Die Leonardo-Brücke. Mathematik zum Anfassen, Lehrveranstaltung Uni Graz. Edelschrott. www.mathematik.de/Dokumente/LeonardobrückeUniGraz2009 (Zugriff am 11.06.2020)

*Ablauf Soziales Kompetenztraining*

Tabelle 1: Soziales Kompetenztraining Tag 1

| Phase | Zeit | Geplantes Trainerverhalten | Erwartetes Schülerverhalten (Ziele) | Methode | Medien |
|---|---|---|---|---|---|
| | | **1. Tag** | | | |
| Kennenlernen | 20 | **Kennenlernspiel**<br>1. Seilkreis: Schüler halten das Seil und ziehen kräftig in ihre Richtung (Kräftemessen).<br>2. Die Schüler stellen sich schulterbreit auf und halten das Seil mit ausgestreckten Händen, lehnen sich zurück und werden ganz ruhig.<br>3. Ein Schüler balanciert auf dem Seil, während die Klasse das Seil festhält. | – Vertrauen<br>– Zusammenarbeit | Aufwärmen | Seil |
| Heranführen an das Thema | 30 | **Tower of Power**<br>Die Schüler sollen acht Bauelemente aus massivem Buchenholz so aufeinanderstapeln, dass am Ende ein Holzturm entsteht. Dabei gilt stets die Vorgabe, dass die Bauteile von den Teilnehmern mit keinem Körperteil berührt werden dürfen. Die Konstruktionsweise der Bauteile erlaubt kein hektisches und unkoordiniertes Vorgehen. Jeder Teilnehmer greift ein Seilende. Aufgabe ist es, gemeinsam den an den Seilen befestigten Kran zu steuern und damit die Bauteile aufeinanderzustellen, um so einen Turm zu bauen. Die Aufgabe ist also nur durch genaue Absprache und organisiertes, gemeinsames Handeln der Gruppe lösbar. Die Aufgabe ist gelöst, wenn alle acht Klötze aufeinander gestellt sind.<br>Auswertung der Übung, Plakat: Was hat euch zum Erfolg geführt? | – Teamentwicklung<br>– Führungstraining<br>– Kommunikationstraining<br>– Feedback geben | Interaktionsspiel | |
| Regelbarometer | 40 | **Regelbarometer**<br>Gruppenmitglieder schreiben auf Kärtchen Regeln, die sie gerne im Kurs einhalten würden. Die Regeln werden auf ein großes Plakat an der Wand geheftet.<br><br>Punkte kleben – Reflexionsrunde Busspiel wird reflektiert | | Stuhlkreis<br>Plakat<br>Karten | |
| Vertiefung | 20 | **Grenzen, Nähe und Distanz**<br>Ziel: Schüler sollen in die Lage versetzt werden, ihre Grenzen wahrzunehmen, kennenzulernen und zu spüren, wann und wodurch sie verletzt werden.<br><br>Punkte kleben – Reflexionsrunde   Nähe und Distanz wird reflektiert | – Sensibilisierung für Grenzverletzung<br>– Bewusstwerden der körperlichen Selbstbestimmung | Interaktionsspiel | |
| | 20 | **Gekippte Stühle**<br>Die Schüler stellen sich hinter ihren nach vorne gekippten Stühlen im Stuhlkreis auf. Die Stühle werden nur noch mit der rechten Hand in Balance gehalten.<br><br>Punkte kleben – Reflexionsrunde – Gekippte Stühle wird reflektiert | – Kooperation und Kommunikation unter Schülern | Videoeinsatz | |
| | 20 | **Der schmale Steg**<br><br>Punkte kleben – Reflexionsrunde – Der schmale Steg | | Videoeinsatz | |
| Ende | | **Regelbarometer**<br>Versucht über die Woche den erarbeiteten Regelbarometer im Unterricht einzusetzen und teilt mir in der nächsten Woche eure Erfahrungen mit. | | | |

Tabelle 2: Soziales Kompetenztraining Tag 2

| Phase | Zeit | Geplantes Trainerverhalten | Erwartetes Schüler-verhalten (Ziele) | Methode | Medien |
|---|---|---|---|---|---|
| | | **2. Tag** | | | |
| | | **Regelbarometer** Wie hat es mit dem Regelbarometer die letzte Woche geklappt? Wo gab es Probleme? Was benötigt ihr noch an Unterstützung? | | | |
| | | **Batacas** Kampfarena wird abgesteckt. Punkte kleben – Reflexionsrunde | – Spannung abbauen<br>– Fair kämpfen<br>– Lernen, sich gegenüber anderen zu behaupten | | |
| | | **Führen und Folgen** Die Schüler gehen paarweise zusammen. Aufgabenstellung: Ein Schüler schließt die Augen und wird vom sehenden Schüler durch den Raum geführt. Wichtig ist dabei eine ruhige Atmosphäre, welche durch ruhige Hintergrundmusik (Bach, Air) herbeigeführt wird (Schüler wechseln ihre Rollen). Punkte kleben – Reflexionsrunde! | – Vertrauensübung<br>– Schüler sollen Verantwortung füreinander übernehmen | | |
| | | **Soziogramm** Gruppenstrukturanalyse/Soziogramm der Klasse Plakat: Klassenzimmer Kärtchen mit Namen: Legt die Karten auf das Plakat so wie ihr zueinander steht. Schüler die eng zueinander stehen können dies auch kennzeichnen. Wer ist Chef? Wer ist Außenseiter? Abschlussrunde: Jeder sagt etwas Positives. Punkte kleben – Reflexionsrunde | – Wie sind die Beziehungen in der Klasse untereinander Außenseiter<br>– Chef | | Plakat Karten |
| | | **Klassenrat** Punkte kleben – Reflexionsrunde | – Schüler regeln ihre Konflikte weitgehend selbst | Diskussion | Ball Klingel Ratsbuch |
| Auswertung | | **Abschlussrunde** Wichtig ist, dass jeder Schüler kurz erzählen: *Was hat mir gefallen, was nicht?* Zur Unterstützung hält der Schüler ein Maskottchen (Ball, Kuscheltier usw.) in der Hand, wenn sie/er berichtet. Ist der Schüler fertig, wird das Maskottchen zum Nächsten gereicht. | – Zur Vollendung und Weiterentwicklung der Kontakte innerhalb des Klassenverbandes ist das Einander-Mitteilen von Erlebnissen und Eindrücken über den Vorgang in der Gruppe und über die Wirkung der einzelnen Teilnehmer aufeinander erforderlich | Diskussion | |

# ꙮ Anhang – Übungen für die Praxis

## Einstieg und Kennenlernen

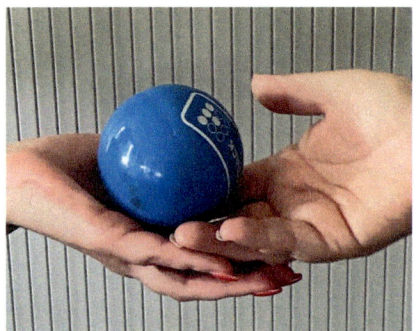

### Übung zum Kennenlernen

**Benötigtes Material:** Ball oder auch mehrere Bälle

**Themen und Ziele:** Kennenlernen; erste Barriere brechen

**Dauer:** 5–10 Minuten

**Klasse:** beliebig

**Teilnehmerzahl:** unbegrenzt

---

### Namensball

**Anleitung**

Die Teilnehmer stellen sich im Stehkreis auf. Der Spielleiter beginnt. Er nimmt den Ball, sagt seinen Namen und gibt ihn im Uhrzeigersinn nach links weiter. Jeder weitere Teilnehmer nimmt den Ball unter Erwähnung seines Namens auf und gibt ihn ebenfalls weiter. Kommt der Ball wieder beim Spielleiter an, wirft er diesen, unter Zurufen des Namens, zu einem beliebigem Teilnehmer. Die weiteren Teilnehmer nehmen diese Vorgabe auf, bis wieder alle Teilnehmer mit einbezogen wurden.

**Diskussion mit der Klasse**

– Sinn der Übung, was hat zum Erfolg geführt?

**Auswertung im Klassengespräch**

– Wie ist es dir ergangen?
– Wie denkst du, hätte es besser klappen können?

**Transfer auf den Schulalltag – »Brücke in den Alltag«**

– Was wollen wir die nächsten Tage üben?

**Erfahrungen/Warnungen/Variationen aus der Anwendung**

– Mehrere Bälle gleichzeitig im Umlauf.
– Nicht nur Namen, sondern z. B. positive und negative Eigenschaften des Teilnehmers, Dinge die er gut macht usw. benennen.

**Quelle**

http://www.gruppenspiele-hits.de/kennenlernspiele/Namensball.html

# Übung zum Kennenlernen

**Benötigtes Material:** Besenstiel oder Stock

**Themen und Ziele:** Kooperationsbereitschaft; Kommunikation; Reaktionszeit; Schnelligkeit; Geschicklichkeit; Denkvermögen

**Dauer:** 5–10 Minuten

**Klasse:** ab der 3. Klasse

**Teilnehmerzahl:** unbegrenzt

## Besenstiel

### Anleitung

Die Schüler stehen im Kreis. Ein freiwilliger Teilnehmer kommt in die Mitte und hält einen Besenstiel (Stab), senkrecht an den Zeigefinger gelehnt. Der Teilnehmer ruft einen Namen, lässt dann den Stiel los, geht an den Platz des Gerufenen. Dieser muss den Besenstiel ergreifen, bevor er zu Boden fällt. Gelingt ihm das, ist er in der Mitte und ruft den Namen eines weiteren Teilnehmers. Ziel ist es, möglichst schnell viele Mitspieler in der Mitte auszutauschen.

### Diskussion mit der Klasse

– Sinn der Übung, was hat zum Erfolg geführt?

### Auswertung im Klassengespräch

– Wie ist es dir ergangen?

### Transfer auf den Schulalltag – »Brücke in den Alltag«

– Was wollen wir die nächsten Tage üben?

### Erfahrungen/Warnungen/Variationen aus der Anwendung

– Gefahr: Besenstiel wird schubsend losgelassen oder es wird gar nicht erst versucht, ihn zu ergreifen.

### Quelle

http://www.teamercard.de/fix/files/kd.1126000413/M%204.5.2.pdf

# Ankommen in der Klasse

**Benötigtes Material:** vorgefertigter Steckbrief und Stifte

**Themen und Ziele:** neue Kontakte; differenzierte Wahrnehmung der Mitschüler

**Alter:** unbegrenzt

**Dauer:** ca. 40 Minuten

**Teilnehmerzahl:** unbegrenzt

## Der Steckbrief

### Anleitung

Der vorgefertigte Steckbrief wird an jedes Kind ausgeteilt.

Ihre Aufgabe ist es nun, diesen alleine und in Ruhe auszufüllen.

Achtung: Der Name wird nicht darauf geschrieben!

Nun werden die Steckbriefe wieder eingesammelt und untereinander vermischt.

Die Zettel werden jetzt beliebig ausgeteilt.

Jedes Kind stellt seinen Steckbrief vor und versucht, diesen einem Kind zuzuordnen.

### Diskussion mit der Klasse

- Warum haben wir diese Übung durchgeführt?

- Was war gut und was schlecht daran?

- Was hat es für dich gebracht?

### Auswertung im Klassengespräch

- Wer hatte Schwierigkeiten, die Person zum Steckbrief zuzuordnen?

- Warum war es so schwer?

- Für wen war es einfach? Warum?

- Gab es etwas von der Person, das du noch nicht wusstest?

- Was hat dich überrascht?

### Transfer auf den Schulalltag – »Brücke in den Alltag«

- Was kannst du tun, um mehr von den anderen im Schulalltag zu erfahren? Welche Möglichkeiten gibt es?

- Was nützt diese Übung für unseren Alltag?

- Was kannst du tun, damit sich niemand ausgeschlossen oder nicht akzeptiert fühlt?

- Was kannst du tun, damit alle sich wahrgenommen und respektiert fühlen?

### Erfahrungen/Warnungen/Variationen aus der Anwendung

(Raum für eigene Anmerkungen)

_____

_____

_____

# Ankommen in der Klasse

**Benötigtes Material:** Kein Material erforderlich

**Themen und Ziele:** Kooperationsförderung; Kommunikation

**Alter:** unbegrenzt

**Dauer:** ca. 20 Minuten

**Teilnehmerzahl:** unbegrenzt

## Das Chaos-Spiel

### Anleitung

Die Schüler stellen sich im Kreis auf.

Jeder Junge sucht sich – ohne es zu zeigen – ein Mädchen aus, jedes Mädchen einen Jungen. Auf das Klatschen des Spielleiters versuchen alle, ihre auserwählte Person so schnell wie möglich einmal zu umrunden.

Steigerung oder 2. Runde: Alle suchen sich eine neue Person, die anschließend zweimal umrundet werden muss.

### Diskussion mit der Klasse

– Sinn der Übung, was hat zum Erfolg geführt?

### Auswertung im Klassengespräch

– Wie ist es dir ergangen?
– Warum war es so schwierig, den anderen zu umrunden?
– Wie denkst du, hätte es besser klappen können?

### Transfer auf den Schulalltag – »Brücke in den Alltag«

– Was wollen wir die nächsten Tage üben?

### Erfahrungen/Warnungen/Variationen aus der Anwendung

(Raum für eigene Anmerkungen)

_____

_____

_____

# Ankommen in der Klasse

**Benötigtes Material:** Kein Material erforderlich

**Themen und Ziele:** Kennenlernen; Selbsterkenntnis; Sensibilisierung

**Alter:** unbegrenzt

**Dauer:** ca. 30 Minuten

**Teilnehmerzahl:** unbegrenzt

## Alle stehen schweigend auf

### Anleitung

Die Klasse sitzt in einem Kreis zusammen. Das Spiel beginnt, indem der Trainer die Schüler auffordert: »Alle stehen bei den genannten Aussagen schweigend auf, wenn die Behauptung auf sie zutrifft!«

Zunächst werden allgemeine Fragen gestellt:
Alle Betroffenen stehen schweigend auf, …
- die weitere Geschwister haben
- die ein Haustier besitzen
- die gerne Pizza essen
- die gerne Computer spielen
- die in ihrer Freizeit in einem Verein sind
- die schon gefrühstückt haben
- die schon ihre Nachrichten auf »WhatsApp®« angeguckt haben

…

Anschließend werden konkrete Fragen zu einem Thema gestellt, wie z.B. zu den Themen »Miteinander«, »Gewalt«, »Mobbing« etc.
Alle Betroffenen stehen schweigend auf, …
- die gerne in diese Schule gehen
- die mit jemanden aus der Klasse schon einen Streit hatten
- die sich mit jemanden aus der Klasse schon einmal privat getroffen haben
- die schon jemanden geärgert haben
- die froh sind, zu dieser Klasse zu gehören
- die Angst haben, einen Vortrag vor der Klasse zu halten
- die schon einmal eine Regel gebrochen haben
- die einen besten Freund/eine beste Freundin haben
- die gerne während dem Unterricht in Gruppen arbeiten
- die schon geärgert wurden
- die gerne Mannschaftsspiele im Sportunterricht spielen

…

Bei dieser Übung bekommt die Klasse einen Einblick in das Verhalten der Mitschüler.

### Diskussion mit der Klasse

Fragen Sie bei den einzelnen Schülern genauer nach, z.B.: **In welchem** Verein bist du? **Welche** Pizza isst du am liebsten und **warum**? **Wie** viele Geschwister hast du denn? Jünger oder älter als du? **Was** für ein Haustier hast du denn?

Achtung: Zwingen Sie die Schüler nicht, zu antworten!

- Welcher Sinn steckt hinter dieser Übung?
- Was hat dich erstaunt?
- Welche Auswirkung hat diese Übung auf euer Schulleben?
- Wusstest du all die Informationen schon, die du eben von deinen Mitschülern erfahren hast?
- Was erzählst du deinen Eltern, wenn sie fragen, was du heute erlebt hast?

### Auswertung im Klassengespräch

- Was ist in der Übung passiert?
- Wie war dein Gefühl bei dieser Übung?
- Wie war es, wenn man aufgestanden ist, bzw. wenn man nicht aufgestanden ist?
- Gibt es etwas von der Person, was du noch nicht wusstest?
- Wie denkst du, hätte man die Informationen von einer Person schon früher erfahren können?

### Transfer auf den Schulalltag – »Brücke in den Alltag«

- Können wir Hobbys, Ängste oder Freude auch im Schulalltag zusammen erleben und erfahren?

### Erfahrungen/Warnungen/Variationen aus der Anwendung

(Raum für eigene Anmerkungen)

_____

_____

_____

_____

# Gemeinschaft in der Klasse erleben

**Benötigtes Material:** Stühle (entsprechend Teilnehmerzahl)

**Themen und Ziele:** Vertrauen; Zusammenhalt; Kommunikation

**Alter:** ab 9 Jahren (3. Klasse)

**Dauer:** ca. 45 Minuten

**Teilnehmerzahl:** unbegrenzt

## Der schmale Steg

### Anleitung

Die Schüler bilden mit ihren Stühlen einen Halbkreis. Dabei ist darauf zu achten, dass die Rückenlehnen der Stühle in die gleiche Richtung zeigen und von Jacken oder Ähnlichem befreit sind. Jeder Schüler stellt sich nun auf seinen Stuhl. Jetzt dürfen die Schüler mit ihren Füßen nicht mehr den Boden berühren. Fällt jemand herunter, muss die Gruppe in die Ausgangssituation und von vorne beginnen.

**Teil 1:** Ordnen nach Geburtstag, Schuhgröße, Anfangsbuchstaben des Vornamens (Schüler dürfen miteinander reden)

**Teil 2:** Ordnen nach Größe (Schüler dürfen nicht reden)

**Weitere Möglichkeiten:** Ordnen nach Wohnort (wie viele Kilometer entfernt wohnt man von dem Ort der Schule), Anfangsbuchstaben des Nachnamens, …

### Diskussion mit der Klasse

- Was war der Sinn der Übung?
- Was war gut und was war schlecht an der Übung?
- Hat die Übung Spaß gemacht?
- Würdet ihr die Übung noch einmal machen? Wenn ja, warum? Wenn nein, warum nicht?

### Auswertung im Klassengespräch

- Was fandet ihr schwierig und warum?
- War die Übung, in der man nicht miteinander sprechen durfte, anspruchsvoller als die vorherige Übung?
- Welche Übung war am schwierigsten (z. B. die nach der Größe ordnen oder doch die mit dem Anfangsbuchstaben des Nachnamens)?
- Wie seid ihr vorgegangen und warum genau so?
- Was hat dir geholfen, die Balance zu halten?

Wenn jemand vom Stuhl gefallen ist:

- **Was** ist passiert?
- **Was** hätte ihm/ihr/dir geholfen?
- **Wie** hättet ihr das verhindern können?

### Transfer auf den Schulalltag – »Brücke in den Alltag«

- Was könnt ihr davon in den Alltag übertragen?
- Braucht ihr auch manchmal Unterstützung im Schullalltag?
- Wie kann die Unterstützung aussehen?
- Kennt ihr Situationen aus dem Alltag, die man alleine nicht bewältigen kann/will?
- Was müsst ihr verändern, damit es sich umsetzen lässt?

### Erfahrungen/Warnungen/Variationen aus der Anwendung

(Raum für eigene Anmerkungen)

_____

_____

# Ankommen in der Klasse

**Benötigtes Material:** Regelbarometer (),
leere Kärtchen, Stifte

**Themen und Ziele:** freie Meinungsäußerung;
Selbstvertrauen; Akzeptanz; Gemeinschaft fördern

**Alter:** ab 9 Jahren (3. Klasse)

**Dauer:** ca. 40 Minuten

**Teilnehmerzahl:** unbegrenzt

## Das Regelbarometer

### Anleitung

Jeder aus der Gruppe schreibt auf zwei Kärtchen jeweils eine Regel, die er gerne in der Klasse einhalten/einführen würde. Diese werden von jedem Schüler einzeln vorgetragen. Die Regeln werden nach Häufigkeit sortiert. Die 2–3 meistgenannten Regeln werden auf das Regelbarometer geschrieben.

Fragen:

- Was ist mir auch noch wichtig? (z. B. Ich möchte mich in der Klassengemeinschaft wohlfühlen)
- Welche Regel finde ich am wichtigsten und warum?
- Welche Regel finde ich nicht ganz so wichtig und weshalb?

Die Kärtchen der Schüler werden sortiert und ein Bezug zur Klasse wird hergestellt.

- Siehe Diskussion mit der Klasse!

### Diskussion mit der Klasse

- Wie war die Übung für euch?
- Welchen Sinn könnte die Übung haben?
- Auf welche drei Regeln könnt ihr euch einigen?
  (Ggf. im Plenum umsetzen lassen. Durchführung in Form einer Abstimmung durch einen Anleiter.)

### Auswertung im Klassengespräch

- Wo liegen die Schwerpunkte?
- Was müssen wir verbessern?
- Angenommen, wir übertragen das in euren Schulalltag, was wäre euch wichtig?
- Wie realistisch ist die Übertragung der Regel in den Alltag?
- Wie lässt sich das umsetzen?
- Was müsst ihr ändern, damit die Regeln sich umsetzen lassen?
- Wer kümmert sich um die Umsetzung?

### Transfer auf den Schulalltag – »Brücke in den Alltag«

- Wie können wir im Schulalltag darauf achten, dass alle Regeln befolgt werden?
- Welche Konsequenzen gibt es für denjenigen, der gegen die Regel verstößt?
- An welchen Dingen in eurer Klasse wollt ihr arbeiten?
- Was erlebt ihr als am schlimmsten bzw. was am schönsten?
- Was muss man tun, um eine gute Klassengemeinschaft zu werden?
- Wie habt ihr euch eine Regel ausgesucht?
- Wer überprüft die Regeln immer wieder?
- Wie können wir uns als Klasse belohnen, wenn die Regeln einwandfrei befolgt werden?

### Erfahrungen/Warnungen/Variationen aus der Anwendung

(Raum für eigene Anmerkungen)

_____

_____

# Vertiefung und Kooperationsübungen

## Ankommen in der Klasse

**Benötigtes Material:** Seil, an den Enden verknotet
**Themen und Ziele:** Vertrauen; Zusammenarbeit
**Alter:** ab 9 Jahren
**Dauer:** ca. 20 Minuten
**Teilnehmerzahl:** unbegrenzt

### Der Balanceakt

**Anleitung**

Dieses Spiel besteht aus drei unterschiedlichen Einheiten.

Einheit 1: Die Schüler stehen im Kreis. Jeder hält das Seil fest in beiden Händen. Nun sollen die Kinder so stark wie möglich am Seil ziehen.

Einheit 2: Jetzt stellen sich die Schüler schulterbreit im Kreis auf. Sie halten weiterhin das Seil in beiden Händen, dabei werden nun jedoch die Arme ausgestreckt. Die Schüler sollen sich nach hinten lehnen, ohne dass sie aus dem Gleichgewicht kommen. Sie sollen ruhig stehen. Hier können auch die Augen geschlossen werden.

Einheit 3: Der Kreis bleibt bestehen. Nun soll ein Schüler über das gespannte Seil laufen. Wichtig ist hierbei die volle Konzentration der Klasse!

**Diskussion mit der Klasse**
- Wie hast du dich gefühlt, als du über das Seil gelaufen bist?
- Hattest du das nötige Vertrauen in deine Mitschüler?
- Wie hast du dich gefühlt, als du vom Seil gefallen bist?
- Was hat diese Übung bewirkt?
- Warum haben wir diese Übung durchgeführt?
- Was war gut und was schlecht daran?
- Was hätte besser laufen können?
- Was ist wichtig bei dieser Übung?

**Auswertung im Klassengespräch**
- Wie war dein Gefühl bei dieser Übung?
- Was oder wo war es schwierig?
- Was hat dir geholfen, die Balance zu halten?
- Wie war es, einen Schüler zu halten?
- Wie war es, auf dem Seil zu stehen?

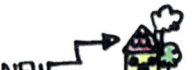

**Transfer auf den Schulalltag – »Brücke in den Alltag«**
- Woran erinnert euch diese Übung im Schulalltag?
- Was nehmt ihr aus diesem Spiel für euch mit?
- Was könnte in der Zukunft ein Ziel für uns sein?

**Erfahrungen/Warnungen/Variationen aus der Anwendung**
(Raum für eigene Anmerkungen)

_____

_____

# Gemeinschaft in der Klasse erleben

**Benötigtes Material:** Männchen-Zettel (🥄) bzw. DIN A6-Zettel, Stifte, Kreppband

**Themen und Ziele:** Kooperationsförderung; Kommunikation

**Alter:** unbegrenzt

**Dauer:** rundenabhängig

**Teilnehmerzahl:** unbegrenzt

## Das Klassensoziogramm

### Anleitung

Die Schüler legen die mit ihren Namen beschrifteten »Männchen« nacheinander in ein Viereck, welches mit Klebeband auf dem Boden markiert ist. Das Viereck soll veranschaulichen, wie sie derzeit miteinander in Beziehung stehen.

1. Runde:
Einer beginnt und legt sein Männchen in das Viereck. Der nächste legt sein Männchen ebenfalls hin (Männchen nebeneinander bedeutet, dass man in einer guten Beziehung zueinander steht).

2. Runde:
Jeder hat die Möglichkeit, noch einmal sein Männchen umzulegen, wenn ihm danach zumute ist. Eine weitere Möglichkeit ist, das Männchen liegen zu lassen.

*Wichtig: Die Schüler dürfen ausschließlich ihre eigenen Männchen bewegen!*

Das Soziogramm wird erstellt und mit Hilfe der Reflexionsfragen besprochen.

Abschlussrunde: Jeder sagt etwas Positives. Besprechung der Verhältnisse in der Klasse.

Das Klassensoziogramm muss mit den Schülern nachbereitet werden, z. B. »Smileyrunde«: Jeder sagt, wie es ihm nach dem Klassensoziogramm geht. Sollten da Hinweise kommen, dass jemand in der Klasse mit seiner Position unzufrieden ist, sollte Platz für eine Nachbesprechung sein.

### Diskussion mit der Klasse
- Wie fandet ihr die Übung?
- Wer fand sie gut/schlecht und weshalb?
- Was würdet ihr euren Freunden über diese Übung erzählen?
- Was hat diese Übung bewirkt?
- Welcher Sinn steckt wohl hinter dieser Übung?

### Auswertung im Klassengespräch
Besprechung Im Plenum nach der 1. Runde

Allgemein
- Was fällt dir auf?
- Wer ist eher in der Mitte?
- Wer ist eher abseits? Wie geht's dir damit?
- Welche Gruppierungen gibt es innerhalb der Klasse?
- Sind diese nach Geschlechtern getrennt?
- Wie fühlst du dich in deiner Position?
- Willst du da überhaupt dazugehören?
- Wo würdest du lieber dazugehören und warum?

Besprechung im Plenum nach der 2. Runde
- Warum hast du dein Männchen an eine andere Stelle gelegt?
- Wie fühlst du dich jetzt?
- Hat euch die 1. Runde beim Vorgehen in der 2. Runde beeinflusst?

### Transfer auf den Schulalltag – »Brücke in den Alltag«

- Wie können die Erfahrungen dieses Spieles in eurem Schulalltag eine Rolle spielen?
- Seid ihr im Schulalltag auch von so vielen »Männchen« bzw. Menschen umgeben?
- Wie kann man den Kontakt zu anderen Menschen, die noch nicht bei einem in der Umgebung sind, knüpfen?
- Was könnt ihr für die Person oder vor allem mit dieser Person machen, die ganz alleine ohne irgendwelche Männchen steht?
- Was müsst ihr ändern, damit sich dies umsetzen lässt?

### Erfahrungen/Warnungen/Variationen aus der Anwendung

(Raum für eigene Anmerkungen)

_____

_____

_____

# Werte, Kooperation, Kommunikation

**Benötigtes Material:** Moderationskarten und Stifte

**Themen und Ziele:** Verdeutlichen, was jedem wichtig ist; gemeinsame Werte kennenlernen und erarbeiten; Kooperation; Abstimmung; Kommunikation

**Dauer:** 30 Minuten

**Klasse:** ab der 5. Klasse

**Teilnehmerzahl:** bis zu 30 Spieler

## Wertearbeit

### Anleitung

#### Vorbereitung

Bereiten Sie eine ausreichende Anzahl von Moderationskarten vor und entscheiden Sie, wieviel Wertebegriffe pro Teilnehmer gesucht werden sollen (3, 6 oder 9).

#### Durchführungsphase (30 Minuten)

Teilen Sie jedem Teilnehmer die Anzahl an Karten aus, die Sie im Vorfeld an Wertebegriffen pro Teilnehmer bestimmt haben. Je jünger die Schüler sind, umso weniger Begriffe sind ratsam.

Bitten Sie die Teilnehmer, eine Karte zunächst unbeschrieben (leer) zu lassen.

In einem ersten Schritt schreibt jeder Teilnehmer Begriffe auf die Karten (pro Karte ein Begriff), die beschreiben, was ihm in der Klasse/Gruppe wichtig ist, auf was er wert legt.

Wenn alle ihre Karten, bis auf eine, beschrieben haben, dann können die Teilnehmer die offen ausliegenden Wertekarten der anderen ansehen und sich für die eine noch offene Karte inspirieren lassen (sie können aber auch noch einen eigenen anderen Begriff wählen).

Anschließend werden die Karten in zwei Schritten geordnet (bei 9 Karten):

- Es werden drei Kategorien à drei Karten gebildet: A (höchste Priorität), B (mittlere Priorität) und C (niedrigste Priorität). Die Karten werden entsprechend gelegt und beschriftet.
- Anschließend werden in diesen drei Kategorien nochmals Abstufungen vorgenommen in 1, 2 und 3. Entsprechend ergibt sich A1 für den allerhöchsten Wert und dann A2, A3, B1 usw.

Im Anschluss findet zunächst eine Präsentation der Werteergebnisse und eine Rückmeldung zum Prozesserleben statt. Dann werden die Werte geklärt und rückgemeldet, inwieweit diese bereits im Alltag erfüllt sind und an welchen Handlungen jemand erkennen könnte, dass dieser Wert erfüllt wird.

Anschließend findet ein gemeinsamer Austausch darüber statt, welche Werte im Schulalltag von der Gruppe bereits gelebt werden und welche konkreten Vorhaben es für die Zukunft geben kann, um die Werteerfüllung zu verbessern.

### Diskussion mit der Klasse

- Wie habt ihr den Prozess wahrgenommen und erlebt? Was ist euch leichtgefallen? Was war herausfordernd/hinderlich?
- Wie habt ihr für euch Entscheidungen getroffen?
- Wie zufrieden seid ihr mit dem Ergebnis?

### Auswertung im Klassengespräch

- Welche Gemeinsamkeiten und welche Unterschiede habt ihr wahrgenommen?
- Wie zufrieden oder unzufrieden seid ihr mit der aktuellen Werteerfüllung in eurer Klasse?
- Was können konkrete Ideen und Vorhaben sein, um die Situation zu verbessern?

### Transfer auf den Schulalltag – »Brücke in den Alltag«

- Was wollen wir die nächsten Tage üben und an Erkenntnissen umsetzen?
- Wie gelingt es uns, im Alltag die Werteerfüllung zu verbessern?

### Erfahrungen/Warnungen/Variationen aus der Anwendung

- Es gibt kein richtig oder falsch. Vielmehr kann die Unterschiedlichkeit konstruktiv genutzt werden.

# Gruppendynamik, Wertschätzung, Anerkennung

**Benötigtes Material:** Erlaubniskarten

**Themen und Ziele:** Wertschätzung; Lob und Anerkennung; Gruppendynamik

**Dauer:** 20–25 Minuten

**Klasse:** ab der 1. Klasse

**Teilnehmerzahl:** bis zu 30 Spieler

## Erlaubnisse

### Anleitung

#### Vorbereitung

Die Gruppe setzt sich auf Stühlen in den Kreis oder steht im Kreis. Gemeinsam wird zur Ruhe gekommen. Als Einstieg kann eine »Wie-geht-es-mir-heute«-Runde genutzt werden.

#### Durchführungsphase (20–25 Minuten)

In einer weiteren Runde können sich die Teilnehmer aus der Sammlung von Erlaubnissen (s. Liste unten) solche auswählen, die ihnen guttun und die sie gerne hören. Beispiele für Erlaubnisse (können entsprechend ergänzt oder angepasst werden):

- Es ist in Ordnung, dass du, wenn es dir einmal nicht so gut geht, langsam machst.
- Ich freue mich, dass du jeden Tag etwas lernst und dich entwickelst.
- Es ist schön, dass du in unsere Klasse gehst.
- Wir freuen uns, dass es dich gibt.
- Du darfst sagen, was du brauchst, damit es dir gut geht.
- Du darfst zeigen, wenn du traurig oder glücklich bist.

- Wir freuen uns, wenn du eigene Ideen hast und dich entwickelst, für deine Grenzen sorgst und deinen Weg gehst.
- Es ist in Ordnung, zu erforschen und auszuprobieren.
- Du darfst selbstständig arbeiten, und wir sind für dich da, wenn du Hilfe brauchst.
- Du darfst jederzeit offen um Kuscheltücher bitten.
- Es ist in Ordnung, wenn du dich entscheidest, eigene Wege zu gehen.
- Es ist in Ordnung, wenn du den Mut hast, auf andere zuzugehen.
- Du darfst neugierig sein und deinen Gefühlen vertrauen.
- Es ist in Ordnung, wenn du erforschst, wer du bist. Es ist wichtig, dass du herausfindest, wo deine Stärken und Schwächen sind
- Du darfst eigene Ansichten haben. Du bist stark und darfst sie ausprobieren.
- Du darfst dich wehren, wenn jemand deine Grenzen verletzt.
- Auch wenn du mal Schwächen zeigst, zweifelt niemand an deiner Stärke.
- Es ist in Ordnung, anderer Meinung zu sein.
- Du darfst als Mädchen Jungen und als Junge Mädchen nett und liebenswert finden.
- Du darfst deine eigene Meinung haben.

Mit den Schülern kann anschließend besprochen werden, wo sie im Körper ein gutes Gefühl wahrnehmen, wenn sie eine Erlaubnis hören. Auch kann ein Kind einem anderen Kind eine Erlaubnis schenken.
Parallel hierzu kann auch das Märchen von den Kuscheltüchern erzählt werden und mit den Schülern darüber ein Austausch stattfinden, wieviel Anerkennung und Erlaubnisse in der Klasse verteilt werden.

### Diskussion mit der Klasse

- Was tut mir gut und was wünsche ich mir, mehr zu hören?
- Was kann ich selbst tun, um Erlaubnisse zu hören, die mir guttun?

**Auswertung im Klassengespräch**
- Wie viele Erlaubnisse werden in der Klasse verschenkt?
- Wie zufrieden oder unzufrieden seid ihr mit der aktuellen Situation »Erlaubnisse schenken« in eurer Klasse?
- Was wollt ihr verändern?

**Transfer auf den Schulalltag – »Brücke in den Alltag«**
- Was wollen wir die nächsten Tage üben und an Erkenntnissen umsetzen?
- Wie gelingt es uns im Alltag, wertschätzend miteinander umzugehen?

**Erfahrungen/Warnungen/Variationen aus der Anwendung**
- Erwarten Sie das Unerwartete!
- Es gibt keine Fehler beim Lernen, sondern Erfahrungen, die genutzt werden können.

# Erwartungen und Befürchtungen wahrnehmen

**Benötigtes Material:** Kein Material erforderlich

**Themen und Ziele:** Kooperationsbereitschaft; Kommunikation; Erwartungen und Befürchtungen wahrnehmen

**Dauer:** Max. 1 Minute pro Teilnehmendem

**Klasse:** ab 2. Klasse

**Teilnehmerzahl:** unbegrenzt

## Blitzlichtrunde

### Anleitung

Klassische Fragen für eine Blitzlichtrunde sind: »Wie ist meine Stimmung jetzt?«, »Welche Erfahrungen habe ich mit dem Thema gesammelt?« oder »Was ist das wichtigste, was ich von dem Seminartag mitnehme?«

Die Frage wird vom Trainer angeschrieben.

Eine Blitzlichtrunde hat folgende Regeln:

- Jeder Teilnehmer darf nur maximal einen Satz oder ein Wort zu der Frage sagen. Ansonsten ist es kein Blitzlicht mehr.
- Es findet während der Blitzlichtrunde keine Diskussion statt, sondern die Stimmungen und Meinungen bleiben stehen. Auch der Trainer darf während der Runde keine Fragen stellen.
- Bei der Frage nach der Stimmung kann der Trainer mitmachen.

Nach dem Blitzlicht kann über die Ergebnisse gesprochen werden oder sie bleiben so im Raum stehen.

### Diskussion mit der Klasse

- Sind eure Erwartungen/Befürchtungen eingetreten?

### Auswertung im Klassengespräch

- Welche Gemeinsamkeiten und welche Unterschiede habt ihr wahrgenommen?
- Wie zufrieden oder unzufrieden seid ihr mit der aktuellen Situation in eurer Klasse?
- Was können konkrete Ideen und Vorhaben sein, um die Situation zu verbessern?

### Transfer auf den Schulalltag – »Brücke in den Alltag«

- Was wollen wir die nächsten Tage üben?

### Erfahrungen/Warnungen/Variationen aus der Anwendung

- Möglich wären auch Fragen zu relevanten/aktuellen Themen oder zur Nachbereitung dieser.

### Quelle

https://train-the-trainer-seminar.de/trainingsmethoden/22_Blitzlicht.html

# Gruppendynamik, Kooperation, Kommunikation

**Benötigtes Material:** ein Blatt (🖱), eine Folie oder ein Flipchart mit 4 × 4 Quadraten

**Themen und Ziele:** Kommunikation; Beziehung; Aufmerksamkeit; Umgang mit unterschiedlichen Informationen; Strategieentwicklung; Gruppendynamik

**Dauer:** 20–25 Minuten

**Klasse:** ab der 3. Klasse

**Teilnehmerzahl:** bis zu 30 Spieler

## Quadrate sehen

### Anleitung

#### Vorbereitung

Zeichnen Sie auf einem Blatt Papier (mind. A3, besser A2 oder A1) oder auf einem Flipchart folgende Figur auf:

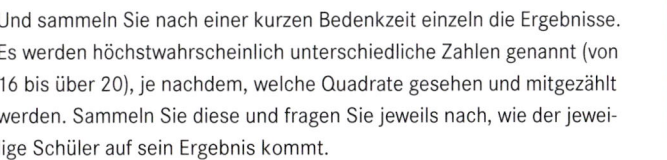

#### Durchführungsphase

Stellen Sie der Gruppe anschließend die Frage:
– Wie viele Quadrate könnt ihr sehen?

Und sammeln Sie nach einer kurzen Bedenkzeit einzeln die Ergebnisse. Es werden höchstwahrscheinlich unterschiedliche Zahlen genannt (von 16 bis über 20), je nachdem, welche Quadrate gesehen und mitgezählt werden. Sammeln Sie diese und fragen Sie jeweils nach, wie der jeweilige Schüler auf sein Ergebnis kommt.

Interessant ist, wie sich nach und nach der Blick von allen verändert und deutlich wird, dass ich zu anderen Ergebnissen komme, wenn ich anders auf eine Aufgabe schaue.

Insgesamt können in der Grafik 30 Quadrate entdeckt werden (16 Einzelne, neun 2 × 2, vier 3 × 3 und ein 4 × 4)

**Isomorphie** (s. Kap. 4.3.1, Abschnitt Isomorphie): Durch den Blick von anderen kann ich meine Wahrnehmung erweitern. Gemeinsam kann man mehr sehen.

### Diskussion mit der Klasse
– Was war der Schlüssel zur Lösung?
– Was war hilfreich und unterstützend? Was war hinderlich?
– Welche Unterschiede und Parallelen gibt es zu Situationen in der Klasse (z. B. bei Meinungsverschiedenheiten)?

### Auswertung im Klassengespräch
– Was war wichtig, damit ihr die Aufgabe erfolgreich meistern konntet?
– Was würdet ihr beim nächsten Mal anders machen?

### Transfer auf den Schulalltag – »Brücke in den Alltag«

– Was wollen wir die nächsten Tage üben und an Erkenntnissen umsetzen?
– Wie gelingt es uns im Alltag, Informationen auszutauschen und Aufgaben gemeinsam erfolgreich zu bewältigen?
– Wie gehen wir in der Gruppe mit Informationen um?
– Wie berücksichtigen wir die unterschiedlichen Sichtweisen in der Gruppe?

### Erfahrungen/Warnungen/Variationen aus der Anwendung

– Erwarten Sie das Unerwartete!
– Es gibt keine Fehler beim Lernen, sondern Erfahrungen, die genutzt werden können.

# Gruppendynamik, Kooperation, Kommunikation

**Benötigtes Material:** ein Ergebnisplakat () und jeweils eine rote und eine schwarze Kartenspielkarte pro Team

**Themen und Ziele:** Kommunikation; Beziehung; Aufmerksamkeit; Umgang mit unterschiedlichen Informationen; Strategieentwicklung; Gruppendynamik

**Dauer:** 20–25 Minuten

**Klasse:** ab der 3. Klasse

**Teilnehmerzahl:** bis zu 30 Spieler

## Gewinnt, so viel ihr könnt

### Anleitung

#### Vorbereitung

Zeichnen Sie einen Ergebnisbogen auf ein Blatt Papier (mind. A3, besser A2 oder A1). Insgesamt werden zehn Runden gespielt. Teilen Sie jedem Team jeweils eine rote und eine schwarze Spielkarte aus. Jedes Team sollte einen ungestörten Platz im Raum haben.

#### Durchführungsphase (15–20 Minuten)

Jede Gruppe muss sich in jeder Spielrunde für eine der beiden Farben »Rot« oder »Schwarz« entscheiden. Die Teams dürfen sich nicht untereinander verständigen, außer es wird ausdrücklich die Erlaubnis (Sonderrunden) dazu gegeben. Die Entscheidung der Teams darf erst bekannt gegeben werden, wenn der Spielleiter dazu auffordert. Das Spiel besteht aus zehn Spielrunden, wobei die Runden 5, 8 und 10 Sonderrunden mit einer höheren Wertung sind (Runde 5 zählt dreifach, Runde 8 fünffach und Runde 10 zehnfach). Nach jeder Runde werden die Punkte notiert.

Für die Wahl der Farbe haben sie eine Minute Zeit.

Die Entscheidung darf erst bekannt gegeben werden, wenn der Spielleiter dazu auffordert.

Die Spielrunden 5,8 und 10 sind Sonderrunden. In diesen Sonderrunden benennt jede Gruppe einen Delegierten. Die Delegierten treffen sich und haben drei Minuten Zeit, ihr weiteres Vorgehen abzusprechen. Anschließend gehen die Delegierten in ihre Gruppen zurück und haben wieder eine Minute Zeit, sich für eine Farbe zu entscheiden.

Die Teams erhalten bei jeder Wahl Gewinn- oder Verlustpunkte. Die Höhe des Gewinns/Verlusts ist von der Farbwahl der anderen Teams abhängig, wie der folgende Gewinnplan zeigt. Das oberste Ziel sollte es sein: Gewinnen Sie, so viel Sie können!

#### Gewinnmöglichkeiten für jede Runde

| | | | |
|---|---|---|---|
| 1 | 4 x Schwarz | Jede Gruppe: | 1 Verlustpunkt |
| 2 | 3 x Schwarz<br>1 x Rot | Schwarz:<br>Rot: | 1 Gewinnpunkt<br>3 Verlustpunkte |
| 3 | 2 x Schwarz<br>2 x Rot | Schwarz:<br>Rot: | 2 Gewinnpunkte<br>2 Verlustpunkte |
| 4 | 1 x Schwarz<br>3 x Rot | Schwarz:<br>Rot: | 3 Gewinnpunkte<br>1 Verlustpunkt |
| 5 | 4 x Rot | Jede Gruppe: | 1 Gewinnpunkt |

Von den Spielerfahrungen ausgehend kann ein Gespräch über Kooperation und Konkurrenz im Alltag geführt werden.

Isomorphie: Wie deuten wir Aufgabenstellungen und schaffen eine Gewinner-Gewinner-Strategie?

### Diskussion mit der Klasse
- Was war der Schlüssel zum Erfolg?
- Was war hilfreich und unterstützend? Was war hinderlich?
- Welche Unterschiede und Parallelen gibt es zu Situationen in der Klasse?

### Auswertung im Klassengespräch
- Was war wichtig, damit ihr die Aufgabe erfolgreich meistert?
- Wie habt ihr das Spielmotto »Gewinnt, so viel ihr könnt« aufgefasst? War diese Regel ein Ziel für die Gesamtgruppe oder für das einzelne Team?
- Wie hoch ist das Ergebnis der Gruppe in Bezug auf das maximal erreichbare Ergebnis von 100? Weshalb?
- Was würdet ihr beim nächsten Mal anders machen?

### Transfer auf den Schulalltag – »Brücke in den Alltag«
- Was wollen wir die nächsten Tage üben und an Erkenntnissen umsetzen?
- Wie gelingt es uns, im Alltag Herausforderungen gemeinsam erfolgreich zu bewältigen?
- Wie berücksichtigen wir die unterschiedlichen Sichtweisen in der Gruppe?

### Erfahrungen/Warnungen/Variationen aus der Anwendung
- Erwarten Sie das Unerwartete!
- Es gibt keine Fehler beim Lernen, sondern Erfahrungen, die genutzt werden können.

# Übung zum Kennenlernen

**Benötigtes Material:** Ballons, Eddingstifte

**Themen und Ziele:** Kooperationsbereitschaft; Kommunikation

**Dauer:** 10–15 Minuten

**Klasse:** ab der 3. Klasse

**Teilnehmerzahl:** unbegrenzt

## Ballon/Papierflieger

### Anleitung

Die Schüler bekommen einen Luftballon und einen Eddingstift. Der Luftballon wird aufgeblasen und mit dem Namen beschriftet. Die Luftballons werden hochgeworfen und von einem jeweils anderen Schüler aufgenommen. Die Schüler versuchen jetzt, den ursprünglichen »Besitzer« des Luftballons zu finden. Die Leitung gibt nun eine Interviewfrage (Lieblingsessen? Lieblingsfarbe? etc.), die an den Besitzer des Luftballons gestellt wird. Die Antworten werden auf den Luftballon geschrieben. Nach mehreren Fragen/Antworten nimmt wieder jeder seinen eigenen Ballon und stellt sich im Stuhlkreis anhand der dokumentierten Antworten vor.

### Diskussion mit der Klasse

- Was war leicht?
- Was war schwierig?

### Auswertung im Klassengespräch

- Wie ist es dir ergangen?
- Wie denkst du, hätte es besser klappen können?

### Transfer auf den Schulalltag – »Brücke in den Alltag«

- Was wollen wir die nächsten Tage üben?

### Erfahrungen/Warnungen/Variationen aus der Anwendung

- Die Übung ist auch mit A3-Blättern möglich, die zu Papierfliegern gestaltet werden.

### Quelle

http://www.teamercard.de/fix/files/kd.1126000413/M%204.5.2.pdf

# Vertrauen, Kooperation, Kommunikation

**Benötigtes Material:** Augenbinden in der Anzahl der Teilnehmenden

**Themen und Ziele:** Vertrauen; Kommunikation; Beziehung; Aufmerksamkeit; Rücksicht

**Dauer:** 30 Minuten

**Klasse:** ab der 3. Klasse

**Teilnehmerzahl:** bis zu 30 Spieler

## Blind führen/Blinde Raupe

### Anleitung

#### Vorbereitung

Jeder Teilnehmer erhält eine Augenbinde. Um die Teilnehmer in die Erfahrung des »Blindseins« einzuführen, wird zunächst die Übung »Blinde Raupe« durchgeführt und anschließend die Übung »Blind führen« in unterschiedlichen Herausforderungsvarianten.

#### Übungsphase (Blinde Raupe) (5–10 Minuten)

Die Gesamtgruppe wird in Kleingruppen von 6–8 Teilnehmern aufgeteilt. Die Teilnehmer werden hintereinander aufgestellt. Der hintere Schüler legt seine Hände auf die Schultern des vorderen Schülers. Alle Teilnehmer setzten eine Augenbinde auf. Die Leitung nimmt die vorderste Person der Reihe an die Hand und führt diese zusammen mit den anderen (Teilnehmer bleiben mit den Händen auf den Schultern oder an der Hüfte immer in Kontakt) langsam durch das Gelände. Interessant ist es, unterschiedliche Untergründe bzw. zu bewältigende Steigungen und Gefälle einzubauen.

Anschließend wertet die Gruppe die Erfahrungen aus und bespricht, was jemand, der nichts sehen kann, benötig, um sich sicher zu fühlen. Es werden Punkte gemeinsam gesammelt, auf was Führer und Geführter achten sollen und müssen, damit jeder eine gute Lernerfahrung machen kann.

#### Durchführungsphase (Blind führen) (20 Minuten)

Nun werden Paare gebildet. Ein Sehender führt einen Blinden! Dabei gibt es unterschiedliche Varianten des Führens, die alle nach und nach umgesetzt werden sollen:

– Mit Berührung (der Hände) und Sprache führen.
– Nur mit Sprache ohne Berührung führen.
– Nur mit Berührung ohne Sprache führen.

Möglich ist es auch, mit Musikinstrumenten (z. B. Trommeln) zu führen. Die Paare sollen sich anschließend kurz austauschen, was förderlich und was hinderlich war und wechseln dann die Rollen. Wenn jeder die Erfahrung des Blindseins gemacht hat, wird eine Gesamtauswertung in der Gruppe vorgenommen.
Isomorphie: Jeder von uns hat blinde Flecken oder weiß bzw. kann etwas nicht so gut. Was braucht es, damit ich als »Sehender« den anderen gut in ein Thema einführe und dieser sich immer selbstständiger zurechtfinden kann? Was braucht es, um Vertrauen aufzubauen?

#### Variante »Blind führen in der Gruppe«

Ein nächster Schritt besteht darin, dass jeweils zwei Paare zusammengehen und eine Person drei Personen, die ein Augentuch tragen, führt. Auch dabei gibt es verschiedene Führungsvarianten:

– Die »Blinden« dürfen sich gegenseitig berühren.
– Die »Blinden« dürfen sich nicht gegenseitig berühren.

Die führende Person führt dabei nur mit der Sprache. Auch diese Übung wird im Anschluss, wenn alle Kleingruppenmitglieder die Erfahrung des Führens gemacht haben, gemeinsam ausgewertet.
Isomorphie: Herausforderung des Führens einer Gruppe erfahren. Welche Möglichkeiten gibt es, damit Menschen sich auch mit dem Augentuch zunehmend selbstständiger orientieren können und die Führung nur noch punktuell und im Notfall eingreift?

### Diskussion mit der Klasse

- Was war hilfreich und unterstützend? Was war hinderlich?
- Was hat dazu beigetragen, Vertrauen aufzubauen? Was hat das Vertrauen geschwächt?
- Wie seid ihr in der Übung vorgegangen? Gab es eine Strategie und wenn ja, wie sah diese aus?
- Was würde ein außenstehender Beobachter euch rückmelden, was ihr gut gemacht habt und was ihr hättet besser machen können?
- Welche Unterschiede und Parallelen gibt es im Umgang mit Mitschülern, die ein bestimmtes Thema nicht so gut beherrschen, wenn ihr die Aufgaben der Vermittlung bzw. Hilfestellung habt?

### Auswertung im Klassengespräch

- Was war wichtig, damit ihr die Aufgabe erfolgreich meistert?
- Was würdet ihr beim nächsten Mal anders machen?

### Transfer auf den Schulalltag – »Brücke in den Alltag«

- Was wollen wir die nächsten Tage üben und an Erkenntnissen umsetzen?
- Wie gelingt es uns im Alltag, gegenseitig Vertrauen zu entwickeln und aufzubauen?

### Erfahrungen/Warnungen/Variationen aus der Anwendung

- Es gibt keine Fehler beim Lernen, sondern Erfahrungen, die genutzt werden können.
- Intervenieren Sie nur, wenn Gefahr im Verzug ist.

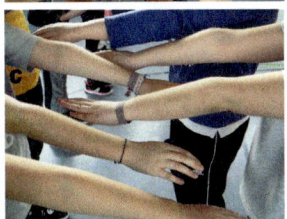

# Vom »Ich« zum »Wir«

**Benötigtes Material:** Kein Material erforderlich

**Themen und Ziele:** Vertrauen; Selbsterfahrung

**Alter:** ab 9 Jahren (3. Klasse)

**Dauer:** ca. 20 Minuten

**Teilnehmerzahl:** unbegrenzt

## Die enge Gasse

### Anleitung

Die Klasse bildet stehend eine Gasse, indem sich je zwei Schüler gegenüber mit einer Armlänge Abstand zueinander aufstellen. Die Arme werden ausgestreckt. Nun darf ein Schüler aus der Klasse mit Anlauf durch die »Gasse« rennen, während seine Mitschüler kurz vor dem Eintreffen die Arme nach oben nehmen. Der Schüler reiht sich hinten ein, der nächste Schüler darf rennen. Die Übung wird so oft wiederholt, bis die ganze Klasse einmal durch die enge Gasse gelaufen ist.

### Diskussion mit der Klasse

- Wie war die Aufgabe?
- Welche Strategien braucht es?
- Was ist bei dieser Übung besonders wichtig?
- Wie ist es dir ergangen?

### Auswertung im Klassengespräch

- Wie hast du dich gefühlt, als du durch die Gasse gerannt bist?
- Hast du deinen Mitschülern vertraut?
- Hat es dich viel Überwindung gekostet?
- Was hat euch besser gefallen: durchzurennen oder die Gasse zu bilden?
- Was hat euch an der Übung gestört?

### Transfer auf den Schulalltag – »Brücke in den Alltag«

- Um welches zentrale Thema geht es in dieser Übung?
- Ist dieses Thema/diese Eigenschaft schon bei euch in der Klassengemeinschaft vertreten?
- Wie kann man dies umsetzen?
- Was wären die ersten Schritte hierfür?

### Erfahrungen/Warnungen/Variationen aus der Anwendung

(Raum für eigene Anmerkungen)

_____

_____

_____

# Klassengemeinschaft gestalten und definieren

**Benötigtes Material:** 5 Stühle bzw. Kästen

**Themen und Ziele:** Kommunikation; Vertrauen; Zusammenhalt

**Alter:** ab 9 Jahren (3. Klasse)

**Dauer:** ca. 20 Minuten

**Teilnehmerzahl:** 5 Teilnehmer

## Das Sortieren

### Anleitung

Fünf Schüler nehmen sich je einen Stuhl, d. h. insgesamt fünf Stück an der Zahl, und stellen mit diesen fünf Stühlen einen Stuhlkreis. Sie haben nun die Aufgabe, sich zu fünft auf einen dieser Stühle zu stellen. Das Ziel ist erreicht, wenn alle fünf auf dem ausgewählten Stuhl stehen.

Wichtig hierbei ist, dass sich die Schüler ausschließlich auf den Stühlen bewegen und nicht den Fußboden berühren. Andere Hilfsmittel zum Abstützen, Festhalten etc., wie z. B. Tische, andere Stühle oder Fensterbänke, sind nicht erlaubt.

Berührt ein Schüler während des Sortierens den Boden oder benutzt ein Hilfsmittel, muss die Kleingruppe zur Ausgangssituation zurückkehren und von vorne beginnen.

### Diskussion mit der Klasse

- Wie fandet ihr die Übung und warum?
- Ist einer runtergefallen: Was ist passiert? Warum bist du runtergefallen?
- Was hätte dir geholfen, auf den Stühlen zu bleiben? Was hast du dir von den anderen vier erhofft?

### Auswertung im Klassengespräch

- Welcher Sinn steckte hinter dieser Übung? Was oder wo war es schwierig?
- Was für ein Gefühl hattet ihr während der Übung?
- Kam euch das Gefühl bekannt vor?
- An was erinnert euch das?

### Transfer auf den Schulalltag – »Brücke in den Alltag«

- Welche Parallelen seht ihr zu eurer Situation?
- Was müsst ihr ändern, damit es sich umsetzen lässt?
- Was sind die dazugehörigen Schritte?

### Erfahrungen/Warnungen/Variationen aus der Anwendung

(Raum für eigene Anmerkungen)

_____

_____

_____

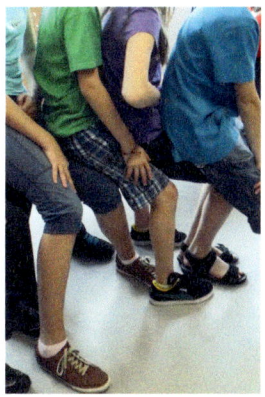

# Gruppendynamik, Aufmerksamkeit, Konzentration

**Benötigtes Material:** Kein Material erforderlich

**Themen und Ziele:** Abschluss; Zwischenübung; Aufmerksamkeit; Konzentration; Gruppendynamik

**Dauer:** 10–15 Minuten

**Klasse:** ab der 3. Klasse

**Teilnehmerzahl:** bis zu 30 Spieler

## Sitzender Kreis

### Anleitung

**Vorbereitung**

Die Gruppe steht im Kreis.

**Durchführungsphase** (10–15 Minuten)

Jeder Teilnehmer stellt sich im Kreis so auf, dass er seinem rechten Nachbarn in den Rücken schaut. Es ist darauf zu achten, dass die Teilnehmer so eng aneinander stehen, dass sie dem anderen »auf dem Schoß sitzen« können. Auf ein Kommando hin versucht sich jeder hinzusetzen, d. h., auf den Schoß des anderen zu setzen, sodass die ganze Gruppe einen sitzenden Kreis bildet.

Möglich ist es auch, dass die Gruppe jeweils das gleiche Bein hebt.

### Diskussion mit der Klasse

– Was war wichtig, um die Aufgabe zu meistern?

– Wie bin ich mit Nähe und Distanz umgegangen?

### Auswertung im Klassengespräch

– Wie könnt ihr im Schulalltag die Kooperation fördern?

– Wo ist es im Alltag wichtig, sich in der Gruppe gut abzustimmen bzw. im Gleichklang zu sein?

### Transfer auf den Schulalltag – »Brücke in den Alltag«

– Was wollen wir die nächsten Tage üben und an Erkenntnissen umsetzen?

– Wie gelingt es uns im Alltag, gelingend miteinander zu kooperieren?

### Erfahrungen/Warnungen/Variationen aus der Anwendung

– Erwarten Sie das Unerwartete!

– Es gibt keine Fehler beim Lernen, sondern Erfahrungen, die genutzt werden können.

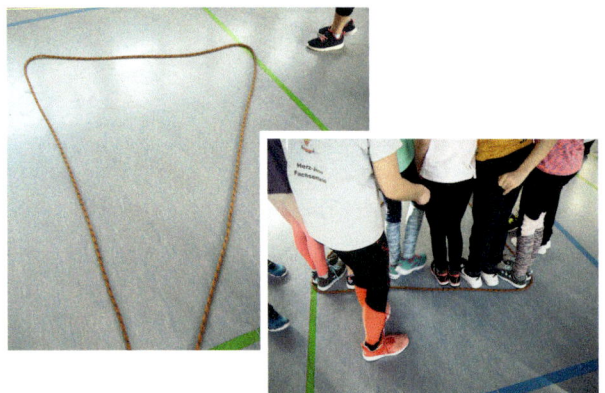

# Klassengemeinschaft gestalten und definieren

**Benötigtes Material:** Dreieck, Kreppband

**Themen und Ziele:** Kooperation; Vertrauen; Kommunikation

**Alter:** ab 9 Jahren (3. Klasse)

**Dauer:** ca. 45 Minuten

**Teilnehmerzahl:** unbegrenzt

## Die Dreiecksübung

### Anleitung

1. Die Klasse bekommt den Auftrag, alle Schüler der Klasse in ein vorher markiertes Dreieck (Kreppband am Boden) zu stellen. Das Ziel ist erreicht, wenn alle Schüler im Dreieck stehen.

2. Jeweils drei Mädchen und Jungs stehen um das Dreieck. Immer ein Mädchen und ein Junge fassen sich an den Händen. Die Schüler versuchen, sich nun in das Dreieck zu ziehen. Betritt einer von ihnen das Dreieck, scheidet er aus, bis sich zuletzt zwei Schüler gegenüberstehen.

### Diskussion mit der Klasse

- Warum haben wir diese Übung durchgeführt?
- Was war gut und was war schlecht daran?
- Wie habt ihr euch während der Übung gefühlt?

### Auswertung im Klassengespräch

- Warum war es so schwer, alle in das Dreieck zu bekommen?
- Wie hat es dann doch geklappt?
- War es gut/schlecht, dass eine Person das Kommando gegeben hat?
- Wie fühlt ihr euch jetzt, nachdem ihr diese Übung erfolgreich gemeistert habt?
- Warum war es so einfach/schwierig, jemanden in das Dreieck zu ziehen?
- Woran lag es, dass eine Person in das Dreieck gefallen ist?
- Wie habt ihr euch gefühlt, als ihr in das Dreieck »gefallen« seid?

### Transfer auf den Schulalltag – »Brücke in den Alltag«

- Hat diese Übung etwas mit der Realität zu tun?
- Was für ein Thema passt zu dieser Übung? Habt ihr eine Idee?
- Welche Parallelen seht ihr zu eurer Situation im alltäglichen Leben?

### Erfahrungen/Warnungen/Variationen aus der Anwendung

(Raum für eigene Anmerkungen)

_____

_____

_____

# Vom »Ich« zum »Wir«

**Benötigtes Material:** Zollstock oder Zauberstab

**Themen und Ziele:** Kooperationsbereitschaft; Kommunikation; Koordination; Führung übernehmen; Konzentration; Frustrationstoleranz

**Dauer:** 10–15 Minuten

**Klasse:** höhere Klassen

**Teilnehmerzahl:** unbegrenzt

## Zollstock/Zauberstab

### Anleitung

Zwei Gruppen stehen sich in zwei dicht nebeneinanderstehenden Reihen gegenüber. Auf die ausgestreckten Zeigefinger wird jeder Gruppe ein geöffneter Meterstab (Zollstock) gelegt. Der Meterstab liegt jetzt waagrecht auf den Zeigefingern der jeweiligen Gruppenteilnehmer. Der Zollstock muss völlig frei, ohne Festhalten durch andere Finger, auf den Zeigefingern aller Teilnehmer schweben.

– Wetten, dass ihr es nicht schafft, gemeinsam, unter ständiger Berührung, den Meterstab (Zollstock) abzusenken und am Boden abzulegen?

### Diskussion mit der Klasse

– Sinn der Übung, was hat zum Erfolg geführt?

### Auswertung im Klassengespräch

– Wie ist es dir ergangen?
– Wie denkst du, hätte es besser klappen können?

### Transfer auf den Schulalltag – »Brücke in den Alltag«

– Was wollen wir die nächsten Tage üben?

### Erfahrungen/Warnungen/Variationen aus der Anwendung

(Raum für eigene Anmerkungen)

_____

_____

_____

### Quelle

http://www.teamercard.de/fix/files/kd.1126000413/M%204.5.2.pdf

# Gewohnte Denkweisen erweitern, Kooperation, Gruppendynamik

**Benötigtes Material:** Stoppuhr, drei Jonglierbälle

**Themen und Ziele:** Kommunikation; Zusammenarbeit; Bezugsrahmenerweiterung

**Alter:** ab 10 Jahren

**Dauer:** ca. 25 Minuten

**Teilnehmerzahl:** unbegrenzt

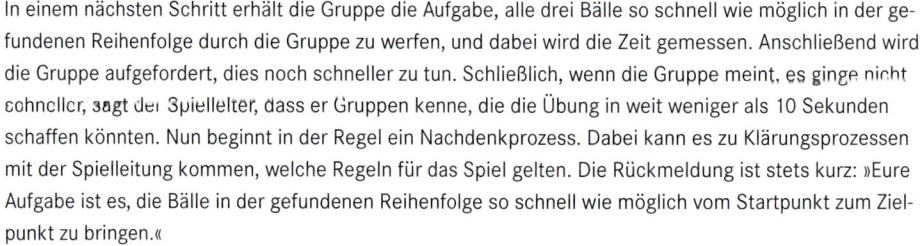

## Der schnelle Ball

### Anleitung

Zuerst werden aus der Klasse drei Schüler herausgesucht, die den Beobachterposten einnehmen. Die Beobachter protokollieren folgende Fragestellungen:

– Gibt es Redeführer?

– Wer bringt konstruktive Beiträge?

– Wie verschaffen sich die Teilnehmer Gehör?

– Wer hält sich zurück?

– Gibt es Störer?

Wichtig! Die Beobachter werden erst nach der allgemeinen Auswertung zu ihrem Protokoll befragt. Sollten Konflikte aufgrund verschiedener Wahrnehmung entstehen, greifen Sie diese auf und versuchen Sie, viele Beteiligte mit einzubeziehen.

Die anderen Mitspieler stellen sich zunächst im Kreis auf.

In einem ersten Schritt wird zunächst die Reihenfolge der Bälle durch die Gruppe festgelegt. Hierzu werden drei Jonglierbälle in einer beliebigen Reihenfolge durch die Gruppe geworfen, sodass jeder Teilnehmer einmal alle drei Bälle in der Hand hatte und am Ende diese wieder bei der Person landen, die begonnen hat (Die drei Bälle haben dabei alle die gleiche Reihenfolge und werden nacheinander von einer Person zur nächsten geworfen). Es ist bei diesem Spiel hilfreich, dass die Kinder die Arme nach hinten nehmen, sobald sie die Bälle weitergegeben haben. So kann der jeweils Werfende einfacher erkennen, wer noch »frei«, ist, d. h., wem er die Bälle noch zuwerfen kann.

In einem nächsten Schritt erhält die Gruppe die Aufgabe, alle drei Bälle so schnell wie möglich in der gefundenen Reihenfolge durch die Gruppe zu werfen, und dabei wird die Zeit gemessen. Anschließend wird die Gruppe aufgefordert, dies noch schneller zu tun. Schließlich, wenn die Gruppe meint, es ginge nicht schneller, sagt der Spielleiter, dass er Gruppen kenne, die die Übung in weit weniger als 10 Sekunden schaffen könnten. Nun beginnt in der Regel ein Nachdenkprozess. Dabei kann es zu Klärungsprozessen mit der Spielleitung kommen, welche Regeln für das Spiel gelten. Die Rückmeldung ist stets kurz: »Eure Aufgabe ist es, die Bälle in der gefundenen Reihenfolge so schnell wie möglich vom Startpunkt zum Zielpunkt zu bringen.«

Die Lösung besteht darin, dass die Gruppe beginnt, die Kreisstruktur aufzulösen und sich in der Reihenfolge aufzustellen, die von ihnen gewählt wurde. Dies bewirkt zunächst schon eine enorme Verbesserung der Zeit. Nun kann die Gruppe nochmals dazu aufgefordert werden, die Aufgabe noch schneller zu lösen, denn es gäbe Gruppen, die dies unter einer Sekunde schaffen würden. Hierzu dürften sie auch einen Joker einsetzen. Der Joker ist eine Person, die eingesetzt werden kann. Die Gruppe sollte selbst auf die Lösung kommen, dass der Joker die Bälle in der Hand hält und sich dreht, wobei alle Gruppenmitglieder nur ihre Hände als eine Art Fächer in der gewählten Reihenfolge hinhalten. Am besten als Kreisfächer. Die Herausforderung bei dieser Übung besteht darin, über die gewohnten Denkstrukturen hinauszugehen, um eine Lösung zu finden. Wenn ich, wie zunächst eingeführt, über die Übung nachdenke, werde ich keine Lösung finden, die weniger als zehn Sekunden bzw. eine Sekunde benötigt.

**Diskussion mit der Klasse**
- Was ist euch in der Übung aufgefallen?
- Was war hilfreich und was störend?

**Auswertung im Klassengespräch**
- Was war der Schlüssel zum Erfolg?
- Was war wichtig und notwendig, um die Aufgabe zu lösen?
- Wie habt ihr eine Lösung gefunden? Gab es eine Strategie, und wie habt ihr Entscheidungen getroffen?

**Transfer auf den Schulalltag – »Brücke in den Alltag«**
- Woran erinnert euch diese Übung, wenn ihr an den Alltag denkt?
- Welche Konsequenzen ergeben sich für euch aus der Übung für euren Schulalltag?

**Erfahrungen/Warnungen/Variationen aus der Anwendung**
(Raum für eigene Anmerkungen)

_____

_____

_____

# Kommunikation in der Gruppe, Gelassenheit in Stresssituationen einüben

**Benötigtes Material:** ca. 8–10 Kuscheltiere (Wichtig: Sie sollten handlich sein und gute »Flugeigenschaften« besitzen.)

**Themen und Ziele:** Kommunikation; Beziehung; Aufmerksamkeit; Rücksichtnahme; Werfen und Fangen

**Dauer:** 20–25 Minuten

**Klasse:** ab der 1. Klasse

**Objektjonglage:** ab Klasse 3–4

**Teilnehmerzahl:** bis zu 30 Spieler

## Kuscheltier-/Objektjonglage

### Anleitung

#### Vorbereitung

Die Gruppe setzt sich auf Stühlen in den Kreis oder steht im Kreis. Gemeinsam wird zur Ruhe gekommen. Als Einstieg kann eine »Wie geht es mir heute«-Runde genutzt werden, in der ein Kuscheltier herumgegeben wird.

#### Übungsphase (5–10 Minuten)

In einer ersten Phase wird ein Kuscheltier in einer beliebigen Reihenfolge durch die Gruppe geschickt, sodass jedes Kind das Kuscheltier einmal in der Hand hatte und am Ende das Kuscheltier wieder am Ausgangspunkt landet.

Es ist hilfreich, zu sagen, wie das Kuscheltier geworfen werden sollte, damit der Fänger es auch gut fangen kann und dass es nützlich ist, zuerst den Namen des Kindes zu nennen, zu dem das Tier geworfen werden soll.

Es ist auch hilfreich, dass die Kinder die Arme nach hinten nehmen, sobald sie das Kuscheltier weitergegeben haben. So kann der jeweils Werfende einfacher erkennen, wer noch »frei« ist, d. h., wem er das Kuscheltier noch zuwerfen kann.

Die Isomorphie (s. Kapitel 4.3.1) liegt darin, dass die Kuscheltiere für gesprochene Worte stehen und die Kinder dazu eingeladen werden, gemeinsam herauszufinden, was es braucht, damit die Kuscheltiere (die Worte) auch wirklich beim Adressaten landen können.

#### Durchführungsphase (15–20 Minuten)

Nachdem eine Reihenfolge gefunden/festgelegt wurde, werden nun mehrere Kuscheltiere nacheinander (Empfehlung: Lassen Sie zwischen den einzelnen Kuscheltieren ausreichend Zeit) auf die Reise geschickt. Ziel der Übung ist es, dass möglichst viele Kuscheltiere, ohne auf den Boden zu fallen, beim Lehrer ankommen.

#### Variante (Objektjonglage)

Bei älteren Kindern (ab Klasse 3, 4) bzw. als größere Herausforderung können Sie einzelne Kuscheltiere oder Objekte mit verschiedenen Reihenfolgen auf die Reise schicken. Legen Sie dazu Schritt für Schritt zunächst die Reihenfolgen für das jeweilige Kuscheltier bzw. Objekt fest. Wenn der Weg durch die Gruppe gefunden wurde (wieder Namen sagen und auf Aufmerksamkeit achten), dann machen Sie am besten nochmals einen Probedurchlauf. Wenn Sie zwei bis drei Objektdurchläufe festgelegt und geprobt haben, schicken Sie diese Objekte gemeinsam auf die Reise durch die Gruppe. Je nach Bewältigung der Aufgabe, können Sie die Anzahl der Objekte erhöhen. Hierzu sollen Sie aber zunächst wieder die Reihenfolge für das neue Einzelobjekt festlegen und proben. Dann fügen Sie dieses den anderen bereits bestehenden Objektdurchläufen hinzu.

Die Isomorphie zu dieser Übungsvariante ist der Umgang mit Stress und die Bewältigung von vielen Aufgaben, die gleichzeitig zu erledigen sind. Für die gelingende Bewältigung ist das Finden von Ruhe und das Sich-Zeit-nehmen wichtig, bis mein jeweiliger Objektpartner bereit ist, zu fangen.

**Diskussion mit der Klasse**
- Was war hilfreich und wichtig, damit das Kuscheltier (Sprache) gut beim Gegenüber landen konnte?
- Was kann der Werfer tun, um es dem Fänger leicht zu machen?
- Was muss der Fänger tun, damit er gut mit dem Werfer zusammenarbeitet?
- Was bedeutet das Erlebte für den Alltag in eurer Klasse?
- Was braucht es, damit das, was jemand aussendet, auch beim Empfänger ankommt?
- Wie sind wir in der Gruppe mit Stress und Hektik umgegangen?
- Was war förderlich und was hinderlich, um die Aufgabe zu meistern?

**Auswertung im Klassengespräch**
- Was war wichtig, damit möglichst viele Kuscheltiere wieder am Ausgangspunkt angekommen sind?
- Was würdet ihr beim nächsten Mal anders machen?

**Transfer auf den Schulalltag – »Brücke in den Alltag«**
- Was wollen wir die nächsten Tage üben?
- Wie gelingt es uns, im Alltag rücksichtsvoll miteinander zu kommunizieren und umzugehen?
- Wie gehen wir in der Gruppe mit Stress und Hektik um? Was können wir aus der Übung lernen und in unserem Alltag umsetzen?

**Erfahrungen/Warnungen/Variationen aus der Anwendung**
- Erwarten Sie das Unerwartete!

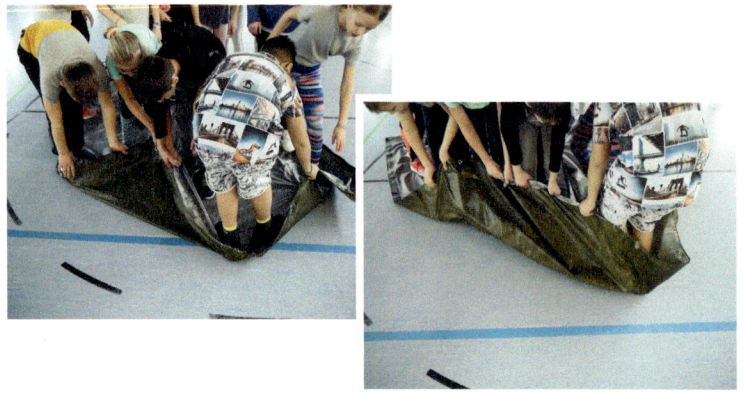

# Erste Erfahrung mit den anderen

**Benötigtes Material:** zweifarbige/r Decke/Plane/Teppich

**Themen und Ziele:** Kommunikation; Kooperation

**Alter:** ab 10 Jahren

**Dauer:** ca. 30 Minuten

**Teilnehmerzahl:** unbegrenzt

## Das Blatt wenden

### Anleitung

Vor der Übung gehen die Teilnehmer in Zweier-Gruppen zusammen. Es wird verhandelt, wer zuerst die Rolle des Akteurs bzw. des Beobachters bei der Übung einnimmt.

Die Akteure stellen sich auf die in der Mitte platzierte Decke. Ziel ist es, die Decke einmal umzudrehen, ohne dass jemand diese verlässt!

Die Beobachter bekommen die Aufgabe, nachfolgende Kriterien zu beobachten:
- Wie verhält sich die Gruppe?
- Gibt es Redeführer? (Namen aufschreiben)
- Hält sich jemand komplett zurück? (Namen aufschreiben)
- Welche Rolle übernimmt mein Partner? (z. B. Störenfried, Chef)
- Wann kommt es zu einer Lösung? Und wer war daran beteiligt?

Nach Beenden der Übung oder nach Abbruch durch den Spielleiter gehen die Paare zusammen und geben sich eine kurze persönliche Rückmeldung.

Anschließend wird die Übung im Plenum besprochen. Danach werden die Rollen getauscht; die Übung beginnt von neuem.

### Diskussion mit der Klasse

- Welcher Sinn steckt hinter dieser Übung?
- Warum haben wir diese Übung durchgeführt?
- Wem hat die Übung nicht gefallen?
- Wie habt ihr die Übung aufgenommen?
- Was war schlecht/gut an dieser Übung?

### Auswertung im Klassengespräch

- Woran lag es, dass jemand auf den Boden getreten ist?
- Wie hat sich derjenige gefühlt?
- Was hätte demjenigen geholfen, der auf den Boden getreten ist?
- Was hättet ihr für ihn tun können?
- Was könnt ihr tun, damit so etwas nicht mehr passiert?
- Was ist euch während der Übung durch den Kopf gegangen?
- Warum hat es letztendlich dann geklappt?
- Auf was musstet ihr achten?
- Wie fühlt ihr euch jetzt?
- Wie können die Erfahrungen dieses Spieles in eurem Schulalltag eine Rolle spielen?
- Welchen Tipp würdet ihr einer Klasse geben, die diese Übung zum ersten Mal durchführt?

**Transfer auf den Schulalltag – »Brücke in den Alltag«**

- Kennt ihr so eine Situation in eurem Schulalltag?
- Für was könnte die Decke stehen?
- Welche Parallelen seht ihr zu eurer Situation im realen Leben?
- Wie realistisch ist es, die Attribute (Eigenschaften) dieses Spiels auf die Realität zu übertragen?
- Wie lässt sich das umsetzen?

**Erfahrungen/Warnungen/Variationen aus der Anwendung**

(Raum für eigene Anmerkungen)

# Kooperation, Gruppendynamik, Zusammenhalt erleben

**Benötigtes Material:** Stühle oder Teppichfliesen (ca. 35 × 35 cm), Seile (Moorhuhnspiel), Plane (Eisschollenspiel)

**Themen und Ziele:** Kommunikation; Vertrauen; Zusammenhalt

**Alter:** ab 11 Jahren (5. Klasse)

**Dauer:** ca. 45 Minuten

**Klasse:** höhere Klassen

**Teilnehmerzahl:** unbegrenzt

## Das Moorhuhn-/Eisschollenspiel

### Anleitung

Für diese Übung gibt es unterschiedliche Varianten und Durchführungsmöglichkeiten.

Bei beiden Varianten können Sie als Material entweder Stühle oder Teppichfliesen nutzen. Sie benötigen für das Moorhuhnspiel Teppichfliesen oder Stühle in der Hälfte der Teilnehmeranzahl. Zudem zwei Seile für die Markierung von Start und Ziel. Beim Eisschollenspiel benötigen Sie Stühle oder Teppichfliesen in der Anzahl der Teilnehmer und zusätzlich eine Plane als Rettungsinsel, auf die alle Teilnehmer passen (Sie können auch ein Seil zur Markierung der Rettungsinsel nutzen).

### Variante (Moorhuhn)

Sie legen zunächst eine Strecke im Zimmer oder im Freien aus, diese sollte ungefähr 15 bis 20 m betragen (in einem Zimmer bietet es sich an, mit Tischen einen Zick-Zack-Weg zu gestalten). Nun bitten Sie alle Kinder, sich hinter die erste Absperrung zu begeben (Start).

Anschließend instruieren Sie die Gruppe, dass sich zwischen dem Start- und Zielpunkt (sie können zur Markierung z. B. Seile nutzen) ein Moor befindet und dieses nur mit Hilfe von sogenannten Moorfliesen (Teppichfliesen oder Stühle) überquert werden kann. Jedoch dürfen diese nicht über den Boden geschoben werden. Sie müssen angehoben und abgesetzt werden, ansonsten nimmt sie der Spielleiter aus dem Spiel. Zudem befinden sich in dem Moor Moorhühner (sie als Lehrkraft und ggf. andere Erwachsene), die sich von diesen Moorfliesen ernähren. Die Moorhühner können dann eine Fliese nehmen, wenn dieses unbewacht ist, d. h., wenn sich kein Fuß oder keine Hand auf der Fliese befindet, wenn diese auf dem Boden liegt. Je weniger Fliesen/Stühle zu Beginn, desto anspruchsvoller ist die Übung.

Sie können die Kinder vor Übungsbeginn anregen, sich eine Strategie zu überlegen, wie sie mit einer geringeren Anzahl an Fliesen als Kinder vorgehen wollen. Oder Sie lassen die Kinder ihre Erfahrung machen und werten diese dann anschließend gemeinsam aus. Sofern es die Gegebenheiten zulassen, können Sie zudem die Regel einführen, dass jeder Tritt in das Moor den Verlust des Schuhs bedeutet, der ins Moor getreten ist.

### Variante (Eisscholle):

Bei der Übung »Eisscholle« werden die Fliesen (bzw. Stühle) im Raum oder auf einer Fläche so verteilt, dass lediglich ein oder zwei so dicht beieinander liegen/stehen, dass man von einer Fliese zur anderen durch einen großen Schritt kommen kann. Zudem platzieren Sie eine Plane so im Raum, dass diese zunächst nicht erreicht werden kann. Sie bitten die Kinder nun, alle Fliesen einzeln zu besetzen. Anschließend instruieren Sie die Gruppe, dass sie mit einem Schiff auf dem Nordatlantik unterwegs war und dort mit einem Eisberg kollidiert ist. Ihr Schiff ist gesunken und Gott sei Dank hat jeder noch eine Eisscholle (Teppichfliesen) erwischt. Zudem hat die Crew noch eine Rettungsinsel aktivieren können.

Die Aufgabe der Gruppe ist es nun, so zusammenzuarbeiten, dass alle auf die Rettungsinsel gelangen. Möglich ist dies nur mit Hilfe der Eisschollen (Fliesen), jedoch dürfen diese nicht über den Boden geschoben werden. Sie müssen angehoben und abgesetzt werden, ansonsten nimmt sie der Spielleiter aus dem Spiel.

Die »Eisschollen« müssen »besetzt« sein. Eine leere Fliese wird von der Strömung weggerissen und aus dem Spiel genommen. Fällt ein Schüler auf den Boden, wird die Übung von Neuem begonnen. Das Ziel ist erreicht, wenn alle Schüler die Rettungsinsel (Plane) erreicht haben.

Je weniger Fliesen/Stühle zu Beginn, desto anspruchsvoller ist die Übung.

Sie können die Kinder vor Übungsbeginn anregen, sich eine Strategie zu überlegen, wie sie vorgehen wollen, damit alle gerettet werden. Oder Sie lassen die Kinder ihre Erfahrung machen und werten diese gemeinsam aus.

### Diskussion mit der Klasse

- War die Übung schwer? Wenn ja, warum? Wenn nein, warum nicht?
- Was soll die Übung bezwecken?
- Was war gut/schlecht an dieser Übung?

### Auswertung im Klassengespräch

- Was war der Schlüssel zum Erfolg?
- Welche Rolle spielten Aufmerksamkeit, Achtsamkeit und Rücksicht? Zu welchem Zeitpunkt in der Übung spielte dies eine wichtige Rolle?
- Was waren entscheidende Momente und wichtige Entscheidungen in der Gruppe, damit ihr die Übung erfolgreich meistern konntet?
- Was ist euch gut gelungen? Was hättet ihr anders machen können?
- Wie ging es den Kindern, die beim Moorhuhnspiel als erstes bzw. als letztes gegangen sind?
- Wie ging es den Kindern, die beim Eisschollenspiel als erstes begonnen haben bzw. am längsten warten mussten, bis sie von den anderen abgeholt wurden?
- Wie ging es euch beim Verlust von Fliesen oder Schuhen? Was hättet ihr anders machen können?
- Wie seid ihr genau bei der Übung als Einzelner und in der Gruppe vorgegangen? Gab es eine Strategie und war diese allen bekannt?

### Transfer auf den Schulalltag – »Brücke in den Alltag«

- Wie können die Erfahrungen dieses Spieles in eurem Schulalltag eine Rolle spielen?
- Welche Bedeutung spielen Rücksicht, Aufmerksamkeit und Achtsamkeit in eurer Klasse?
- Welche weiteren Themen waren in der Übung bedeutsam?
- Welche Auswirkung hat diese Übung nun auf den Schulalltag?
- Für was könnten die Moorfliesen bzw. die Eisschollen im Leben stehen?
- Was wird durch die Übung im Umgang untereinander in der Gruppe deutlich?

### Erfahrungen/Warnungen/Variationen aus der Anwendung

(Raum für eigene Anmerkungen)

_____

_____

_____

# Koordination, Kooperation, Gruppendynamik, Vom »Ich« zum »Wir«

**Benötigtes Material:** Stühle entsprechend Teilnehmerzahl oder Holzstangen (ca. 1 m lang)

**Themen und Ziele:** Kooperation; Kommunikation; Koordinationsförderung

**Alter:** ab 9 Jahren (3. Klasse)

**Dauer:** ca. 20 Minuten

**Teilnehmerzahl:** unbegrenzt

## Die gekippten Stühle/Stangentanz

### Anleitung

Die Schüler stellen sich im Kreis auf, entweder hinter die aufrecht stehenden Holzstangen oder den nach vorne gekippten Stühlen. Die Stangen oder Stühle werden nur noch mit der rechten Hand in Balance gehalten. Die linke Hand befindet sich auf dem Rücken.

Die Aufgabe besteht nun darin, dass die Schüler ihre Stange oder ihren Stuhl loslassen und die Stange/den Stuhl des rechten Nachbarn in die rechte Hand nehmen. Dies sollte gleichzeitig geschehen, da keine Stange bzw. kein Stuhl umkippen darf. Fällt eine Stange oder ein Stuhl um, wird die Übung von vorne begonnen. Die Übung ist dann gemeistert, wenn alle Schüler an ihrem ursprünglichen Platz stehen. Optional können noch »Joker« eingeführt werden, auf welche die Kinder zurückgreifen können, wenn ein Stuhl umgefallen ist.

Wichtig hierbei ist, dass die Schüler jeweils nur eine Stange/einen Stuhl halten und ausschließlich mit ihrer rechten Hand (nicht mit dem Fuß abstützen etc.).

### Variante

Die Schüler können auch die Richtungen wechseln und nach rechts oder links gehen. Hierzu muss jedoch auch die linke Hand genutzt werden. So können sie um die Stangen oder Stühle hin und her tanzen.

### Diskussion mit der Klasse

- Warum haben wir die Übung durchgeführt?
- Was war gut und was war schlecht daran?
- Was hat es für dich gebracht?

### Auswertung im Klassengespräch

- Ist es nur wichtig, wie ich zum nächsten Stuhl komme?
- Warum hat die Übung am Anfang nicht funktioniert?
- Was kann ich dazu beitragen, damit die Übung funktioniert?
- Hättet ihr zu Beginn gedacht, dass ihr die Übung gemeinsam bewältigt?
- Woran lag es, dass es jetzt zum Schluss geklappt hat?
- Was war schwieriger, auf den anderen zu achten, ob er den Stuhl nimmt, oder selbst nach dem neuen Stuhl zu greifen?

### Transfer auf den Schulalltag – »Brücke in den Alltag«

- Welche Parallelen seht ihr zu eurer Situation?
- Was heißt es z. B., wenn ein Stuhl auf den Boden fällt?
- Wie kann man im Alltag auf die anderen achtgeben, aber sich dabei selbst nicht ganz vergessen?
- Für was könnte der Stuhl stehen?
- Was ist das zentrale Thema dieser Übung?
- Ist das Thema relevant für euch?

### Erfahrungen/Warnungen/Variationen aus der Anwendung

- Sie können alternativ zu den Stühlen/Holzstangen auch Äste in der Natur suchen und nutzen (ebenfalls ca. 1 m lang).

# Erste Erfahrung mit den anderen

**Benötigtes Material:** Seil, Augenbinden

**Themen und Ziele:** Vertrauen; Kommunikation

**Alter:** ab 10 Jahren

**Dauer:** ca. 45 Minuten

**Teilnehmerzahl:** unbegrenzt

## Das blinde Seil

### Anleitung

Die Teilnehmer der Gruppe schließen sich jeweils zu zweit zusammen. Einem der beiden werden die Augen verbunden.

### 1. Teil

Der Gruppenleiter legt mit dem Seil in die Mitte des Raumes eine große Spirale auf den Boden und stellt die Teilnehmer mit den verbundenen Augen in gewissem Abstand zueinander, jeweils mit Blick nach innen und außen, an das Seil. Der Gruppenleiter legt den Teilnehmern das Seil in die Hand. Die Aufgabe der Gruppe am Seil ist es, mit dem Seil ein Quadrat zu bilden. Wenn die Gruppe der Meinung ist, sie hat es geschafft, legt sie das Seil auf den Boden. Die Augenbinden können abgenommen werden. Die Personen aus der Beobachtergruppe geben nun jeweils ihrem »Partner« kurz Rückmeldung über dessen Verhalten. Danach wird die Übung im Plenum besprochen.

### 2. Teil

Nun werden die Rollen getauscht. Den vorherigen Beobachtern werden nun die Augen verbunden. Die vorherigen Akteure nehmen die Beobachterrolle ein. Der Spielleiter bindet das Seil an einem Tisch fest und legt eine Schlaufe, sodass er eine Person mit verbundenen Augen in der Schlaufe positionieren kann. Den Rest der Gruppe stellt er wieder am Seil auf. Diesmal muss ein gleichseitiges Dreieck gelegt werden. Die Auswertung findet wieder nach dem Schema statt, erst kurze Rückmeldung der jeweiligen Partner, dann die Rückmeldung im Plenum. Wichtig bei beiden Übungen ist, dass die Teilnehmer das Seil nicht loslassen dürfen.

### Diskussion mit der Klasse
- Welcher Sinn steckt hinter der Übung?
- Warum haben wir die Übung durchgeführt?
- Hat die Übung dir was gebracht?
- Was hat zum Erfolg geführt?

### Auswertung im Klassengespräch
#### An die Teilnehmer mit verbundenen Augen:
- Wie ging es dir bei der Aufgabe?
- Welche Rolle findest du besser: die als Beobachter oder die als Spielteilnehmer? Und warum?
- Wie bist du vorgegangen und warum?
- Warum war es so schwer?
- Wie denkst du, hätte es besser klappen können?
- Was hat dich gestört?
- Was hat dir geholfen?
- Hättest du eine Strategie, mit der die Übung auf alle Fälle gelingt?

#### An die Teilnehmer ohne verbundene Augen:
- Was ist dir an den Teilnehmern besonders aufgefallen?
- Was hätten sie deiner Meinung nach besser machen können?
- Welche Rolle findest du besser: die als Beobachter oder die als Spielteilnehmer? Und warum?
- Was hättest du noch tun können, um ihm/ihr zu helfen?

**Transfer auf den Schulalltag – »Brücke in den Alltag«**

– Was nützt uns diese Übung für unseren Alltag?

– Was kannst du tun, damit man mehr aufeinander achtet und zu einer Gemeinschaft heranwächst?

– Wie kann man die Rolle des Beobachters auf den Alltag übertragen?

– Wann fühlt ihr euch »blind« im Schulalltag? (z. B. bei schwierigen Klassenarbeiten)

– Wie kann man einer Person helfen, die scheinbar »blind« durch die Welt läuft?

**Erfahrungen/Warnungen/Variationen aus der Anwendung**

(Raum für eigene Anmerkungen)

# Koordination, Kooperation, Gruppendynamik, Vom »Ich« zum »Wir«

**Benötigtes Material:** Seil, Befestigungsmöglichkeiten

**Themen und Ziele:** Gemeinschafts- und Verantwortungsgefühl; Geschicklichkeit; Entwickeln von Lösungsstrategien; Körperkontakt zulassen

**Alter:** ab 10 Jahren

**Dauer:** ca. 45 Minuten

**Teilnehmerzahl:** unbegrenzt

## Die Hochspannungsleitung

### Anleitung
Zwischen zwei Bäumen oder ähnlichem (z. B. zwei Pfosten, Kästen), wird ein Seil in durchschnittlicher Hüfthöhe der Teilnehmer gespannt. Die Gruppe hat nun die Aufgabe, allen Teilnehmern über das Seil von einer Seite zur anderen zu helfen. Dabei dürfen keine Hilfsmittel verwendet werden. Das Seil darf weder berührt, noch darf darunter hindurch geschlüpft werden. Wird das Seil von einem Teilnehmer doch berührt, müssen alle Mitspieler wieder zurück zur Ausgangssituation. Der Spielleiter muss Gefahrenquellen ausschließen und unter Umständen riskante Manöver untersagen.

### Diskussion mit der Klasse
- Wie war die Aufgabe?
- Was hat zum Erfolg geführt?
- Was hat es für dich gebracht?
- Was war gut/schlecht an dieser Übung?

### Auswertung im Klassengespräch

- Wie gut war die Zusammenarbeit?
- Weshalb war die Zusammenarbeit nicht »perfekt«?
- Wer oder was hat zur Lösung der Aufgabe beigetragen?
- Wie fühlt ihr euch jetzt?
- Wie habt ihr euch in der Gruppe gefühlt?
- Welche Rolle habt ihr übernommen? (Kritiker, Unterstützer, Ideengeber etc.)
- Ist das eine Rolle, die du im Alltag auch öfter einnimmst?
- Bist du zufrieden mit dieser Rolle? Wenn ja, warum? Wenn nein, warum nicht?
- Fällt es dir leicht bzw. schwer, andere um Hilfe zu bitten?
- Wie fühlt ihr euch, wenn euch jemand um Hilfe bittet?

### Transfer auf den Schulalltag - »Brücke in den Alltag«

- Für was steht die Schnur im Leben?
- Wie kann man das im realen Leben überwinden?
- Angenommen, wir übertragen den Zusammenhalt in euren Schulalltag. Was wäre euch wichtig?
- Was würde eurer Meinung nach dem Transfer entgegenwirken?
- Wie realistisch ist die Übertragung?
- Wer würde einen »Plan« entwickeln?

### Erfahrungen/Warnungen/Variationen aus der Anwendung

(Raum für eigene Anmerkungen)

_____

_____

# Gruppendynamik, Kooperation, Kommunikation

**Benötigtes Material:** Produkt: Kartensets RealityCheck 1 und 2 mit jeweils 16 Karten der Firma Metalog

**Themen und Ziele:** Kommunikation; Beziehung; Aufmerksamkeit; Umgang mit unterschiedlichen Informationen; Strategieentwicklung; Gruppendynamik

**Dauer:** 20–25 Minuten

**Klasse:** ab der 3. Klasse

**Teilnehmerzahl:** bis zu 32 Spieler

## RealityCheck

### Anleitung

#### Vorbereitung

Die Gruppe setzt sich auf Stühlen in den Kreis oder steht im Kreis. Gemeinsam wird zur Ruhe gekommen. Als Einstieg kann eine »Wie-geht-es-mir-heute«-Runde genutzt werden.

Jeder Teilnehmer erhält jeweils eine Karte aus der Übung »RealityCheck« der Firma Metalog. Diese Karten müssen in einer bestimmten Reihenfolge geordnet werden. Hierzu dürfen sich die Teilnehmer lediglich mit Worten austauschen. Die Karten dürfen anderen Teilnehmern nicht gezeigt werden. Je nach Teilnehmeranzahl können einzelne Karten aus der Gesamtsequenz genommen werden oder einem Teilnehmer auch zwei Karten gegeben werden.

Tipp: Sie können die Karten nach dem Zufallsprinzip ausgeben oder aber so sortieren, dass die Teilnehmer, die nebeneinander sitzen, einen gänzlich anderen Sequenzausschnitt auf ihrer Karte haben.

#### Durchführungsphase (15–20 Minuten)

Nachdem jeder Teilnehmer eine Bildkarte erhalten hat, soll die Gruppe die Aufgabe lösen, indem die Gruppenmitglieder nur durch Worte die Bildkarten so beschreiben, dass sie den Zusammenhang zwischen den Bildkarten herausfinden (korrekte Reihenfolge der Bildsequenz). Die Bildkarten dürfen nicht untereinander gezeigt werden! Wenn die Gruppe glaubt, die Lösung gefunden zu haben, werden die Karten mit der Bildseite nach unten, der Reihenfolge nach, auf den Boden gelegt.

Sie können in der Moderation die Herausforderung dadurch variieren, dass Sie mehr oder weniger Informationen über die Lösung preisgeben. Von: Es gibt einen Zusammenhang zwischen den Karten, den ihr herausfinden müsst. Bis: Die Karten stellen insgesamt eine Bildsequenz dar, deren Zusammenhang ihr herausfinden müsst.

Isomorphie: Die Wahrheit bzw. das Gesamtbild entsteht aus unterschiedlichen Informationen, die es gilt, zusammenzubringen. Um als Gruppe erfolgreich zu sein, ist es wichtig, die eigene Sicht in die Gruppe einzubringen, anderen zuzuhören und sich zu koordinieren.

### Diskussion mit der Klasse

- Was war der Schlüssel zum Erfolg?
- Was war hilfreich und unterstützend? Was war hinderlich?
- Wie seid ihr in der Übung vorgegangen? Gab es eine Strategie und wenn ja, wie sah diese aus?
- Was würde ein außenstehender Beobachter euch rückmelden, was ihr gut gemacht habt und was ihr hättet besser machen können?
- Welche Unterschiede und Parallelen gibt es zu Aufgaben, die ihr als Klasse im Alltag meistern müsst?

### Auswertung im Klassengespräch

- Was war wichtig, damit ihr die Aufgabe erfolgreich meistern konntet?
- Was würdet ihr beim nächsten Mal anders machen?

**Transfer auf den Schulalltag – »Brücke in den Alltag«**

- Was wollen wir die nächsten Tage üben und an Erkenntnissen umsetzen?
- Wie gelingt es uns im Alltag, Aufgaben gemeinsam erfolgreich zu bewältigen?
- Wie gehen wir in der Gruppe mit Informationen um? Wie berücksichtigen wir die unterschiedlichen Sichtweisen in der Gruppe?

**Erfahrungen/Warnungen/Variationen aus der Anwendung**

- Erwarten Sie das Unerwartete!
- Es gibt keine Fehler beim Lernen, sondern Erfahrungen, die genutzt werden können.

**Quelle**

Mit freundlicher Genehmigung der METALOG GmbH & Co. KG. Zu finden auf www.metalog.de

# Gruppendynamik, Koopera-tion, Kommunikation

**Benötigtes Material:** Produkt: 16 magnetische Kunststofffor-men der Übung WortSpiel der Firma Metalog

**Themen und Ziele:** Kommunikation; Beziehung; Aufmerksam-keit; Umgang mit unter-schiedlichen Informationen; Strategie-entwicklung; Gruppendynamik

**Dauer:** 20–25 Minuten

**Klasse:** ab der 3. Klasse

**Teilnehmerzahl:** bis zu 16 Spieler

## WortSpiel

### Anleitung

#### Vorbereitung

Die Gruppe setzt sich auf Stühlen in den Kreis oder steht im Kreis. Gemeinsam wird zur Ruhe gekommen. Als Einstieg kann eine »Wie-geht-es-mir-heute«-Runde genutzt werden.

Jeder Teilnehmer erhält jeweils eine magnetische Kunststoffform (Dreiecke oder Trapeze, die zusammen ein Achteck bilden) aus der Übung WortSpiel der Firma Metalog. Diese sind auf einer Seite mit Symbolen versehen. Die Symbole dürfen den anderen Gruppenmitgliedern nicht gezeigt werden.

Die Aufgabe der Gruppe besteht darin, rein über den sprachlichen Austausch die Symbolpartner zu fin-den (jedes Symbol befindet sich zweimal auf jeweils unterschiedlichen Kunststoffformen). Da die Symbole nicht einfach zu erklären sind, gilt es, eine gemeinsame Sprache zu finden, zu verstehen und Verständnis zu erzeugen.

Tipp: Sie können die Kunststoffform mit der Bildseite nach unten im Achteck auf den Boden legen, damit die Teilnehmer sehen, wie das »Lösungsbild-Achteck« aussehen soll.

#### Durchführungsphase (15–20 Minuten)

Nachdem jeder Teilnehmer eine Kunststoffform besitzt (bei größeren Gruppen können Sie auch Beobach-ter mit Fragestellungen bestimmen, bei geringerer Teilnehmerzahl können einzelne Teilnehmer auch zwei Kunststoffformen nehmen), hat die Gruppe die Aufgabe, nur über den sprachlichen Austausch die richtige Zuordnung der Symbole auf den Formen herauszufinden und sofern sie glauben, die Lösung gefunden zu haben, die Formen mit der Bildseite nach unten in einem Achteck auf den Boden zu legen.

Sie können in der Anmoderation die Herausforderung dadurch variieren, dass Sie mehr oder weniger In-formationen über die Lösung preisgeben.

Isomorphie: Die Deutung der Wahrheit ist unterschiedlich und es gilt, durch Zuhören und Verstehen Ge-meinsamkeiten oder Unterschiede herauszufinden. Um als Gruppe erfolgreich zu sein, ist es wichtig, die eigene Sicht in die Gruppe einzubringen, anderen zuzuhören und sich zu koordinieren.

#### Diskussion mit der Klasse

- Was war der Schlüssel zum Erfolg?
- Was war hilfreich und unterstützend? Was war hinderlich?
- Wie seid ihr in der Übung vorgegangen? Gab es eine Strategie und wenn ja, wie sah diese aus?
- Was würde ein außenstehender Beobachter euch rückmelden, was ihr gut gemacht habt und was ihr hättet besser machen können?
- Welche Unterschiede und Parallelen gibt es zu Aufgaben, die ihr als Klasse im Alltag meistern müsst?

#### Auswertung im Klassengespräch

- Was war wichtig, damit ihr die Aufgabe erfolgreich meistert?
- Was würdet ihr beim nächsten Mal anders machen?

**Transfer auf den Schulalltag – »Brücke in den Alltag«**

- Was wollen wir die nächsten Tage üben und an Erkenntnissen umsetzen?
- Wie gelingt es uns im Alltag, Aufgaben gemeinsam erfolgreich zu bewältigen?
- Wie gehen wir in der Gruppe mit Informationen um? Wie berücksichtigen wir die unterschiedlichen Sichtweisen in der Gruppe?

**Erfahrungen/Warnungen/Variationen aus der Anwendung**

- Erwarten Sie das Unerwartete!
- Es gibt keine Fehler beim Lernen, sondern Erfahrungen, die genutzt werden können.

**Quelle**

Mit freundlicher Genehmigung der METALOG GmbH & Co. KG. Zu finden auf www.metalog.de

# Gruppendynamik, Kooperation, Koordination

**Benötigtes Material:** Regenrinnen aus Kunststoff (ca. 1 m lang) in der Anzahl der Teilnehmer, kleine Bälle aus Holz oder Kunststoff

**Themen und Ziele:** Kooperation; Koordination; Gruppendynamik

**Dauer:** 20–25 Minuten

**Klasse:** ab der 1. Klasse

**Teilnehmerzahl:** bis zu 30 Spieler

## Pipeline

### Anleitung

#### Vorbereitung

Die Gruppe setzt sich auf Stühlen in den Kreis oder steht im Kreis. Gemeinsam wird zur Ruhe gekommen. Als Einstieg kann eine »Wie-geht-es-mir-heute«-Runde genutzt werden.

#### Durchführungsphase (20–25 Minuten)

Die Gruppe erhält die Aufgabe, eine Kugel über eine bestimmte Strecke hinweg mit Hilfe von Regenrinnen zu einem Zielpunkt (z. B. Eimer) zu transportieren. Die Kugel darf nicht berührt werden und sie darf nur in eine Richtung rollen. Wenn sich die Kugel in der Rinne befindet, darf die Person, die die Rinne hält, nicht laufen. Es gibt unterschiedliche Herausforderungsgrade: In einem ersten Schritt erhält jeder Teilnehmer eine Rinne. Sollte die Gruppe größer als 15 Personen sein, bietet es sich an, diese zu teilen. Um ein Konkurrenzdenken zu vermeiden, kann die Aufgabe so gestellt werden, dass die Gruppen innerhalb einer bestimmten Zeit (z. B. 15 Sek.) die Kugel im Zielgefäß ablegen müssen. Dann müssen die Gruppen miteinander kooperieren. In weiteren Schritten können den Gruppen Rinnen abgenommen werden, sodass sie die verbleibenden abwechselnd nutzen müssen. Jeder sollte gleich oft eine Rinne benutzt haben.

Die Isomorphie liegt in der gegenseitigen Abstimmung und dem Beitrag, den jeder leisten kann und muss, um eine Aufgabe zu meistern.

### Diskussion mit der Klasse

- Was war der Schlüssel zum Erfolg?
- Was war hilfreich und unterstützend? Was war hinderlich?
- Wie seid ihr in der Übung vorgegangen? Gab es eine Strategie und wenn ja, wie sah diese aus?
- Was würde ein außenstehender Beobachter euch rückmelden, was ihr gut gemacht habt und was ihr hättet besser machen können?
- Welche Unterschiede und Parallelen gibt es zu Aufgaben, die ihr als Klasse im Alltag meistern müsst?

### Auswertung im Klassengespräch

- Was war wichtig, damit ihr die Aufgabe erfolgreich meistert?
- Was würdet ihr beim nächsten Mal anders machen?

### Transfer auf den Schulalltag – »Brücke in den Alltag«

- Was wollen wir die nächsten Tage üben und an Erkenntnissen umsetzen?
- Wie gelingt es uns im Alltag, Aufgaben gemeinsam erfolgreich zu bewältigen?
- Wie gehen wir in der Gruppe mit unterschiedlichen Ideen und Lösungsvorschlägen um? Wie treffen wir Entscheidungen?

### Erfahrungen/Warnungen/Variationen aus der Anwendung

- Erwarten Sie das Unerwartete!
- Es gibt keine Fehler beim Lernen, sondern Erfahrungen, die genutzt werden können.

# Fremde Kulturen, Mobbing-prävention, Regeln lernen

**Benötigtes Material:** Produkt: CultuRallye der Firma Metalog

**Themen und Ziele:** Neues Kennenlernen; Verlassen der Komfortzone; Umgang mit ungewohnten Situationen; Umgehen mit Fremdem; Mobbing

**Dauer:** 20–25 Minuten

**Klasse:** ab der 3. Klasse

**Teilnehmerzahl:** bis zu 16 Spieler(Version XXL bis zu 35 Spieler)

## CulturRallye

**Anleitung**

**Vorbereitung**

An vier bis sieben Tischen im Raum werden verteilt:

- vier bis sieben Würfelspiele mit unterschiedlichen Regeln
- jeweils ein Regelblatt
- jeweils ein Rallyewürfel
- jeweils ein Aktionswürfel
- ein Becher mit 20 Chips pro Spieler

Beachtet werden sollte auch, dass die Tische räumlich etwas getrennt sind, sodass sich niemand mit einem anderen Spieler vom Nachbartisch austauschen kann.

**Übungsphase** (5–10 Minuten)

In dieser lernen die Spieler anhand des Regelblattes die Regeln des Spiels. Es darf noch gesprochen werden und es werden auch keine Chips bezahlt. Nach dem Lernen der Regeln werden die Regelblätter entfernt und die Spieler dürfen auch nicht mehr sprechen.

1. Spielphase: Die Spieler würfeln an ihrem »Heimattisch «und gewinnen oder verlieren Chips. Es wird dabei nicht gesprochen. Die Spieler identifizieren sich mit ihren Regeln.

Die Spielphase sollte ca. 5–8 Minuten dauern. Am Ende der Spielzeit gibt der Trainer ein Signal. Die Runde kann noch beendet werden, danach wechselt der Spieler mit den meisten Chips im Becher im Uhrzeigersinn den Tisch. Dabei ist zu beachten, dass nicht gesprochen werden darf.

2. Spielphase: Die neue Umgebung, der neue Spieler ruft bei allen Beteiligten sofort Verwirrung oder gar Frustration aus. Sobald die Teilnehmer erkennen, dass am neuen Tisch andere Regeln gelten, werden sofort Strategien entwickelt, um mit der neuen Situation umzugehen.

Einige werden die neuen Regeln schnell lernen, andere wiederrum erkennen gar nicht, dass mit anderen Regeln gespielt wird. Die Spieler werden damit verschieden umgehen. Dabei gilt es, die Reaktionen und Strategien zu beobachten und im Anschluss auszuwerten. Die Spielphase dauert ca. fünf Runden. Danach wechselt wieder der Spieler mit den meisten Chips im Becher.

Es empfiehlt sich, insgesamt 2–3 Spielphasen mit jeweils einem Wechselspieler zu spielen. Der Trainer kann auch andere Alternativen für den Wechsel des Spielers vorschlagen (Der mit den wenigsten, der mit Pferdeschwanz, derjenige, der im Mai Geburtstag hat etc.)

Möglichst jeder Spieler sollte die Konfrontation mit fremden Regeln erlebt haben, dabei muss er jedoch nicht an einen anderen Tisch gewechselt sein.

Ende/Auswertung: Die Spieler kehren alle an ihren »Heimattisch« zurück. Jetzt darf wieder gesprochen werden. Die Spieler sollen sich über das Erlebte austauschen.

**Diskussion mit der Klasse**

- Wie seid ihr mit Regelunterschieden umgegangen?
- Was waren eure größten Frustrationen / eure größten Erfolge?
- Welche ähnlichen Erfahrungen habt ihr bereits im Alltag gemacht?
- Auf welche Situationen lässt sich die Erfahrung im Spiel übertragen?
- Wo erlebt ihr, dass in unterschiedlichen Kontexten andere Regeln gelten?

**Auswertung im Klassengespräch**

- Wie ist es dir ergangen?
- Wie denkst du, hätte es besser klappen können?

**Transfer auf den Schulalltag – »Brücke in den Alltag«**

- Was wollen wir die nächsten Tage üben?

**Erfahrungen/Warnungen/Variationen aus der Anwendung**

- Erwarten Sie das Unerwartete!

**Quelle**

Mit freundlicher Genehmigung der METALOG GmbH & Co. KG. Zu finden auf www.metalog.de

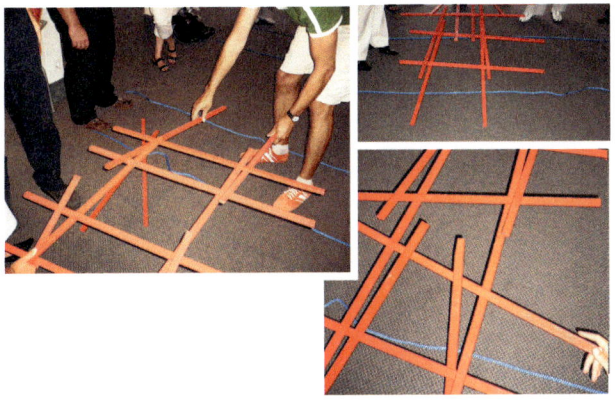

# Gruppendynamik, Kooperation, Koordination

**Benötigtes Material:** mind. 8 bis 28 Holzstäbe von LxBxT: 22,5 × 2,5 × 0,4 cm bis 96 × 2,5 × 1,5 cm, Seile (3 m) oder Klebeband

**Themen und Ziele:** Kooperation; Koordination; Gruppendynamik

**Dauer:** 20–45 Minuten

**Klasse:** ab der 4. Klasse

**Teilnehmerzahl:** ca. 8–12 je Brückenkonstruktion

## Leonardos Brücke

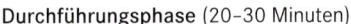

### Anleitung

#### Vorbereitung

Die Leonardo-Brücke stellt eine selbsttragende Bogenkonstruktion dar, die Leonardo Da Vinci dokumentiert hat. Die Grundidee besteht darin, aus starren Bauteilen (Holzstäbe) durch ein Flechtprinzip eine Brücke zu spannen, bei dem sich die Bauteile durch Verschränkungen gegenseitig stabilisieren und stützten. Die Gruppe hat die Aufgabe, aus den Holzstäben diese Konstruktion zu entwickeln und eine Brücke zu bauen.

Bei der Variante »Brücke über den Graben« markieren Sie mit den Seilen oder einem Klebeband auf dem Boden einen Graben der ca. 1,5 bis 2 Metern breit ist. Zusätzlich markieren Sie eine zusätzliche Zone von jeweils einem Meter rechts und links des Grabens, als Hangbereich. Sie können aber auch ein natürliches Hindernis nutzen, um darüber eine Brücke bauen zu lassen.

Für diese Variante können Sie zusätzlich zum Baumaterial kleine Konstruktionsstäbe (L × B × T: 30 × 0,6 × 0,4 cm) bereitlegen.

#### Durchführungsphase (20–30 Minuten)

Die Gruppen erhalten die Holzstäbe und die Aufgabe, daraus eine Brückenkonstruktion zu entwerfen und zu bauen, die sich selbst trägt.

Als Hilfestellung können ein oder zwei Personen das Foto der fertigen Brücke für 2–3 Minuten anschauen und die Infos anschließend an die Gruppe weitergeben (ohne Foto).

#### Variante »Brücke über den Graben«

Die Gruppe von 12 Personen wird in zwei Untergruppen geteilt und erhält jeweils 14 Holzstäbe, um zunächst die Konstruktion der Brücke zu entwickeln. Sie können die Übung so gestalten, dass sich die Untergruppen nicht gegenseitig sehen können. Die Brücke muss den Graben und den Hangbereich überspannen.

Wenn eine Gruppe eine Brückenkonstruktion entwickeln konnte, trifft sich die Gesamtgruppe. Mit Hilfe von kleinen Konstruktionsstäben (L × B × T: 30 × 0,6 × 0,4 cm) kann die Überwindung des Grabens gemeinsam geplant werden. (Sie können hierzu auch ein Zeitlimit bestimmen).

Der Bau der Brücke beginnt anschließend auf beiden Seiten gleichzeitig, d. h., die Gruppen müssen selbst herausfinden, wie Sie die beiden Brückenteile zusammenführen.

Isomorphie: Zwei Kulturen begegnen sich und wachsen zusammen.

### Diskussion mit der Klasse

- Was war der Schlüssel zum Erfolg?
- Wie habt ihr die Arbeit im Gesamtteam und wie in den Untergruppen erlebt?
- Was war hilfreich und unterstützend? Was war hinderlich (im Gesamtteam und in den Untergruppen)?
- Wie seid ihr in der Übung vorgegangen? Gab es eine Strategie und wenn ja, wie sah diese aus? Wie wurde diese zu einer gemeinsamen Strategie?
- Was würde ein außenstehender Beobachter euch rückmelden, was ihr gut gemacht habt und was ihr hättet besser machen können (im Gesamtteam und in den Untergruppen)?
- Welche Unterschiede und Parallelen gibt es zu Aufgaben, die ihr als Klasse im Alltag meistern müsst?

**Auswertung im Klassengespräch**

- Was war wichtig, damit ihr die Aufgabe erfolgreich meistern konntet?
- Was würdet ihr beim nächsten Mal anders machen?
- Wie seid ihr in der Übung mit den unterschiedlichen Regeln umgegangen? Wie macht ihr das in eurem Alltag?

**Transfer auf den Schulalltag – »Brücke in den Alltag«**

- Was wollen wir die nächsten Tage üben und an Erkenntnissen umsetzen?
- Wie gelingt es uns im Alltag, Aufgaben gemeinsam erfolgreich zu bewältigen?
- Wie gehen wir in der Gruppe mit unterschiedlichen Ideen und Lösungsvorschlägen um? Wie treffen wir Entscheidungen?

**Erfahrungen/Warnungen/Variationen aus der Anwendung**

- Anwendung für den Mathematikunterricht, s. Thaller Bernhard/Guggenberger Ingrid (2009): Die Leonardo-Brücke. Mathematik zum Anfassen, Lehrveranstaltung Uni Graz. Edelschrott. www.mathematik.de/Dokumente/LeonardobrückeUniGraz2009 (Zugriff am 11.06.2020)
- Es gibt keine Fehler beim Lernen, sondern Erfahrungen, die genutzt werden können.

Fotografie: Mit freundlicher Genehmigung der METALOG GmbH & Co. KG. Zu finden auf www.metalog.de.

# Teambuilding, Teamentwicklung

**Benötigtes Material:** sehr großer Raum/ Halle, stabile Taue oder Bänder

**Themen und Ziele:** Kooperationsbereitschaft; Kommunikation; Vertrauen; Teambuilding; Strategien entwickeln

**Dauer:** ca. 45 Minuten bis 1,5 Stunden

**Klasse/Alter:** Kinder ab 10 Jahren

**Teilnehmerzahl:** ab 10 Teilnehmern

## Das Spinnennetz

### Anleitung

#### Vorbereitung

Zur Vorbereitung baut der Gruppenleiter ein Spinnennetz zwischen zwei Bäumen oder Geräten auf. Zunächst werden oben und unten zwei stabile Seile gespannt, die dann das Spinnennetz ergeben. Es sollten ungefähr so viele »Löcher« geben, wie Spieler in der Gruppe vorhanden sind (oben und unten ergeben zwei zusätzliche Möglichkeiten). Es sollte sauber und straff gearbeitet sein, und es dürfen keine Seilenden herumhängen.

#### Beschreibung der Übung

Die Gruppe stellt sich gemeinsam auf die eine Seite des Spinnenetzes. Der Spielleiter erzählt eine Geschichte. Es handelt sich bei dem Netz nämlich um das der giftigen Spinne Tarantula. Die Gruppe muss nun gesammelt das Spinnennetz durchqueren. Dazu gibt es folgende Anweisungen, die genau zu beachten sind:

- jedes Loch im Netz darf nur einmal durchwandert werden
- es darf auf keinen Fall einen Kontakt zu den Fäden des Netzes geben, denn dann gilt die Aufgabe als verloren und alle, die das Netz bereits durchquert haben, müssen wieder zurück auf die Ausgangsposition und von Neuem beginnen
- berührt ein »Helfender« das Spinnennetz, gilt die gleiche Regel wie oben, alle Teilnehmer beginnen von Neuem

### Diskussion mit der Klasse

- Sinn der Übung, was hat zum Erfolg geführt?
- Welche Strategie war am effektivsten?
- Fiel es euch schwer/leicht?

### Auswertung im Klassengespräch

- Wie ist es dir ergangen?
- Wie denkst du, hätte es besser klappen können?

### Transfer auf den Schulalltag – »Brücke in den Alltag«

- Was wollen wir die nächsten Tage üben?

### Erfahrungen/Warnungen/Variationen aus der Anwendung

(Raum für eigene Anmerkungen)

_____

_____

### Quelle

http://www.evjugend-row.de/wp-content/uploads/2017/02/Kooperations-und-Teambuildungsspiele.pdf

# Gemeinschaft in der Klasse erleben

**Benötigtes Material:** Kreppband, bunte Plexiglasteile (Produkt Team² der Firma Metalog)

**Themen und Ziele:** Kooperationsförderung; Kommunikation; Teamentwicklung

**Dauer:** 30 Minuten

**Klasse:** ab 3. Klasse

**Teilnehmerzahl:** 6–10 Spieler

---

## Team²

### Anleitung

#### Aufbau

Mit Kreppband werden auf der Spielfläche ein größeres Feld und pro Spieler ein kleineres Feld markiert. Jeder Spieler hat in seinem Feld (kleines Feld) zwei nicht zusammenpassende Teile. Der Rest wird in die Mitte (großes Spielfeld) gelegt.

#### Durchführung

Aufgabe ist es, die unterschiedlich geformten Teile zu Quadraten zusammenzufügen. Der Arbeitsauftrag wird schweigend nach bestimmten Regelvorgaben durchgeführt und ist erst erfüllt, wenn alle Spieler ein gleich großes Quadrat vor sich liegen haben.

Dabei darf jeder Spieler Bauteile aus der Mitte nehmen, zudem darf unter den Mitspielern getauscht werden. Aus dem Spielfeld der anderen darf sich nicht ohne Genehmigung bedient werden. Dabei darf nicht gesprochen werden.

### Diskussion mit der Klasse

- Sinn der Übung, was hat zum Erfolg geführt?
- Wo war Teamgeist gefragt?

### Auswertung im Klassengespräch

- Wie ist es dir ergangen?
- Wie denkst du, hätte es besser klappen können?

### Transfer auf den Schulalltag - »Brücke in den Alltag«

- Was wollen wir die nächsten Tage üben?
- Welche Spielerfahrung nimmst du in deinen Alltag mit?

### Erfahrungen/Warnungen/Variationen aus der Anwendung

(Raum für eigene Anmerkungen)

_____

_____

### Quelle

Mit freundlicher Genehmigung der METALOG GmbH & Co. KG. Zu finden auf www.metalog.de

# Abschluss und Transfer

## Abschluss, Transfer

**Benötigtes Material:** Plakate und Stifte

**Themen und Ziele:** Abschluss; Transfer

**Dauer:** 20–25 Minuten

**Klasse:** ab der 3. Klasse

**Teilnehmerzahl:** bis zu 30 Spieler

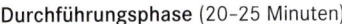

## Schlagzeile

### Anleitung

#### Vorbereitung

Die Gruppe wird in kleine Teams aufgeteilt (ca. 3–4 Personen pro Team) und jedes Team erhält ein Plakat und Stifte.

#### Durchführungsphase (20–25 Minuten)

Jedes Team schreibt eine Schlagzeile und eine kurze Zusammenfassung über die positive Entwicklung der Klasse in der Zukunft (z. B. einem Vierteljahr).

Was konnte die Klasse an positiven Entwicklungen umsetzen? Wie sieht der Umgang miteinander aus? Welche Ziele und Vorhaben konnten verwirklicht werden und wie ist dies konkret gelungen? Wie und woran erkennt ein Besucher von außen, dass sich die Klasse positiv weiterentwickelt hat?

Gerne können auch Bilder dazu gemalt oder aufgeklebt werden.

Die Schlagzeilen und Plakate werden anschließend in der Gruppe präsentiert und im Klassenzimmer aufgehängt. Gemeinsam wird reflektiert, was passieren muss, um die beschriebenen Zukunftsaussichten eintreffen zu lassen.

Nach einer vereinbarten Zeit kann die Reflexion nochmals durchgeführt werden und auch betrachtet werden, wo es nicht gelungen ist, die Vorhaben umzusetzen und was nächste Schritte sein könnten.

### Leitfragen für die Teams

- Was möchten wir in der Zukunft erreichen?
- Woran würde jemand in der Zukunft erkennen, dass wir unsere Ziele verwirklicht haben?
- Was würde ein außenstehender Beobachter uns rückmelden, was wir gut machen und was wir besser machen könnten?
- Was hilft und unterstützt uns, unsere Ziele zu erreichen?
- Auf was müssen wir achten und wo liegen Fallen und Hindernisse?

### Auswertung im Klassengespräch

- Was konnten wir von unseren Vorhaben und Zielen umsetzen und wo haben wir es (noch) nicht geschafft?
- Was würden wir beim nächsten Mal anders machen?

### Transfer auf den Schulalltag – »Brücke in den Alltag«

- Wie können wir uns gegenseitig bei der Zielerreichung unterstützen?

### Erfahrungen/Warnungen/Variationen aus der Anwendung

- Es gibt keine Fehler beim Lernen, sondern Erfahrungen, die genutzt werden können.

# Gruppendynamik, Kooperation, Koordination

**Benötigtes Material:** Couverts, Briefbögen und Stifte

**Themen und Ziele:** Abschluss; Transfer

**Dauer:** 20–25 Minuten

**Klasse:** ab der 3. Klasse

**Teilnehmerzahl:** bis zu 30 Spieler

## Brief aus der Zukunft

### Anleitung

**Vorbereitung**

Jedes Gruppenmitglied erhält ein Blatt Papier und einen Stift.

**Durchführungsphase** (20–25 Minuten)

Jeder Teilnehmer schreibt einen Brief über sich aus Sicht der Zukunft. Gedanklich geht er in die Zukunft und beschreibt Verhaltensweisen und Entwicklungen, mit denen er seine Ziele und Wünsche verwirklichen konnte. Was ihm heute (in der Zukunft) gut gelingt und wie gut er Herausforderungen meistert.

Die Briefe werden anschließend in ein Couvert gesteckt und mit Namen versehen. Der Lehrer teilt die Briefe dann nach einer vereinbarten Zeit (z. B. einem Vierteljahr) wieder an die Schüler aus und gemeinsam wird reflektiert, was von den damaligen Zukunftsaussichten eingetroffen ist und warum; wo es nicht gelungen ist, die Vorhaben umzusetzen, und was nächste Schritte sein könnten.

**Leitfragen für den Einzelnen**

- Was möchte ich in der Zukunft erreichen?
- Woran würde jemand in der Zukunft erkennen, dass ich meine Ziele verwirklicht habe?
- Was würde ein außenstehender Beobachter euch rückmelden, was ihr gut gemacht habt und was ihr hättet besser machen können?
- Was hilft mir und unterstützt mich, meine Ziele zu erreichen?
- Auf was muss ich achten und wo liegen Fallen und Hindernisse?

**Auswertung im Klassengespräch**

  Was konnte Ich von meinen Vorhaben und Zielen umsetzen und wie habe ich das geschafft?
- Was würdest du beim nächsten Mal anders machen?

**Transfer auf den Schulalltag – »Brücke in den Alltag«**

- Wie können wir uns gegenseitig bei der Zielerreichung unterstützen?

**Erfahrungen/Warnungen/Variationen aus der Anwendung**

- Es gibt keine Fehler beim Lernen, sondern Erfahrungen, die genutzt werden können.

# Abschluss, Transfer

**Benötigtes Material:** Naturmaterialien oder andere Objekte, die die Teilnehmer finden oder ihnen zur Verfügung gestellt werden, ggf. Schnüre

**Themen und Ziele:** Erfahrung verbildlichen; Erinnerungsbild schaffen; Kooperation; Abstimmung; Kommunikation

**Dauer:** 30 Minuten

**Klasse:** ab der 1. Klasse

**Teilnehmerzahl:** bis zu 30 Spieler

## Mandala malen oder Mobile gestalten

### Anleitung
#### Vorbereitung
Jeder Teilnehmer sucht sich in der Natur ein Objekt oder einen Gegenstand, der für ihn die Erfahrung der Übung oder des/der Tage(s) versinnbildlicht.

#### Durchführungsphase (Mandala oder Mobile) (30 Minuten)

Die gefundenen Objekte werden nun in ein gemeinsames Mandala eingebaut oder in einem Mobile integriert. Je nach Gruppengröße können Kleingruppen gebildet werden oder die Aufgabe kann in der Gesamtgruppe durchgeführt werden.

Im Anschluss findet zunächst eine Präsentation der Ergebnisse statt, in der die Gruppe vorstellt, was sie mit den Objekten und dem Gesamtarrangement ausdrücken bzw. mitteilen möchte.

Anschließend findet ein gemeinsamer Austausch darüber statt, welche Gesamteindrücke und Erkenntnisse in den Schulalltag übertragen werden sollen und wie das gemeinsame Mobile/Mandala dabei unterstützend genutzt werden kann.

Isomorphie: Wir schaffen aus unseren Erfahrungen ein gemeinsames Objekt, das uns auch als Erinnerungshilfe für den Transfer in den Alltag dienen kann.

### Diskussion mit der Klasse

- Wie habt ihr den gemeinsamen Prozess wahrgenommen und erlebt? Was war hilfreich und unterstützend? Was war hinderlich?
- Wie seid ihr in der Übung vorgegangen? Gab es eine Strategie und wenn ja, wie sah diese aus?
- Wie seid ihr mit Meinungsverschiedenheiten umgegangen? Wie habt ihr Entscheidungen getroffen?
- Wie zufrieden seid ihr mit dem Ergebnis?
- Was würde ein außenstehender Beobachter euch rückmelden, was ihr gut gemacht habt und was ihr hättet besser machen können?
- Welche Unterschiede und Parallelen gibt es in der Zusammenarbeit im Alltag?

### Auswertung im Klassengespräch
- Was war wichtig, damit ihr die Aufgabe erfolgreich meistert?
- Was würdet ihr beim nächsten Mal anders machen?

### Transfer auf den Schulalltag – »Brücke in den Alltag«
- Was wollen wir die nächsten Tage üben und an Erkenntnissen umsetzen?
- Wie gelingt es uns, im Alltag erfolgreich zusammenzuarbeiten und uns an unsere Vorhaben (Ziele) zu erinnern?

### Erfahrungen/Warnungen/Variationen aus der Anwendung
- Es gibt keine Fehler beim Lernen, sondern Erfahrungen, die genutzt werden können.

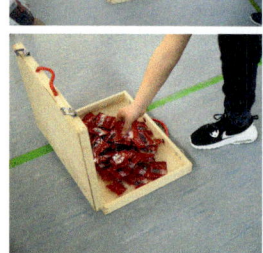

# Klassengemeinschaft gestalten und definieren

**Benötigtes Material:** Smileys
**Themen und Ziele:** Eigenreflexion
**Alter:** unbegrenzt
**Dauer:** abhängig von Teilnehmerzahl
**Teilnehmerzahl:** unbegrenzt

## Die Klassen-Gesamtauswertung (1)

### Anleitung

Abschluss nach dem ersten Treffen:

Versucht über die Woche, das erarbeitete Regelbarometer im Unterricht einzusetzen und teilt mir in der nächsten Woche eure Erfahrungen mit.

Bestimmt 2–3 Leute, die die Klasse während der Woche daran erinnern.

Abschlussrunde mit Smileys:

- Wie geht es euch jetzt?
- Was kannst du machen, damit es in der Klasse besser klappt?
- Wie kannst du dich in die Klassengemeinschaft positiv einbringen?
- Was hat dir gefallen und warum? Was hat dir nicht gefallen und warum?

Abschluss nach dem zweiten Treffen:

Wichtig ist, dass jeder Schüler kurz erzählt: Was hat mir gefallen, was nicht?

Zur Unterstützung hält der Schüler ein Maskottchen (Ball, Kuscheltier usw.) in der Hand, wenn er berichtet. Ist der Schüler fertig, wird das Maskottchen zum nächsten gereicht.

Alternative:

»Lobrunde«: Jeder Schüler gibt einem anderen Schüler aus der Runde eine positive Rückmeldung oder ein konkretes Lob.

### Diskussion mit der Klasse

- Allgemein: genauer nachfragen. Fragen, wieso sich die Person so fühlt. Gegebenenfalls auch versuchen, bei dem Thema (z. B. Mobbing) von der betroffenen Person abzulenken.

### Auswertung im Klassengespräch

- Wie könnte eure gemeinsame Zukunft als Klasse aussehen?

### Transfer auf den Schulalltag – »Brücke in den Alltag«

- Eine Lösung finden, sodass sich bald jeder einzelne Schüler in der Klassengemeinschaft wohlfühlt (Regelbarometer).

### Erfahrungen/Warnungen/Variationen aus der Anwendung

(Raum für eigene Anmerkungen)

# Klassengemeinschaft gestalten und definieren

**Benötigtes Material:** Papierkorb, Schatzkiste, für jeden Teilnehmer zwei Kärtchen und einen Stift

**Themen und Ziele:** Eigenreflexion

**Alter:** unbegrenzt

**Dauer:** abhängig von Teilnehmerzahl

**Teilnehmerzahl:** unbegrenzt

## Die Klassen-Gesamtauswertung (2)

### Anleitung

Streichholzblitzlicht:

Es wird eine Streichholzschachtel in die Runde gegeben. Wer spricht, entzündet zunächst ein Streichholz. Reflektiert werden darf nur vom Entzünden des Holzes bis zum Erlöschen des Feuers. Anschließend ist der nächste Teilnehmer an der Reihe.

### Leitfragen: s. Abschlussrunde mit Smileys (Die Klassen-Gesamtauswertung (1))

Papierkorb und Schatzkiste:

Die Teilnehmer sitzen im Kreis und erhalten je zwei Kärtchen und einen Stift. In den nächsten 10 Minuten sollen sie den Tag noch einmal Revue passieren lassen.

Auf das erste Kärtchen notieren sie nun, was ihnen an diesem Tag besonders gut gefallen hat, auf das zweite, was ihnen nicht so gut/gar nicht gefallen hat.

In der Mitte des Kreises stehen ein Papierkorb und ein Schatzkästlein, in welche die Teilnehmer am Ende ihre Kärtchen legen. Wenn euch alles gefallen hat, müsst ihr es nicht in den Papierkorb werfen.

### Diskussion mit der Klasse

– Allgemein: genauer nachfragen. Fragen, wieso sich die Person so fühlt.

### Auswertung im Klassengespräch

Allgemein: genauer nachfragen.

### Transfer auf den Schulalltag – »Brücke in den Alltag«

– Eine Lösung finden, sodass sich bald jeder einzelne Schüler glücklich fühlt.

### Erfahrungen/Warnungen/Variationen aus der Anwendung

(Raum für eigene Anmerkungen)

_____

_____

# Literatur

Abt Andreas (2006): Die Balance der Verantwortung. Ein Modell der Pädagogik zur Entwicklung von Verantwortungsfähigkeit, Elektronisch Veröffentlichte Dissertation, UB Tübingen

Abt Andreas/Halseband Manuel (2010): Wenn Lernen alltaglich wird: Die Herausforderung in der Wissensgesellschaft lernend zu bestehen und Lernprozesse zu gestalten. In: Lohkamp Luise (Hg.): Leben und Arbeiten in der Zukunft … Lengerich, 170–197

Adolph Karen et al. (2012): How Do You Learn to Walk? Thousands of Steps and Dozens of Falls per Day, Psychological Science

Antonovsky Aaron (1997): Franke Alexa (Hg.): Salutogenese: Zur Entmystifizierung der Gesundheit (Forum für Verhaltenstherapie und psychosoziale Praxis)

Aurobindo Sri (1993): Das göttliche Leben auf Erden, 2. Aufl. Gauting

Bandura Albert/Ross Dorothea/Ross Sheila A. (1961): Transmission of aggressions through imitation of aggressive models. Journal of Abnormal and Social Psychology, 63, 575–582

Barz Heiner/Kampik Wilhelm/Singer Thomas/Teuber Stephan (2001): Neue Werte, neue Wünsche. Wie sich Konsummotive auf Produktentwicklung und Marketing auswirken. Delphi-Studie Futur Values. Regensburg

Bateson Gregory (1987): Geist und Natur: Eine notwendige Einheit, 6. Aufl. Frankfurt a. M.

Battmann Wolfgang/Warnke Katrin (2003): http://www.resilient.de/info.htm (Zugriff am 14.06.2020)

Bauer Joachim (2006): Warum ich fühle, was du fühlst. Intuitive Kommunikation und das Geheimnis der Spiegelneurone, 7. Aufl. Hamburg

Bauer Joachim (2010): Die Bedeutung der Beziehung für schulisches Lernen. Eine neuro-biologisch fundierte Perspektive. In: Pädagogik 7–8/2010, 6–9

Baumann Martin/Gordalla Christoph (2020): Gruppenarbeit: Methoden – Techniken – Anwendungen, 2. Aufl. Tübingen

Beaulieu Danie (2013): Impact-Techniken für die Psychotherapie, 6. Aufl. Heidelberg

Berne Eric (1961): Transactional Analysis in Psychotherapy: A Systematic Individual and Social Psychiatry. New York (Die Transaktionsanalyse in der Psychotherapie. Übersetzt aus dem Amerikanischen von Ulrike Müller, Paderborn 2001)

Berne Eric (1977): Intuition and Ego States: The Origins of Transactional Analysis. A Series of Papers. San Francisco

Berne Eric (1979): Struktur und Dynamik von Organisationen und Gruppen. München

Berne Eric (2006): Transaktionsanalyse in der Psychotherapie. Eine systematisch Individual- und Sozial-Psychiatrie. Paderborn

Blank Miriam (1996): Was würde der kleine Drache zu Dir sagen? Ein Beispiel für Persönlichkeitsentwicklung und Erweiterung von Sprach- und Beziehungsmustern in der Grundschule. In: Nagel Norbert: Erlaubnis zum Wachsen. Beiträge aus der Arbeit mit Transaktionsanalyse in Pädagogik und Erwachsenenbildung. Paderborn, 25–58

Caplan Nathan et al. (1992): Indochinese Refugee Families and Academic Archievement. In: Scientific American, 2/1992, 36–42

Caplan Nathan/Choy Marcella H./Whitmore John K. (1994): Children of the Boat People: A Study of Educational Success. Ann Arbor: University of Michigan Press

Cohn Ruth C. (1989): Es geht ums Anteilnehmen. Perspektiven der Persönlichkeitsentfaltung in der Gesellschaft der Jahrtausendwende. Freiburg i. Br.

Cohn Ruth C./Farau Alfred (1984): Gelebte Geschichte der Psychotherapie. Zwei Perspektiven. Stuttgart

Crossman Pat (1966): Permission and Protection. In: Transactional Analysis Bulletin, 5 (19), 152–154

Damasio Antonio (1994): Descartes' Irrtum. Fühlen, Denken und das menschliche Gehirn. München

Damasio Antonio (2011): Ich fühle also bin ich. Die Entschlüsselung des Bewusstseins, 9. Aufl. München

Dusay Jack (1977): Egograms. How I see you and you see me. New York

Egle Jürgen/Schweiger Martin (2007): Fünf Konsequenzen der Gehirnforschung für das Lehren und Lernen. In: bildung + science 02/2007, 8–9

Ekman Paul (2010): Gefühle lesen. Wie Sie Emotionen erkennen und richtig interpretieren. Heidelberg

Erskine Richard G. (2008): Beziehungsbedürfnisse. In: Zeitschrift für Transaktionsanalyse, 4/2008, 287–297

Erskine Richard G./Zalcman Marylin J. (1979): Das Maschensystem. In: Neues aus der Transaktionsanalyse, 3/12, 152–161 (Original: The Racket System. A Model For Racket Analysis. In: TA Journal 1979, 9, 51–59)

Farrelly Frank/Bransma Jeff (1986). Provokative Therapie. Heidelberg

Faulstich Joachim (2006): Das heilende Bewusstsein. Wunder und Hoffnung an den Grenzen der Medizin. München

Frankl Viktor E. (2000): Zeiten der Entscheidung, 3. Aufl. Freiburg i. Br.

Furman Ben (2013): Ich schaffs! Spielerisch und praktisch Lösungen mit Kindern finden – Das 15-Schritte-Programm für Eltern, Erzieher und Therapeuten, 5. Aufl. Heidelberg

Gandhi Arun (2019): Wut ist ein Geschenk. Das Vermächtnis meines Großvaters Mahatma Gandhi. Köln

Gilsdorf Rüdiger (1999): Aufbruch ins Ungewisse. Grundzüge eines erlebnispädagogischen Konzepts. In: Gilsdorf Reiner/Volkert Kathi (Hg.): Abenteuer Schule. Alling, 24–65

Gloger Boris/Rösner Dieter (2014): Selbstorganisation braucht Führung. Die einfachen Geheimnisse agilen Managements. München

Goleman Daniel (2013): Emotionale Intelligenz, 23. Aufl. München

Greving Heidi (2009): Ruht C. Cohn. In: Schneider-Landolf Mina/Spielmann Jochen/Zitterbarth Walter (Hg.) (2009): Handbuch Themenzentrierte Interaktion (TZI). Göttingen, 18–23.

Grof Stanislav (1993): Geburt, Tod und Transzendenz. Neue Dimensionen in der Psychologie. Reinbek b. Hamburg

Gührs Manfred/Nowak Claus (1998): Das konstruktive Gespräch. Ein Leitfaden für Beratung, Unterricht und Mitarbeiterführung mit Konzepten der Transaktionsanalyse, 4. Aufl. Meezen

Gührs Manfred/Nowak Claus (2003): Handbuch zur konstruktiven Gesprächsführung. 101 Übungen mit Anleitungen, Handouts und Theorie-Inputs. Meezen, 189 ff.

Heckmair Bernd/Michl Werner/Walser Ferdinand (Hg.) (1995): Die Wiederentdeckung der Wirklichkeit Erlebnis im gesellschaftlichen Diskurs und in der pädagogischen Praxis. Alling

Henning Gudrun/Pelz Georg (1997): Transaktionsanalyse. Lehrbuch für Therapie und Beratung. Freiburg i. Br.

Hoffmann Sarah G. (2009): Störungspostulat. In: Schneider-Landolf Mina/Spielmann Jochen/Zitterbarth Walter (Hg.): Handbuch Themenzentrierte Interaktion (TZI). Göttingen, 101–106

Holzkamp Klaus (1993): Lernen. Subjektwissenschaftliche Grundlegung. Frankfurt a. M.

Hüther Gerald (2007): In: »Kinder« Dokumentarfilm von Reinhard Kahl, Archiv der Zukunft

Kahler Tabi/Caspers Hedges (1974): The Miniskript, TAJ 4, Nr. 1, 26–42

Klein Irene (2012): Gruppen leiten ohne Angst. Themenzentrierte Interaktion (TZI) zum leiten von Gruppen und Teams (Aller Altersklassen), 13. Aufl. Donauwörth

Kleinewiese Elisabeth (1999): Kreisgesicht-Symbole. Eine visuelle Darstellung der Funktionen der Ich-Zustände, 2. Aufl. Berlin

Kölsch Hubert/Wagner Franz-Josef (1998): Erlebnispädagogik in Aktion. Lernen im Handlungsfeld Natur. Neuwied

Laloux Frederic (2015): Reinventing Organizations, Ein Leitfaden zur Gestaltung sinnstiftender Formen der Zusammenarbeit. München

Lipton Bruce (2007): Intelligente Zellen. Wie Gene unsere Erfahrungen steuern, 4. Aufl. Burgrain

Litt Theodor (1962). Führen oder Wachsenlassen, 10. Aufl. Stuttgart

Löhmer Cornelia/Standhardt Rüdiger. (Hg.) (1995): TZI. Pädagogisch-therapeutische Gruppenarbeit nach Ruth C. Cohn, 2. Aufl. Stuttgart

Marker Claudia: Put the stinking fisch on the table. In: management & training, 4/2004, 10–17

Maslow Abraham H. (2008): Motivation und Persönlichkeit, 11. Aufl. Hamburg

Max-Plank-Gesellschaft (2010): Neuronale Plastizität. www.mpg.de/21486/Neuronale _Plastizität (Zugriff am 09.06.2020)

Meier René/Storch Maja (2013): Coaching mit dem Zürcher Ressourcen Modell – ZRM. In: Lippmann Eric (Hg.): Coaching. Angewandte Psychologie für die Beratungspraxis, 3. Aufl. Berlin, 74–86

Meier-Winter Thomas (1994): Anwendung der Transaktionsanalyse (TA). Zürich

Mohr Günther (2008): Coaching und Selbstcoaching mit Transaktionanalyse – Professionelle Beratung zu beruflicher und persönlicher Entwicklung. Bergisch Gladbach

Nagel Norbert (1996a): Selbstverantwortung als Lernziel in der pädagogischen Arbeit. In: Nagel Norbert: Erlaubnis zum Wachsen. Beiträge aus der Arbeit mit Transaktionsanalyse in Pädagogik und Erwachsenenbildung. Paderborn, 75–107

Nagel Norbert (Hg.) (1996b): Erlaubnis zum Wachsen. Beiträge aus der Arbeit mit Transaktionsanalyse in Pädagogik und Erwachsenenbildung. Paderborn

O'Connor Joseph/Semour John (1993): Neurolinguistisches Programmieren: Gelungene Kommunikation und persönliche Entfaltung, 2. Aufl. Freiburg i. Br.

Olweus Dan (2006): Gewalt in der Schule. Was Lehrer und Eltern wissen sollten – und tun können, 4. Aufl. Bern

Paffrath Helmut (2001): Erlebnispädagogik in der Schule? In: Lernchancen, Heft 23/2001, 4–13

Peseschkian Nossrat (1998): Auf der Suche nach Sinn. Psychotherapie der kleinen Schritte, 10. Aufl. Frankfurt a. M.

Peters Heidrun (1996): Das Konzept der Neuentscheidung im Förderunterricht mit Legasthenikern. In: Nagel Norbert (Hg.): Erlaubnis zum Wachsen. Beiträge aus der Arbeit mit Transaktionsanalyse in Pädagogik und Erwachsenenbildung. Paderborn, 59–73

Pfläging Nils (2015): Organisation für Komplexität. Wie Arbeit wieder lebendig wird und Höchstleistung entsteht, 3. Aufl. München

Recknagel Marion/Rohmann-van Wüllen, Heike (2007): Clever kommunizieren: Schwierige Gespräche souverän meistern. Offenbach.

Rehm Michael (1996): Die Abenteuer-Welle. http://www. erlebnispaedagogik.de/grafiken/gif/adwdl.gif (Zugriff am 14.06.2020)

Rizzolatti Giacomo/Sinigalia Corrado (2008): Empathie und Spiegelneurone. Die biologische Basis des Mitgefühls. Frankfurt a. M.

Reiners Annette (1995): Erlebnis und Pädagogik. München

Reiser Helmut/Lotz Walter (1995): Themenzentrierte Interaktion als Pädagogik. Mainz

Röhling, Jens G. (2009): Chairperson-Postulat. In: Schneider-Landolf Mina/Spielmann Jochen/Zitterbarth Walter (Hg.): Handbuch Themenzentrierte Interaktion (TZI). Göttingen, 95–100

Rufer Martin/Schiepek Günter (2014): Therapie als Förderung von Selbstorganisationsprozessen. Familiendynamik, 39 (4), 326–335.

Sann Alexandra/Thurm Kathrin (2005): Opstapje – Schritt für Schritt. Praxisleitfaden. München

Schabel Deborah (2017): Kompetenzen für die Arbeitswelt von heute und morgen: 21st centruy skills and beyond. https://hochschulforumdigitalisierung.de/de/blog/ kompetenzen-21st-century-skills, (Zugriff 26.07.2020)

Schad Niko (1993): Erleben und miteinander reden – Reflexionsmodelle in der Erlebnispädagogik. In: erleben und lernen, 2&3/93, 49–53

Schlegel Bernhard (1995): Die Transaktionale Analyse. Eine Psychotherapie, die kognitive und tiefenpsychologische Gesichtspunkte kreativ miteinander verbindet, 4. Aufl. Tübingen

Schmidt Dirk (2011): Motivation. 88 Strategien, Impulse und Tipps für eine hohe Selbstmotivation. Wiesbaden

Schneider Regine (2015): Gefühle lügen nicht. Die Intelligenz der Emotionen. Frankfurt a. M.

Schneider-Landolf Mina/Spielmann Jochen/Zitterbarth Walter (2009): Handbuch Themenzentrierte Interaktion (TZI). Göttingen

Schulz von Thun Friedemann (1997): Miteinander reden, Band 2: Stile, Werte und Persönlichkeitsentwicklung. Reinbek

Schulz von Thun Friedemann (1998): Miteinander reden, Band 3: Das »Innere Team« und situationsgerechte Kommunikation. Reinbek

Schumschal Andreas (2007): Der Klassenrat. Landratsamt Ostalbkreis, Aalen

Seiß Katrin (2004): Methodix. Ein Inventar von Evaluationsmethoden für den Unterricht. Jena

Spielmann Jochen (2009): Was ist TZI? In: Schneider-Landolf Mina/Spielmann Jochen/Zitterbarth Walter (Hg.) Handbuch der Themenzentrierten Interaktion (TZI). Göttingen, 15–17

Spitzer Manfred (2002): Lernen, Gehirnforschung und die Schule des Lebens. Berlin

Stamer-Brandt Petra (2020): Professionell leiten. Erfolgreich und gelassen den Kita-Alltag gestalten. Freiburg i. Br.

Steiner Claude (1998): Wie man Lebenspläne verändert, 9. Aufl. Paderborn

Steward Ian/Joins Vann (1997): Die Transaktionsanalyse. Eine neue Einführung in die TA, 7. Aufl. Freiburg i. Br.

Stollberg Dietrich/Schneider-Landolf (2009): Lebendiges Lernen. In: Schneider-Landolf Mina/Spielmann Jochen/Zitterbarth Walter (Hg.): Handbuch Themenzentrierte Interaktion (TZI). Göttingen, 147–154

Storch Maja/Krause Frank (2007): Selbstmanagement – ressourcenorientiert: Grundlagen und Trainingsmanual für die Arbeit mit dem Zürcher Ressourcen Modell (ZRM), 4. Aufl. Bern

Storch Maja/Riedner-Nussbaum Astrid (2011): Ich pack's! Selbstmanagement für Jugendliche. Ein Trainingsmanual für die Arbeit mit dem Zürcher Ressourcen Modell (ZRM), 2. Aufl. Bern

Temple Susannah (2002): »Funktional Fluency«. In: Zeitschrift TA, 4/2002, 251–269

Tippelt Rudolf/Schmidt Bernhard (2005): Was wissen wir über Lernen im Unterricht?
In: Pädagogik 3/2005, 6–11

Tuckman W. Bruce (1965): Developmental sequence in small groups. In: Psychological Bulletin, 63, 384–399

Wagenblass Sabine (2016): Vertrauen als Basis für Beziehungsarbeit. In: Jugendhilfe, 54, 1/2016, 27–32

Watzlawick Paul/Beavin Janet/Jackson Don (1996): Menschliche Kommunikation. Formen, Störungen, Paradoxien. 9. Aufl. Bern

Wikipedia: Stichwort Resilienz. https://de.wikipedia.org/wiki/Resilienz (Zugriff am 14.06.2020)

Ziegler Werner (2012): Mehr als nur Sprüche. Ein Wegweiser durch die Woche. Norderstedt, 54

# Weiterlesen und Weiterführende Literatur

## Transaktionsanalyse und Themenzentrierte Interaktion

Ewert Friedrich (2008): Themenzentrierte Interaktion (TZI) und pädagogische Professionalität. Erfahrungen und Reflexionen. Wiesbaden

Dieser Band führt sehr gut verständlich in die Grundlagen der Themenzentrierten Interaktion ein und breitet dann den Blick auf die Anwendung des Modells im pädagogischen Feld weit aus

Gührs Manfred/Nowak Claus (1998): Das konstruktive Gespräch. Ein Leitfaden für Beratung, Unterricht und Mitarbeiterführung mit Konzepten der Transaktionsanalyse. Meezen

Ein gut strukturiertes Buch mit anschaulichen Beispielen.

Nagel Norbert (Hg.) (1996): Erlaubnis zum Wachsen. Beiträge aus der Arbeit mit Transaktionsanalyse in Pädagogik und Erwachsenenbildung. Paderborn

Auch wenn dieses Buch leider nur noch antiquarisch zu erwerben ist, bietet es doch Anregungen für die Anwendung transaktionsanalytischer Modelle in der pädagogischen Praxis, von der Grundschule bis zur Elternarbeit.

Schmidt Rainer (2005): Immer richtig miteinander reden. Transaktionsanalyse in Beruf und Alltag. Paderborn

Rainer Schmidt bietet eine sehr gut verständliche Einführung für den Einsatz der Transaktionsanalyse. Anhand von Fallbeispielen wird gestörte Kommunikation entschlüsselt und den Leser/innen Einblick in den Nutzen der TA im beruflichen Alltag gegeben.

## Weitersurfen

www.ruth-cohn-institute.com

Informationen rund um die Themenzentrierten Interaktion finden sich auf der Homepage des ruth cohn institute für TCI international.

dgta.de

Informationen rund um die Transaktionsanalyse finden sich auf der Homepage der Deutschen Gesellschaft für Transaktionsanalyse.

## Lernen und Neurobiologie

Abt Andreas/Halseband Manuel (2010): Wenn Lernen alltäglich wird: Die Herausforderung in der Wissensgesellschaft lernend zu bestehen und Lernprozesse zu gestalten. In: Lohkamp Luise (Hg.): Leben und Arbeiten in der Zukunft … Lengerich, 170–197

Dieser Artikel thematisiert die Herausforderung in unserer Wissensgesellschaft, mit der Fülle an Informationen sinnhaft umzugehen.

Bauer Joachim (2009): Das Gedächtnis des Körpers. Wie Beziehungen und Lebensstile unsere Gene steuern. München

In diesem Buch wird der Einfluss zwischenmenschlicher Beziehungen auf die Biologie unseres Körpers veranschaulicht.

Hüther Gerald (2005): Bedienungsanleitung für ein menschliches Gehirn. Göttingen

Dieses Buch thematisiert den veränderten Umgang in Lern- und Entwicklungsprozessen, der notwendig ist, um das volle Potenzial unseres Gehirns zu nutzen.

Hüther Gerald (2009): Biologie der Angst. Wie aus Streß Gefühle werden. Göttingen

In diesem Buch wird die Herausbildung von Emotionen auf der Grundlage neuronaler Verschaltungsmuster erläutert.

Hüther Gerald (2009): Die Macht der inneren Bilder. Wie Visionen das Gehirn, den Menschen und die Welt verändern. Göttingen

Dieses Buch veranschaulicht den Einfluss unserer inneren Bilder auf unser alltägliches Handeln und den Umgang mit Herausforderungen.

## Kommunikation

Weisbach Christian-Rainer/Sonne-Neubacher Petra (2015): Professionelle Gesprächsführung. Ein praxisnahes Lese- und Übungsbuch, 9. Aufl. München

*Übungssammlungen*

In den nachfolgend aufgeführten Empfehlungen finden Sie zahlreiche Übungen, Aufgaben und Methoden zu den Themenfeldern »Handlungsorientiertes Lernen« und »Kommunikation«.

Brenner Gerd/Brenner Kira (2004): Methoden für alle Fächer. Sekundarstufe I und II, 3. Aufl. Berlin

Ein erfolgreiches Methodenband bietet ein Handwerkszeug für alle Fächer mit viel Zusatzmaterial auf einer CD-ROM.

Dießner Helmar (1997): Gruppendynamische Übungen & Spiele. Ein Praxisbuch für Aus- und Weiterbildung sowie Supervision, 6. Aufl. Paderborn

In diesem Buch finden Sie eine Auswahl von kreativen Interaktionsübungen zur Weiterentwicklung kommunikativer Kompetenzen.

Eckenbach Karin (2019): Games of Brains. Spielerische Lernförderung durch Bewegung, 2. Aufl. Stuttgart

Dieses Buch zeigt die grundlegenden Zusammenhänge zwischen Lernen und Bewegung auf und liefert konkrete Spielideen für die Unterrichtspraxis zur Stärkung der kognitiven Leistung.

Gilsdorf Rüdiger/Kistner Günter (2018): Kooperative Abenteuerspiele Band 1. Eine Praxishilfe für Schule, Jugendarbeit und Erwachsenbildung, 24. Aufl. Stuttgart

Gilsdorf Rüdiger/Kistner Günter (2019): Kooperative Abenteuerspiele Band 3. Eine Praxishilfe für Schule, Jugendarbeit und Erwachsenbildung, 4. Aufl. Stuttgart

Eine umfangreiche Sammlung von Übungen und Aufgaben in der Arbeit mit Gruppen und Teams

Gilsdorf Rüdiger/Kistner Günter (2020): Kooperative Abenteuerspiele Band 2. Eine Praxishilfe für Schule, Jugendarbeit und Erwachsenbildung, 12. Aufl. Stuttgart

Gührs Manfred/Nowak Claus (2018): Training Gesprächsführung. Ein Übungsbuch zum konstruktiven Gespräch, 4. Aufl. Meezen

Trainingshandbuch zur konstruktiven Gesprächsführung. 106 Übungen mit Anleitungen, Handouts und Theorie-Inputs.

Lutz Horst (2015): Life Kinetik®. Gehirntraining durch Bewegung, 6. Aufl. München

In diesem Buch finden Sie Bewegungsübungen, die neue Verbindungen zwischen den Gehirnzellen schaffen, das geistige Potenzial steigern und die Leistung fördern.

Reiners Annette (2005): Praktische Erlebnispädagogik Band 1 und 2. Neue Sammlung handlungsorientierter Übungen für Seminar und Training. Augsburg

Dieser Nachfolgeband von Reiners konzentriert sich mit einem umfangreichen Praxisteil auf handlungsorientierte Übungen für Seminare und Training.

Reiners Annette (2019): Praktische Erlebnispädagogik Band 1. Bewährte Sammlung motivierender Interaktionsspiele, 10. Aufl. Augsburg

Ein Klassiker der erlebnispädagogischen Praxis. Neben Hintergründen werden verschiedene Interaktionsaufgaben und erlebnispädagogische Übungen vorgestellt.

Thaller Bernhard/Guggenberger Ingrid (2009): Die Leonardo-Brücke. Mathematik zum Anfassen, Lehrveranstaltung Uni Graz. Edelschrott. www.mathematik.de/Dokumente/ LeonardobrückeUniGraz2009 (Zugriff am 11.06.2020)

## Erlebnispädagogik

Gilsdorf Rüdiger (2004): Von der Erlebnispädagogik zur Erlebnistherapie. Bergisch Gladbach

Heckmair Bernd/Michl Werner (1998): Erleben und Lernen. Einführung in die Erlebnispädagogik, 3. Aufl. Neuwied

Eines der Grundlagenbücher in der Erlebnispädagogik.

Heckmair Bernd/Michl Werner/Walser Ferdinand (1995): Die Wiederentdeckung der Wirklichkeit, Erlebnis im gesellschaftlichen Diskurs und in der pädagogischen Praxis. Alling

Senninger T. (2000): Abenteuer leiten – in Abenteuern lernen. Münster

Download des Zusatzmaterials unter:
www.vandenhoeck-ruprecht-verlage.com/
respekt-tut-gut
Code: Rtg!2020